Descubra tu ge
las raíces de...

EL ARBOL DE TU *Personalidad*

Con ideas para actividades individuales y en grupo

FLORENCE LITTAUER

Publicado por
Editorial **Unilit**
Miami, Fl. 33172

Primera edición 1995

Publicado en inglés con el título de:
Your Personality Tree por Word Publishing
Dallas - London - Vancouver - Melbourne

Traducido al español por: Nellyda Pablovsky
Cubierta diseñada: Graphic Expressions

Producto 497267
ISBN-0-7899-0111-0
Impreso en Colombia
Printed in Colombia

Contenido

Dedicación

ESTE LIBRO está dedicado a Lana Bateman cuyo agregado al personal de CLASS empezó mi investigación de las diferentes personalidad a un nivel mucho más profundo de lo que jamás había hecho antes. Su santa sabiduría nos ha desafiado a todos a examinarnos, a ponernos bien con el Señor y a sacarnos las máscaras o pretensiones que hubiéramos usado en el pasado.

Estoy profundamente agradecida de ella por permitirme desarrollar su concepto de enmascaramiento en este libro y citar algunos casos suyos. El capítulo sobre las personalidades infantiles se basa en su material de *Personality Patterns,* un libro que trata sobre cómo usar los temperamentos en consejería. Algunos de los señalamientos del ser padre y madre son también suyos y la he citado frecuentemente en todo este libro. Ella es la autora de *God's Crippled Children,* fundadora de Ministerios Filipenses y conferencista de CLASS.

Con gratitud,

FLORENCE LITTAUER
PRESIDENTE, CONFERENCISTAS CLASS

Prólogo

CUANDO EL PECADO entró al mundo trajo consigo la fractura, el resquebrajamiento de la personalidad humana. Lo que otrora fue completo y perfecto es ahora defectuoso y trozado. La gente debe aprender a vivir ahora con las fortalezas y las debilidades de aquellos que son totalmente diferentes a sí mismos.

¿Cómo podemos entender a otra persona cuando nunca hemos tenido sentimientos y necesidades que le son comunes a él o ella, totalmente ajenos para nosotros? ¿Cómo los amaremos, entonces?

Florence y yo pasamos una semana juntas durante el verano de 1985 en Estes Park, Colorado, planteándonos esa misma pregunta. Deseábamos armar nuestros pensamientos y conceptos sobre los temperamentos de la personalidad, en forma tal que capacitara al Cuerpo de Cristo para desarrollar una comprensión más profunda de cada uno de sus integrantes, y de aquellos con quienes fueron llamados a amar y coexistir.

Pedimos en oración que nuestro Dios tomara todo lo que nos había enseñado y modelara la información en una obra capaz de arrojar nueva luz sobre el dilema de las relaciones humanas.

Anhelábamos herramientas que ayuden a la familia a unirse por medio de la aceptación compasiva, y oramos que la mano de nuestro Señor inspirara nuestro trabajo como toque sanador de las relaciones desesperanzadas y los corazones doloridos.

Este libro es el resultado de esas oraciones. Florence ha vuelto a escribir una vez más lo que cambiará vidas y dará nueva esperanza. Su estilo y sensibilidad hacen que la información entusiasme e inspire a la vez. Disfruta ahora la obra de una maestra, escritora y experta conferencista, y prepárate para todo un mundo nuevo de relaciones.

LANA BATEMAN
FUNDADORA Y DIRECTORA
MINISTERIOS FILIPENSES
DALLAS, TEXAS

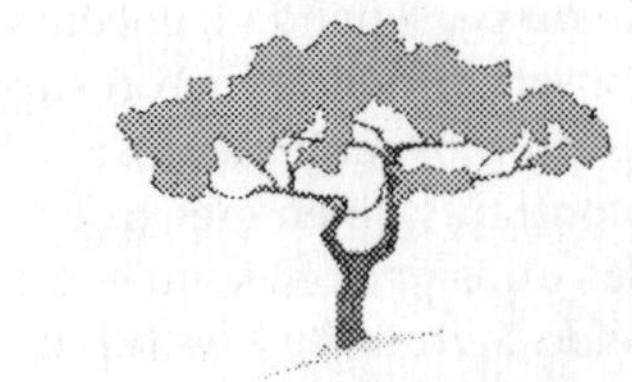

Introducción

Mi querido lector:

Con las filas esperando fuera del consultorio del siquiatra, los sicólogos cristianos trabajando hasta altas horas de la noche y los pastores que reclutan ayudantes en consejería, es evidente que hay mucha gente que necesita ayuda. Este libro no está pensado para reemplazar a los consejeros o para refutar su utilidad sino para acercar conceptos sencillos que pueden parar la irritabilidad en nacimiento, antes de que crezca formando una situación que necesita ayuda externa.

Nos gustaría encargarnos de nuestros propios problemas y vivir en armonía con nuestra familia y amigos, pero de alguna manera no sabemos por donde empezar. Nos han dicho que los cristianos debieran ser prósperos y no tener problemas, así que nuestro fracaso suele ir junto con la culpa.

Muchos de nosotros hemos tratado con tanto esfuerzo ser todas las cosas para toda la gente que no estamos seguros de quienes somos. ¿Es este mi yo real, o aquello que he aprendido a ser? ¿Soy un adulto que sigue luchando para llegar a ser lo que Mamá quería para mí? ¿Me he fusionado tan completamente con mi pareja que no puedo reconocer un pensamiento independiente cuando lo tengo? ¿Llevo una máscara para esconder la rabia que hierve bajo la superficie? ¿No tengo claridad respecto de cuáles partes de mi personalidad son genuinas o cuáles son meras respuestas a las adversidades de la vida?

En los últimos veinte años de estudiar, dar conferencias y escribir, he intentado descubrir quién soy realmente y compartir estos conceptos con terceros. Además me he propuesto descubrir las raíces del árbol de mi personalidad, encontrar dónde se originaron mis rasgos y observar dónde fueron suprimidos, reprimidos o deprimidos mis propios sentimientos.

En este libro encontrarás quién eres tú en realidad, y empezarás a ver por qué las otras personas son como son. Aquellos de ustedes que hayan leído *Personality Plus* o *How to Get Along with Difficult People* hallarán nueva información adicional y más profunda; y aquellos para quienes ese concepto resulta nuevo, tendrán una experiencia que les abrirá los ojos pudiendo cambiar la imagen de sí mismo, así como la habilidad para llevarse bien con los demás.

Tengamos una aventura emocionante al reír, pensar y ocasionalmente llorar juntos. Toma mi mano mientras te guío por la senda de la sabiduría y comprensión personal.

Descubrirás quién eres tú, en realidad; descubrirás las raíces del árbol de tu personalidad y recuperarás la chispa y el espíritu originales que Dios quería que tuvieras.

Con amor y expectación,

FLORENCE LITTAUER

«Ella [la sabiduría] es árbol de vida
a los que de ella echan mano,
y bienaventurados son los que la retienen»
(Proverbios 3:18).

PARTE I

DESCUBRE TU GENUINO YO Y CONCÉNTRATE EN SANARTE

DESCUBRIR:
«Ver o conocer por primera vez una cosa ya existente pero no percibida o conocida.»

NUESTRO OBJETIVO en este libro es examinarnos en forma nueva, no sólo en la superficie, no sólo como parecemos ser para terceros, no sólo como Mamá quería que fuéramos. Mirando a nuestros deseos innatos, a nuestras necesidades subyacentes y nuestras emociones reprimidas, nuestros ojos serán abiertos y obtendremos, quizá por primera vez, una idea de quiénes somos, en realidad. No hay una varita mágica que nos transforme en ángeles sino que al mirarnos tal como Dios nos creó, yendo ante Él con honestidad, Él nos tocará con su poder sanador:

«El fruto del justo es árbol de vida; y el que gana almas es sabio» (Proverbios 11:30).

Capítulo 1

¿Naciste así?

LA PREGUNTA «¿quién soy yo?» ha estado formulándose desde que Adán se preguntó de cuál polvo había salido y la serpiente le dijo a Eva que comiera el fruto del árbol de la vida y así sus ojos serían abiertos y sabría quién era en realidad.

A través de los siglos la gente ha estado buscando el sentido de identidad y el sentimiento de dignidad. Como nación hemos pasado por los dolores del nuevo nacimiento y de la lucha para salir adelante con una personalidad independiente. Con libertad y justicia para todos hemos atraído a gentes de todo el planeta, a una tierra donde iban a vivir felices para siempre, pero que de alguna manera, en nuestro sueño con final de cuentos de hadas, perdimos el sentido de quiénes éramos como personas. Al crecer y empezar a mirarnos no nos gustó la confusión que vimos. Los años sesenta trajeron una guerra nada popular y los comienzos de un sentido nacional de examen de sí mismo. ¿Quiénes somos y cómo nos metimos en estos problemas?

Los sociólogos han titulado a los setenta como la Década de la Depresión, época derrotada y descorazonada, cuando la generación *yo* se dio cuenta de que, a pesar de su búsqueda para hallarse a sí mismo, de hacer lo que uno quiere y andar en pos de la conciencia interior en un plano superior, seguían sin saber quiénes eran en el mundo. Los meses de meditación mística no parecían suscitar un pensamiento que cambiara la vida; las marchas por la paz no habían producido paz, y los niños de las flores habían perdido sus pétalos. El Presidente Carter, luciendo desalentado, declaró que estábamos en un «malestar nacional» y ese anuncio nos deprimió al resto.

Cuando vinieron los ochenta empezamos a preguntarnos si alguna vez nos encontraríamos a nosotros mismos, y nos precipitamos a inscribirnos en cursos de autoayuda, automejora y autorrealización. Compramos la calidad de miembros vitalicios de los centros de salud, nos dimos las manos en los grupos de sensibilización y giramos en torno de los gurúes gitanos. Ciertamente la generación *yo* que pasó arrastrándose la Década de la Depresión merecía un descanso, pero a pesar de la gimnasia y de los brotes de soja, seguimos envejeciendo; las hermanas de la sensibilización demostraron escasa sensibilidad más allá de ellas mismas, y los gurúes fueron empacados y deportados. ¿Qué pasaría si nunca lográramos entendernos a nosotros mismos? ¿Qué pasaría si no pudiéramos crear el cielo en la tierra? El miedo nos paralizó, las fobias sustituyeron a la depresión como problemas de salud mental número uno de la nación, y la década fue nombrada como la Era de la Ansiedad.

¿Qué pasa contigo y conmigo? Puede que no nos hayamos ahogado en la depresión ni afanado durante semanas, pero tendemos a tomar el malestar y las inseguridades ajenas. Podemos estar seguros de la vida eterna, pero ¿sabemos quiénes somos hoy? Tal como lo he enseñado en clases de liderazgo, he encontrado que la educación, el dinero, el prestigio o una casa grande no aseguran sentirse valioso. Aunque hayamos aprendido de memoria la Ley Uno –«Dios te ama y tiene un plan maravilloso para tu vida»–[1], pocos parecemos creerlo.

Sin embargo, es verdad: Dios nos ama y nos ha creado con un propósito. Como se lo escribió David a Dios, en el Salmo 139:

> «No fue encubierto de ti mi cuerpo, bien que en oculto fui formado, y entretejido en lo más profundo de la tierra. Mi embrión vieron tus ojos, y en tu libro estaban escritas todas aquellas cosas que fueron luego formadas, sin faltar una de ellas» (versículos 15-16).

Sí, Dios nos conoce bien y quiere que nos entendamos a nosotros mismos: no que estemos afanados, confusos o deprimidos. Él nos ha hecho a cada uno de nosotros como individuo único, y usa nuestros talentos, personalidades y dones para su buen propósito.

El José de la Biblia era inteligente, encantador, bien vestido y tenía el don de interpretar sueños, pero sus hermanos tenían envidia de sus habilidades y lo vendieron como esclavo. Puesto que José creyó que Dios tenía un plan definitivo para él, fue capaz de seguir optimista aun en los momentos difíciles y la gente vio que «el Señor estaba con él, y que el Señor hacía prosperar en su mano todo lo que él hacía» (Génesis 39:3, B.d.l.A.)

Aun cuando fue acusado falsamente y encarcelado, José mantuvo su fe y se condujo en forma tal que subió a la posición máxima de la prisión y alegró a los que estaban deprimidos. Más adelante, esos mismos rasgos de personalidad que habían molestado a sus hermanos fueron los que hallaron el favor del faraón, y su don de interpretar sueños salvó a la tierra. Cuando sus hermanos se presentaron ante él, José lloró, los perdonó y los alivió de sus temores. Les dijo que no se sintieran culpables porque lo que ellos habían pensado para mal Dios lo había vuelto en bien.

Dios tomó los rasgos innatos de José, su personalidad y talentos, y lo usó para salvar a toda una nación y a su propia familia.

Ester era una mujer judía excepcionalmente hermosa, la que fue a la vez exilada y huérfana. El rey Asuero la escogió para que fuera su reina sin conocer su trasfondo. Debido a su santa conducta ella llegó a ser un ejemplo de virtud para las otras mujeres y era muy amada por su marido. Cuando se ordenó matar a todos los judíos, ella fue usada por Dios para convencer al rey de que cambiara de idea. Su tío Mardoqueo manifestó sabiamente:

> «¿Y quién sabe si para esta hora has llegado al reino?» (Ester 4:14).

Dios usó a Ester, cuando ella se dispuso y obedeció, para salvar al pueblo judío exiliado, y también a su propia familia.

En la época del Nuevo Testamento, cuando Dios estaba listo para evangelizar al mundo, necesitó a alguien que fuera judío cristiano, que hablara y escribiera griego y que supiera derecho romano. Eligió a Saulo, quien respondía a la descripción del cargo, aunque nunca había seguido curso alguno de encanto ni seminarios de automejora. Él fue criado en un hogar judío, educado como sabio hebreo y era fariseo y miembro del Sanedrín a la vez. Hablaba y escribía el griego, entendía el intelecto clásico y había estudiado filosofía. Como el pueblo de Tarso había cooperado con el conquistador Pompeyo, este les había otorgado la ciudadanía romana, haciendo así de Saulo un ciudadano que sabía el latín, además de comprender el derecho romano, su gobierno y sus fuerzas armadas. Todo lo que a Dios le quedaba por hacer era derribar a Saulo al suelo, ponerlo cara a cara con Jesús y convertirlo a Cristo.

Pablo podría no ser aceptable hoy para el pastorado cristiano, pero Dios vio a un hombre para esa época y tenía un plan para su vida.

Cuando Winston Churchill fue nombrado Primer Ministro de Inglaterra, en momentos en que el continente europeo caía presa de la ambición de Hitler, proclamó: «Toda mi vida no ha sido sino una preparación para esta hora».[2] Cuando cumplió los ochenta años de edad, Churchill resumió su aporte a su patria diciendo: «Fue la nación y la raza que habita en todo el planeta que tuvo el corazón del león; yo tuve la suerte de ser llamado para lanzar el rugido».[3]

¿Y qué contigo? ¿Qué te ha llamado Dios a realizar? ¿Sabes que Dios quiere usar tu personalidad, tu trasfondo, tus habilidades, tus dones para su gloria? Él te creó para una época como ésta, pero quiere que sepas quién eres tú en realidad, para que seas una persona genuina y sincera, no una que se esconde detrás de una máscara de confusión.

Puede que te preguntes: «¿Tengo que inscribirme en algún curso o irme a Jerusalén?» No, sólo sigue leyendo y disfruta descubriendo tu verdadero ser al destapar las raíces del *Árbol de la personalidad* de tu familia.

Durante la Década de la Depresión y la Era de la Ansiedad he estado enseñando a la gente cómo encontrarse a sí misma usando las virtudes y los defectos de los cuatro patrones básicos de personalidad. Muchos han preguntado: «¿Nacimos de esta manera?» Esta pregunta ha tenido trabajando febrilmente a los sociólogos en busca diligente de una respuesta. Han tratado de mostrarnos que el ambiente es más importante que la herencia, que nacemos como páginas en blanco para que el destino escriba en ellas. Se nos ha dicho que si cambias la vivienda de una persona o su estándar de vida o le pones dinero en el bolsillo, la cambiarás. A pesar de los millones de dólares gastados para instalar gente en edificios nuevos, el experimento ha fracasado. No somos todos iguales; Dios creó a cada uno de nosotros como persona única, una mezcla de nuestros padres, sea que observemos el pelo y el color de los ojos o analicemos la personalidad.

En 1979 el doctor Thomas J. Bouchard Jr. empezó en Minnesota un estudio de «Mellizos criados aparte». Desde entonces los investigadores han estado examinando a treinta y ocho gemelos idénticos y a dieciséis parejas de mellizos criados aparte. Las pruebas midieron las habilidades físicas, sicológicas e intelectuales. Los resultados mostraron sorprendentes similitudes en cuanto a elección de ropa, comida y nombres; para no mencionar los paralelos de los rasgos médicos, conductuales y de inteligencia.[4]

El doctor David Lykken, miembro de un equipo de investigación, observa:

> «Mucho de lo que pensamos como individualidad humana: temperamento y ritmo y todas las características idiosincrásicas que te hacen diferente de tus amigos, puede relacionarse a tu individualidad genética en particular mucho más de lo que pensamos .... La capacidad de felicidad parece estar más fuertemente arraigada de forma genética de lo que yo había pensado .... La disposición más favorable de la pequeña María puede ser parte de su constitución genética realzada por –pero no resultado de– el cuidado de sus padres que la adoran.»[5]

El nuevo pensar sobre las viejas verdades nos señala que nacemos como individuos únicos. Si venimos empaquetados previamente con ciertas mezclas de las personalidades de nuestros padres, ¿no es nuestro deber para con el Señor ser tan veraces con nuestros rasgos básicos como podamos? ¿No debiera ser nuestra meta averiguar quiénes somos en realidad y sacarnos todas las máscaras o pretensiones que podamos habernos puesto, sea por autoconservación o por un deseo de ser como otra persona?

Piensa de nuevo en tu infancia, en cómo eran tus sentimientos por tus padres, en cómo te relacionabas con tus hermanos y hermanas, en cómo reaccionabas de todo corazón antes que construyeras muros de protección en contra de las heridas de parte del mundo. Recuerda que fuiste hecho para una época como esta.

¿Fuiste hecho para ser un sanguíneo? ¿Eras un niño alegre, burbujeante, feliz? ¿Evitabas las tareas y de alguna forma te las arreglabas para encontrar amigos dispuestos a sacarte de apuros? ¿Tenías amiguitos que no podían ir a ninguna parte sin ti y que pensaban que todo lo que tú decías era divertido? ¿Estaba tu padre o madre tratando siempre de hacerte sentar cabeza, o alguien que no entendía por qué no practicabas el violín? ¿Obtenías buenas calificaciones en todo, excepto en conducta y caligrafía? Entonces eres un sanguíneo, cuyo objetivo principal en la vida es *divertirse.*

¿Fuiste creado para ser un colérico? ¿Estabas ya dominando a la familia cuando tenías tres años? ¿Le decías a tu mamá lo que te ibas a poner de ropa y rechazabas vestirte con lo que ella quería? ¿Eras capaz de observar desde muy joven que los adultos eran mayores pero no necesariamente mejores? ¿Terminabas tus deberes escolares más rápido que los demás, y luego te preguntabas qué andaba mal en ellos? ¿Llegaste a ser capitán de los equipos y presidente de los clubes? Entonces eres un colérico, cuyo deseo impulsor en la vida es dominar.

¿Fuiste diseñado para ser un melancólico? ¿Eras sensible a tu ambiente y llorabas con facilidad? ¿Alineabas tus juguetes en filas y andabas cerrando cajones que nadie más parecía ver abiertos? ¿Hacías tus tareas a tiempo y hasta disfrutabas los proyectos de investigación? ¿Practicabas la pieza de piano hasta que estaba perfecta, pero no querías tocar en el recital? ¿Sentías lástima por los «niños pobres» y querías apoyar al de abajo en cualquier situación? ¿Te descorazonabas cuando las cosas no salían como pensabas y parecía que a nadie más le importaba? Entonces eres un melancólico, cuya esperanza es tener algún día la perfección, aunque esto pueda ser un sueño imposible.

¿Naciste para ser un flemático? ¿Eras pasivo en tu corral de

jugar y comprensivo si tu biberón se atrasaba? ¿Se jactaba tu mamá de que eras un bebé bueno y que nunca le diste problemas? ¿Te gustaba dormir la siesta? ¿Hacías tu tarea escolar a tiempo pero no buscabas proyectos extra? ¿Fuiste propuesto para vicepresidente pero no te importaba en realidad ser electo? ¿Tratabas de tener contento a todos y evitabas meterte en problemas? Entonces eres un flemático, cuyo deseo es tener *paz* a toda costa.

El concepto de los cuatro temperamentos básicos es tan fácil de entender y tan rápido de comprender que hasta un niño puede aprenderlo. Bryan Taylor, de Temple, Texas, tenía diez años cuando me oyó hablar de los temperamentos. Invitó a sus amigos a su casa para escuchar mis grabaciones de *Personality Plus* y, después realizó un proyecto escolar de ciencia basado en su análisis personal de sus condiscípulos. Este niño melancólico confeccionó un cuadro titulado «Preguntas concernientes a la conducta humana». Se pidió a cada niño de su curso que contestara lo siguiente:

> «Supónte que una obra de teatro se va a presentar en la escuela Meredith. ¿Cómo te gustaría participar?

1. Me gustaría trabajar tras bambalinas......¿Por qué?.........
2. Me gustaría ser el alumno director........¿Por qué?.........
3. Me gustaría tener un rol principal........¿Por qué?.........
4. No quisiera participar...................¿Por qué?.........

El cuestionario que me mostró había sido llenado por un alumno que quería el rol principal porque «sería divertido». En la tabulación hecha por Bryan hubo ocho melancólicos que querían trabajar tras bambalinas, quince coléricos a quienes les gustó la idea de dirigir a los demás, diez sanguíneos que todo lo que querían era ser la estrella y tres flemáticos que no se interesaban por participar.

ROLES DE LA PERSONALIDAD	
La estrella (S)	El director (C)
La audiencia (F)	El productor (M)

Cuando vi con cuánta sencillez Bryan había tomado mis horas de enseñanza reduciéndolas a cuatro preguntas simples que cualquier niño de diez años podía responder, me impresionó. Entonces le pregunté si había ganado un premio por sus esfuerzos y me contestó con tristeza: «Debiera haberlo ganado, pero se quedaron sin cintas».

A menudo podemos saber cuál es el patrón natural del temperamento de un niño desde temprana edad.

Mis dos nietos vinieron equipados con los mismos padres, Lauren y Randy, pero con personalidades muy diferentes. Desde el comienzo el pequeño Randy Jr., fue un melancólico con algo de colérico: pulcro, organizado y dominante. Cuando entro por la puerta principal, Randy dice: «Siéntate aquí abuelita», y yo lo hago. Entonces él me trae sus notas escolares de segundo grado y me muestra el 100 en lectura, incluyendo la palabra *Hanukkah*. Mientras estamos sentados seriamente, Jonathan, de cuatro años, un sanguíneo con algo de colérico, corre encima de la mesa de café, vestido con su traje de Superman y no queda contento sino cuando ha interrumpido nuestra conversación sobre lectura y se las ha ingeniado para que Randy se deprima.

La Navidad pasada, la tía Marita les regaló un hámster hembra de nombre Ginger. Cada niño abría constantemente la jaula para ver si Ginger seguía viva. A menudo se desinteresaban en el monótono viaje circular repetido en la rueda de ejercicio y se olvidaban de cerrar la puerta. Ginger, astuta, aventurera y siempre hambrienta, se escapaba y buscaba comida. Un día Lauren abrió el compactador de basura para echar una caja vacía de cereal y gritó cuando vio unos ojitos vidriosos que la miraban desde la oscuridad. Era Ginger, que masticaba feliz galletas viejas y se salvó de la muerte por un pelo. Si Lauren hubiera echado a andar el compactador sin mirar, la pequeña Ginger hubiera quedado tan chata como una estampilla.

Desde ahí en adelante cada vez que Ginger faltaba, los niños iban al compactador de basura y ahí estaba, con los ojos brillantes y tragando.

Una noche llamé por teléfono y Randy Jr. dijo:

—¿Supiste la mala noticia? Ginger murió.

Me la imaginé achatada entre las cajas y tarros, pero Randy explicó:

—Murió en su jaula. Fui a jugar con ella y estaba muerta.

Entonces hizo un obituario adecuado y me dio los detalles. En su manera melancólica me dijo cómo él y su padre habían encontrado una cajita en el garaje, la forraron con toallas de papel, envolvieron a la pobre Ginger en papel más fino, llevaron la caja a un rincón alejado del patio de atrás y la enterraron.

—Hicimos un funeral —me explicó. —Siempre recordaremos a la pobre Ginger.

Yo estaba por echarme a llorar con sus dolidas reflexiones del recuerdo del hámster. Cuando el pequeño Jonathan tomó el teléfono, le dije tristemente:

—Supe que Ginger murió.

Él replicó:

—¡Sí, está bien muerta!

—¿Hicieron un lindo funeral para ella? —pregunté, dándole la oportunidad de contar su versión de la tragedia.

—No; no hicimos ningún funeral; la metimos en una caja vieja con payasos, la pusimos en un hoyo en el suelo, le echamos un poco de tierra encima y ese fue el final de Ginger.

—¿Van a tener otra? —pregunté.

—Bueno, puede ser que tengamos otra, pero si esa se muere también, entonces se acabaron los hámsters.

Tuve que reírme con su sencillo modo sanguíneo de desechar la muerte de Ginger como un hecho más de un atareado día, mientras que su hermano melancólico estaba de duelo.

¡Qué divertido es comprender a los demás y poder explicar sus conductas!

Nuestro objetivo al estudiar los temperamentos es el de evaluar nuestras virtudes básicas y darnos cuenta de que somos personas valiosas y dignas; llegar a tomar conciencia de nuestras debilidades y proponernos superarlas; aprender que sólo porque otras personas sean diferentes eso no las hace malas; y aceptar el hecho de que como no podemos cambiarlas, más vale que las amemos tal como son.

¡Cuánta presión se nos aliviana cuando nos damos cuenta de que no somos responsables de la conducta de esas otras personas! ¡Cuán liberador es darnos cuenta de que Dios nos creó como individuos únicos y que no tenemos que amoldarnos a la imagen de otra persona!

Como lo escribió Pam Phillips después de escuchar mis grabaciones, «me he asombrado, emocionado y liberado con lo que enseñas».

El estudio de los temperamentos no es teología sino una herramienta para entendernos a nosotros mismos y aprender a llevarnos bien con los demás.

«Así que, si el Hijo os libertare, seréis verdaderamente libres» (Juan 8:36).

Para el estudio, pensamiento y acción:

Indudablemente somos libres para examinarnos y alcanzar nuestro potencial total. Algunos podemos tener el corazón de un león mientras que otros son llamados a emitir el rugido. Como primer paso, busca el Cuestionario Rápido y marca los rasgos del que más se te parezcan.

Recordando las sencillas preguntas de Bryan, ¿cómo eras de niño? ¿Eras el sanguíneo que quería ser estrella y entretener a las tropas? ¿Eras el colérico que tomaba en forma innata el control de todo elenco, habiendo o no leído el libreto? ¿Eras, acaso, el melancólico que mejor se quedaba «en las alas de la vida», en vez de pararse en el medio del escenario? ¿Eras el flemático que huía del olor de la pintura al aceite y del rugido de la multitud, pero que disfrutaba mirando?

Para facilitar la comprensión del concepto usaré en todo el libro los cuadros de las cuatro clases de personalidades. En cada caso las letras siguientes que representan los temperamentos estarán en el trasfondo.

S = Sanguíneo   C = Colérico
F = Flemático   M = Melancólico

Usaré ocasionalmente una combinación de estas letras después de un nombre. Por ejemplo, me referiré a alguien como (S/C) queriendo decir que es una mezcla sanguíneo/colérico o C/M, queriendo decir que es una mezcla colérico/melancólico.

Una vez hecho el Cuestionario Rápido, cuenta los puntos en cada sección y llena con ese puntaje el cuadro siguiente. ¿Hay alguna inconsistencia entre lo que recuerdas haber sido de niño y lo que pareces ser ahora?

CUESTIONARIO RÁPIDO
DE LOS RASGOS DEL TEMPERAMENTO

PERSONALIDAD SANGUÍNEA
El CONVERSADOR

Amante de la diversión
Optimista
Animado y entusiasmado
El alma de la fiesta
Indisciplinado
Olvidadizo
Demasiado hablador
Ansioso de aprobación

Total_________

PAZ FLEMÁTICA
El MEDIADOR

Sereno
Calmo y relajado
Paciente e inofensivo
Callado pero con sentido
Desmotivado
No entusiasta
Indefinido
Ansioso por descansar

Total _________

PODER COLÉRICO
El TRABAJADOR

Controlador
Dinámico
Definido
Orientado a las metas
Franco
Mandón
Impaciente
Dominante

Total_________

PERFECCIÓN MELANCÓLICA
El PENSADOR

Profundo e intencionado
Sensible a los demás
Talentoso y creativo
Analítico y ordenado
Caprichoso y negativo
Demasiado introspectivo
Inseguro socialmente
Se deprime con facilidad

Total _________

RECUENTO PERSONAL	
Sanguíneo______	Colérico______
Flemático______	Melancólico______

Para sacar el máximo de provecho del crecimiento de tu *Árbol de la personalidad,* empieza un cuaderno en el que puedas comenzar a edificar un patrón de tu personalidad, desde el nacimiento, tu infancia, tus años escolares, tu carrera y matrimonio hasta el presente. A medida que leas este libro, serás conducido para revisar a tus padres y abuelos, buscando cómo pueden haber influido en tu personalidad, ya sea para mejor o forzándote a desempeñar un rol que no era tu yo genuino. Al anotar tus respuestas y reacciones concluirás con una amplia visión de ti mismo y de tu familia. Armarás un árbol de tu familia basado en la personalidad de cada miembro, y verás cómo se han afectado uno a otro, y especialmente a ti. Esto será un estudio fascinante de realizar, sea con tu propia familia o con un grupo de amigos.

Puede ser que desees agregar cuadros de la infancia a medida que prosigas, o incluir cartas y cuentos de parientes que alumbren quién eres realmente.

En mi caso personal he reunido cuadros de mi infancia y de mis ancestros, armando un álbum de mi Árbol de Personalidad, a los que he sumado las invitaciones a casamientos, certificados de nacimiento, fe de bautismo y tarjetas de parientes. También he mandado a hacer diapositivas de muchos retratos familiares antiguos para entretenimiento y edificación de mis hijos, y para emplearlos al enseñar el Árbol de la Personalidad a los demás. He enmarcado un retrato de cada antepasado y los tengo colgando de un árbol familiar pintado en una pared de mi casa. Espero que estas ideas te estimulen a examinar tus raíces y crear tu propio Árbol de Personalidad, el cual es único.

Formúlate las preguntas que siguen, más cualesquiera otras que se te ocurran, y escribe tus respuestas. Si haces esto capítulo por capítulo tendrás un sorprendente registro, quizá una autobiografía, para ti y para los tuyos.

¿Cuál es tu nombre completo y de dónde viene? ¿De una abuela? ¿De una estrella de la televisión?

¿Cuál fue la reacción inicial de tu madre y de tu padre a tu aspecto y sexo cuando naciste? Pregúntales a ellos, o a otras personas que estaban ahí.

¿Cómo te llamaban cuando eras un bebé?

¿Te etiquetaron como el inteligente, la hermosa, el pelirrojo, el tonto, la oveja negra? Haz una lista de todas las etiquetas que puedas recordar. ¿Algunas de esas etiquetas han afectado la opinión que tienes de ti mismo?

Describe todo tipo de participación en alguna cosa memorable de tu juventud. Yo recuerdo haberme presentado para la fiesta de la Rosa, y haber sido elegida para desempeñar el rol de una flor silvestre de los pantanos.

¿Tienes fotografías tuyas con disfraces?

METAS DE LA PERSONALIDAD	
Divertirse	Tener control
Tener paz	Tener perfección

Por lo que has leído hasta ahora, ¿piensas que naciste para ser…

…un sanguíneo que quiere divertirse?

…un colérico que quiere mandar?

…un melancólico que quiere todo para ser perfecto?

…un flemático que quiere evitarse problemas y estar en paz?

Si estás planeando que El Árbol de tu Personalidad sea un estudio de grupo, haz que cada persona traiga una fotografía suya de bebé, su libro de bebé y cualquier cosa interesante para la próxima reunión. Discutan las preguntas e ideas previas, y averigüen para ser quiénes nacieron. Este será el principio de una aventura emocionante.

«La memoria es el diario que todos llevamos con nosotros mismos.»[6]

Capítulo 2

¿Cuál es tu personalidad?

«ERES IGUAL QUE RUTH», me decía mamá, disgustada. Cuando era niña no tenía idea por qué era como Ruth, su hermana menor, quien había sido una violinista talentosa. Mi tía se había graduado en la universidad de Boston, y luego se había ido con un mecánico de Canadá, desapareciendo de la vista de la familia. Yo nunca había visto a tía Ruth, pero la sola mención de su nombre hacía llorar a mi abuelita flemática, mientras los demás meneaban sus cabezas murmurando al unísono: «Después de todo lo que hicimos por ella».

De algún modo la tía Ruth no había vivido a la altura de la imagen que la familia tenía de su potencial, y yo no entendía cómo me parecía a ella. Yo era solamente una niña y no me gustaba el violín, aunque mi madre me había enseñado con toda paciencia dónde poner mis dedos y cómo mover el arco. Luego de dos años de lecciones salí más como Jack Benny que como la tía Ruth. La gente se reía cuando yo tocaba, por lo que al fin Mamá le dijo a Papá:

—Démosle lecciones de oratoria, pues no tiene talento para el violín.

¿Cómo podía ser como Ruth si había fracasado en el violín, si no había ido a la universidad y, por cierto, no me había ido al Canadá?

Cierto día, estando yo de visita en la casa de mi abuela, en Massachusetts, un enorme camión paró al frente de la casa. Era tan inmenso que llenaba todo el ancho de la calle Huerto. Al sentir el ruido del motor corrimos a la ventana, y vimos una señora que se bajaba de la cabina.

—¡Es Ruth! —gritó la abuela, mientras corría a la puerta.

—¡¿La tía Ruth?! —pregunté. ¡Ahora sabré por qué soy como ella!

Vi que ella levantaba a la abuela y la hacía girar. Se reía mientras explicaba cómo había conocido a este camionero en Canadá. Él dijo que iba hacia Massachusetts y ella puso unas cuantas cosas en una bolsa de papel y se subió de un salto.

—¡Ohhh! No debieras haberte arriesgado así... —la reprendió la abuela.

—Era la única forma en que podía venir a casa. Nada salió mal y nos divertimos mucho en el viaje hasta acá.

La tía Ruth se dio vuelta y se despidió con señas de su nuevo «amigo íntimo», mientras él se esforzaba por dar vuelta su camión en el fondo de la calle Huerto y salir de nuevo al camino.

—El fue tan simpático... —dijo ella con un matiz de nostalgia, mientras la abuela susurraba:

—Bueno... No lo sé. ¿Quién sabe qué te podría haber pasado?

Durante los próximos días observé cada movimiento de la tía Ruth y escuché lo que decía y lo que decían los demás cuando ella se iba de la sala. La encontré fascinantemente divertida, pudiendo darme cuenta por qué la familia la consideraba una rebelde. Cada vez que iba al baño salía humo de cigarrillo por las rendijas y por el agujero de la cerradura. Nadie la había encarado nunca con esta «conducta pecadora», pero cada vez que ella iba al baño, las hermanas sacaban rápido a la abuela al porche para que mirara los pájaros.

La tía Ruth daba siempre la impresión de «salirse con la suya», como decía mamá, usando uno de los muchos estereotipos conforme a los cuales vivía su familia. Observé cómo la tía Ruth encantaba a la gente para que aceptara sus ideas y cómo aceptaba la crítica moderada convirtiéndola en humor. Ella sacaba lo mejor de una situación no demasiado positiva, y yo admiraba en silencio su habilidad y personalidad. Mientras escuchaba me di cuenta de que la tía Ruth siempre había sido capaz de «sacar las castañas con la mano del gato» y los demás solían quedarse «pagando los platos rotos», mientras que ella se sentaba en las rodillas de su papá para decirle cuánto lo amaba. Mi madre refrescaba la memoria de Ruth: —Puede que no te acuerdes, Ruth, pero yo me llevé muchas palizas de Papá sólo para «sacarte la cabeza de la horca».

En lugar de agradecer a mi Mamá por su sacrificio, Ruth echaba su cabeza para atrás y se reía naturalmente.

—Ciertamente sabía cómo manejar a Papá —suspiraba Mamá.

La tía Ruth era divertida y sentí pena cuando volvió el camión a buscarla. La abuela se lamentó:

—Probablemente nunca la volveremos a ver viva otra vez.

Desde ahí en adelante presté atención a las comparaciones que hacían entre yo y Ruth, y vi que mi madre lo hacía cuando me había escapado subrepticiamente de algún problema o cuando alguien decía que yo era «pura risa». Recuerdo, años después, cuando enseñaba en la escuela secundaria Haverhill y mi hermano me había «arreglado» con Phil, el vendedor de Canada Dry. Mientras intentaba impresionarlo pidiendo Ginger Ale, miré por la ventana de la tienda y vi a mi nuevo amigo, Dick, que acababa de «regresar de la guerra». Mientras estacionaba su restaurado Ford T en la cuneta, me disculpé y le pasé el pedido a mi madre, mientras salía y llevaba a Dick al otro lado de la calle, a los escalones del frente de la casa de la señora Bartlett, donde nos sentamos a charlar. Luego de unos minutos corrí de vuelta a la tienda para buscar una bebida para Dick. Mientras vertía un poco de Canada Dry, seguí con Phil como si nada hubiera pasado, y concerté una salida para el viernes. Le llevé la bebida a Dick que estaba en las gradas y volví a tiempo para despedirme de Phil.

Mientras me servía Ginger Ale, mi mamá suspiró:

—¡Eres igual que Ruth…!

Ahora que miro en retrospectiva la comparación entre Florence y Ruth, a la luz de las diferentes personalidades, veo que mis parecidos no se relacionaban en absoluto con el violín o el fumar sino con la respuesta emocional que yo suscitaba en mi madre. Ella tenía resentimientos inconscientes por la habilidad de Ruth para encantar a los demás, aunque ella misma era encantada para defender las acciones de Ruth. A ella no le gustaba la personalidad de Ruth pero deseaba haber sido «más como Ruth». Ella había estado juzgando la conducta de Ruth, pero la había protegido «cuando las papas quemaban».

Mamá era primordialmente flemática, como su mamá: callada, abstraída y sin disposición para correr riesgos. Ella era también una melancólica con el talento musical y la habilidad para tocar y enseñar, tanto el violín como el chelo. Ella fue siempre leal a Ruth, como es el melancólico, y admiraba su encanto mientras que su parte flemática no quería ni siquiera confrontar a Ruth por lo que no le gustaba. Las dos tenían las típicas diferencias de la flemática/melancólica, que se siente infeliz pero que no se atreve a discutir, con la sanguínea/colérica que disfrutaba impactando a la familia y que era insensible a sus sentimientos íntimos.

Sin saber lo que hacía de niña, yo llegué a ser «como Ruth» porque teníamos la misma personalidad.

Disfrutaba «dándole motivos a Mamá para atacarse» y le estaba diciendo constantemente que dejara de preocuparse y que lo pasara bien. Una vez le pregunté por qué nunca me felicitaba, cosa necesaria para el sanguíneo profundo, y ella me contestó:

—Nunca sabes cuándo tienes que tragarte lo que dices.

¡Cuánto deseo ahora haber entendido los cautelosos clichés de mi mamá y haberme dado cuenta de su necesidad de ser respetada como persona valiosa, en lugar de haber andado constantemente buscando el elogio que ella no podía darme y hacer cosas espectaculares para que ella «se despertara» y se fijara…!

La gente nos compara con otro miembro del árbol de nuestra familia no sólo por nuestro aspecto sino porque, de alguna manera, sin quererlo, suscitamos la misma respuesta emocional interna. El patrón particular de nuestra personalidad saca a relucir en los demás los mismos sentimientos que tienen por parientes o amistades que son parecidos.

De acuerdo a Mamá, mi hermano Ron (S/C) es igual que mi padre. Ella decía a menudo: «Él me cuida muy bien y siempre es divertido, pero si lo haces enojar, mejor que te cuides».

Mi hija Lauren (C) es igual que la tía Sadie. «Es talentosa y brillante, pero domina a la familia y es mejor que hagas lo que dice».

Mi hija Marita (S/C) es igual a mí y a la tía Ruth. «Ella está siempre corriendo por ahí, tratando de hacer muchas cosas, pero de alguna forma todo siempre sale bien al final de cuentas».

Mi nieto Randy (M/C) es igual que Fred, mi marido, y el pequeño Jonathan (S/C) se parece a su padre, aunque «es igualito a Marita».

¡Cuánto le gustaba a Mamá sentarse y evaluar calladamente la conducta emprendedora de nuestra familia, y suspirar diciendo: «Eres igual que Ruth»...!

Aunque Mamá vino a nuestros seminarios *Personality Plus*, cada vez que intenté que llenara el Perfil de Personalidad, movía su cabeza y decía: «Me parece mucho trabajo».

Cuanto agradezco saber que su respuesta no es una condena de que yo enseñe sobre los temperamentos sino una típica reacción flemática ante un análisis que pudiera sugerir cambios, y el miedo a la teoría desconocida que pudiera ponerla bajo una luz negativa. Bien, Mamá siempre decía: «Lo que no conoces no puede herirte».

Una mujer, cuya familia entera fue cambiada por entender las diferentes personalidades, escribió lo que sigue en una carta:

> «Que su *Personality Plus* revolucionó nuestras vidas, es lo menos que podemos decir. Nuestra familia se quería, pero disentía. Hasta que usted nos hizo darnos cuenta de lo que significaban nuestras diferentes personalidades .... Creo que su estudio de los temperamentos puede ser, posiblemente, la respuesta de Dios al «horrórscopo». Cuando alguien menciona su «signo» le explico de los temperamentos. Gracias por esta herramienta de amable testimonio .... En el amor de Dios, Phyllis Beever, Pearsall, Texas.»

En esta época de búsqueda espiritual es una bendición entender las virtudes y debilidades de nuestra personalidad y atribuírselas a algunas de esas tías Ruth que cuelgan del árbol familiar.

¿Qué pasa contigo? ¿Eres igualito a tu tía Ruth? ¿A tu tío Ethan? ¿O a tu abuelo?

¿Dónde podemos averiguar quiénes somos, en realidad? El filósofo Sócrates dijo: «Conocerse a sí mismo es el principio de la sabiduría». Aldous Huxley explicó: «Hay un solo rincón del universo donde puedes tener la certeza de mejorar, y ese es tu propio ser».

Pero, ¿cómo?

Un verano en que Fred y yo estábamos de vacaciones en Maine y hablábamos de nutrición mientras comíamos panqueques de arándanos, un hombre sanguíneo, sentado cerca, dijo:

—Mi médico diagnostica por computadora.

—¿Cómo hace eso? —pregunté sorprendida por esta súbita intervención del hombre.

—El confeccionó un cuestionario largo que me llevó más de una hora llenar. Allí pregunta cosas tales como: «¿Está pasado de peso? ¿Come mucho? ¿Le gustan los dulces? ¿Los batidos con chocolate? ¿Los helados de crema recubiertos de chocolate caliente? ¿Se siente feliz con su aspecto? ¿Qué ha hecho para solucionar este problema? ¿Qué piensa hacer al respecto en el futuro?» Cuando terminé de contestar las preguntas, había resuelto mis propios problemas —terminó diciendo.

Mientras pensaba en este método de autoanálisis médico, me di cuenta de que muchos de nosotros podríamos resolver nuestros problemas si tuviéramos una guía y si nos diéramos el tiempo para pensar antes de correr al médico o al consejero.

Aparte de administrar drogas, el médico pasa gran parte de su tiempo escuchando los problemas puntuales. Luego, hace prescripciones calculadas, basadas en su intuición, educación y experiencia.

Si retenemos información específica, su supuesto puede ser incorrecto. Una niña que llevaba meses en terapia me dijo:

—Yo nunca le digo a la consejera cómo me siento en realidad, porque tengo miedo de no gustarle.

¿Cómo podría la consejera dar consejo apropiado cuando la paciente le da una visión distorsionada de su vida?

Cuánto mejor sería si nosotros, que nos conocemos bien, pudiéramos buscar la verdad en nuestras partes más recónditas.

Hace veinte años que mi esposo Fred y yo empezamos un estudio informal de los cuatro temperamentos básicos. Primero miramos con ligereza el concepto y lo usamos inicialmente casi como un juego de salón, invitando muchas veces a los amigos a nuestra casa para «jugar a la personalidad». Fred confeccionó un cuadro rápido para que nosotros llenáramos, e hicimos juntos el examen. Nos divertimos tanto que todos pidieron hacerlo de nuevo. Mientras nos juntábamos en la semana próxima, la conversación fue intensa y entusiasta. La gente callada estaba compartiendo sobre cómo les había abierto los ojos esto de aprender de sí mismos, y cómo habían empezado a mirar a los demás bajo una nueva luz. La gente que habitualmente quería reír y jugar apenas podía contenerse para empezar en serio.

Al reunirnos esa segunda vez, Fred y yo vimos pruebas vivas de que cuando la gente tiene una herramienta sencilla que explique sus conductas, inmediatamente pueden poner esa información en práctica. En el lapso de una semana vimos una nueva comprensión entre marido y mujer, un alivio de la tensión y del autoenjuiciamiento, así como una nueva libertad para ser lo que Dios quería que cada uno fuera.

Nuestro juego de salón se convirtió en un tiempo de autoanálisis mutuo y, al empezar a encontrarnos con nosotros mismos y aceptar a los que eran diferentes, nuestro grupo se transformó. De unas cuantas personas que se veían en la iglesia los domingo, pasó a ser un grupo de íntima confraternidad cristiana, donde cada uno amaba al otro y constituía un respaldo emocional.

Desde esa primera experiencia Fred y yo hemos enseñado de los temperamentos a miles de personas y hemos visto tantas vidas cambiadas por la simple comprensión de las virtudes y debilidades llevadas al Señor para su poder transformador.

Aunque hay muchos otros tipos de análisis de personalidad, he visto que la teoría básica provino de Hipócrates hace dos mil años. Sus términos han sido modificados y vueltos a etiquetar muchas veces, pero su utilidad y validez siguen siendo iguales hoy como lo fueron en la antigua Grecia.

Temperamento es una palabra del latín que significa «una mezcla en la proporción debida». Ellos mezclaban fluidos o *humores,* del latín para humedad. Una persona con mucha sangre roja circulando por sus venas era sanguínea: alegre, extrovertida y optimista, pero no muy seria ni organizada. El colérico inicial tenía mucha bilis amarilla que lo hacía «bilioso», irritable y de mala índole, pero que le daba el deseo dinámico de hacer. Cuando su *cole,* el griego por bilis estaba «mezclado en la proporción debida», él se encargaba de posiciones de liderazgo. Demasiado *melas,* –el griego por «negro»– y *cole* se sumaban para la melancolía: profundo, triste y depresivo pero también de genio considerado, dotado y analítico. *Flegma* era un humor frío y húmedo que hacía que la gente fuera lenta y perezosa, pero los capacitaba para permanecer tranquilos, fríos y controlados bajo presión y calor.

Michael Gartner escribe sobre el concepto original:

> «Si uno tenía demasiado de un humor era considerado como desequilibrado, un poco raro o excéntrico. A veces la gente normal se reía de sus amigos con demasiado de un humor y así fue como la palabra *humor* obtuvo su significado actual de risible, cómico o absurdo.»[1]

Cuando Marco Antonio habló del asesinado Julio César, proclamó su personalidad como la mezcla perfecta.

> «Su vida fue bondadosa, y los elementos tan mezclados en él que la Naturaleza podía erguirse y decir a todo el mundo: "¡Este era un hombre!"»[2]

¿Cómo están mezclados los elementos en ti? El obispo Ernest A. Fitzgerald escribe:

> «Sabia es la persona que lucha por entenderse a sí misma. La vida puede desperdiciarse en ansiedad por la falta de ciertas habilidades o talentos. El síndrome del «buen deseo» es fútil y destructor para nuestro bienestar. Sin embargo, un análisis inteligente del propio ser y la determinación de ser lo mejor que podamos ser, sirven para una vida emocionante y sana. En realidad no hay gente inferior. Todos tenemos nuestras fortalezas y debilidades. Cuando usamos nuestras fortalezas se minimizan nuestras debilidades.»[3]

Como aconsejamos usando las virtudes del temperamento para animar y los defectos para señalar aspectos que deben crecer y mejorarse, seguimos sorprendiéndonos de la rapidez con que la persona puede verse a sí misma en los ejemplos que empleamos, mientras opta por cambiar. Mi marido Fred conoció en Champaign, Illinois, a Terry Ridenour. Terry no entendía por qué estaba teniendo ciertos problemas de relación. Él era un colérico predominante, fuerte y exitoso, pero típicamente incapaz de ver cualquier posible debilidad. Terry había estado buscando respuestas pero no se imaginaba por qué no bastaba su sinceridad sino hasta que entendió sus propios aspectos problemáticos.

Terry nos escribió después, agradecido que le presentáramos los temperamentos básicos de la naturaleza humana.

> «Ahora sé que muchas de mis frustraciones y búsquedas en los últimos tres años eran, quizás, cosas mías .... Necesitaba oír las cosas que Fred y yo conversamos el sábado por la mañana. El oír eso y darme cuenta de que yo no era el único que se sentía así de frustrado, me dio mucho ánimo. Sin embargo, propio del colérico, ahora que sé cuáles son los problemas, me he fijado un meta y tendré éxito .... Ruego poder continuar mejorando los defectos de mi temperamento, y que Dios use las experiencias que he vivido en los últimos tres años para ayudar a otros .... La amistad de ustedes será un recordatorio constante para escuchar al Señor y dejar que mis debilidades se vuelvan fortalezas en el Señor.»

En estos días de tensión global y trastornos interiores conozco a muchos cristianos que anhelan tener algún sentido de identidad y valor propio, algunas respuestas a sus frustraciones y búsquedas, como lo expresó Terry. Ellos estudian la Palabra; saben que son creados a la imagen de Dios y hechos poco menos que los ángeles, que han sido crucificados con Cristo y que se han sacado las viejas vestiduras y revestido con la nueva. Han ido a la iglesia, se han arrodillado ante el altar el día domingo y han enseñado en estudios bíblicos. Pese a todos estos pasos espirituales positivos, siguen necesitando una solución sencilla para saber quiénes son realmente, en cuanto individuos.

Después de estos veinte años de estudiar y enseñar sobre los temperamentos, sigo asombrándome de la manera en que Dios usa esta herramienta para abrir los ojos de las personas a sí mismas y a sus relaciones con los demás.

Una joven escribió de qué manera mi forma de poner los temperamentos en «las situaciones de vida de gente real» había sido lo que había cambiado su vida:

> «Gracias por ponerse a disposición y ser tangible .... ¡Ahora tenemos buena penetración para tratar con la miserable melancolía del padre de mi Fred! Oh, qué libertad para Fred, a los 37 años, darse cuenta de que *nunca* será capaz de satisfacer las exigencias de su padre. Para mí, que ahora entiendo por qué mi precioso papá flemático/melancólico se emborrachó hasta morir prematuramente a los 66 años, después de vivir con mi colérica madre todos esos años. Podríamos continuar por horas sin poder ser capaces de expresarle a usted y a su Fred nuestra gratitud por sus innumerables horas de preparación, por la disposición de ustedes para ser usados por Dios en forma tan potente.»

Otra muchacha vino a nuestro CLASS (seminarios para líderes y conferencistas cristianos) y dijo que se llamaba Dee. Cuando le preguntamos el apellido, dijo:

—No tengo apellido, porque no se quien soy.

Después de oír nuestra explicación de las personalidades, escribió que primero había escuchado intelectualmente, pero ahora la información había pasado desde su cabeza al corazón. «El Señor imprimió realmente estas verdades en mí junto con Romanos 8:1-2. Ahora no siento "ninguna condenación" y también "que la ley del Espíritu de vida" .... me ha librado.»

Entre otros comentarios, decía: «Recuerdo haberle dicho que *no* tenía apellido. Eso se debe a que me he casado cuatro veces y mi mamá se casó tres. He tenido un total de siete apellidos ¿Quién soy yo, entonces? ¡Debieran haber visto el fiasco que fue la boda de mi hija cuando "todos" se presentaron! Les agradezco por todo lo que me han dado. "Más bendecido es dar que recibir". Con amor, Dee.»

Dado que he enseñado el uso de los temperamentos a iglesias, convenciones médicas, líderes y conferencistas, parejas y familias, gente de empresa y a otros grupos, muchos me han preguntado a menudo cómo se comparan los términos originales con otros sistemas o pruebas de personalidad. Tratando de responder a estas mentes indagadoras he leído, recopilado, y a veces hasta he «tomado» diferentes formas de análisis.

Se llenaría un libro si informara de todas las teorías que he examinado, por lo que confeccioné un cuadro. Sí, yo, una sanguínea/colérica he armado un cuadro de la melancolía, comparando el diferente vocabulario empleado. La única conclusión arrolladora a que he llegado es que, independientemente de la manera de etiquetar los rasgos, todos ellos parecen surgir de la misma raíz de la teoría de Hipócrates sobre los humores. Pocos son los que originan nuevas teorías que hayan hecho esta conexión, y en varios artículos publicados sobre los ensayos se anuncia un excitante «concepto nuevo». Aunque este «concepto nuevo» lleve más de dos mil años en la palestra, siempre puede adoptar una cara fresca con los nuevos rótulos, y tengo la seguridad de que muchos de los investigadores actuales piensan sinceramente que ellos son quienes lo concibieron. Para mayores detalles sobre otras formas de analizar el temperamento, vea el cuadro de la página 235

Para el estudio, pensamiento y acción:

Oswald Chambers, en su *En pos de lo supremo*, dice:

> «La personalidad es aquella cosa peculiar, incalculable, que se quiere mencionar cuando hablamos de nosotros mismos, como diferentes de todos los demás. Nuestra personalidad siempre es demasiado grande para que la aprehendamos.»[4]

Dado a que es «demasiado grande para que la aprehendamos», tenemos que partir en pedazos a nuestra personalidad para poder ingerirla con facilidad. Ya hemos hecho el *Cuestionario rápido*; examinémonos ahora más profundamente. Al final de este libro hay un *Perfil de personalidad* para que hagas (ver página 243). Marca una palabra de cada línea del *Perfil de personalidad* que te describa más y mejor. Para facilitarte las decisiones hay una explicación de las palabras (ver las *Definiciones de las palabras de la prueba de personalidad*, página 244). Luego de marcar la mejor opción para ti, pasa tus marcas a la *Hoja de puntaje de personalidad* (página 253) donde está ordenada la lista y suma tus totales. Si eliges *aventurero* en el *Perfil*, márcalo en la hoja de puntajes y verás cómo se alinea tu personalidad. A medida que sumas tus puntajes observarás tu propia mezcla personal de los «humores», mezclada en la «debida proporción» que es únicamente tuya. No hay dos personas que seamos exactamente idénticas, y sin embargo nuestras similitudes son lo que nos dan un marco de referencia por el cual podemos medir nuestras fortalezas y debilidades.

RECUENTO DEL PERFIL DE LA PERSONALIDAD	
Sanguíneo_____	Colérico_____
Flemático_____	Melancólico_____

Anota tus puntajes del *Perfil de personalidad* en el cuadro de la página anterior y compáralos con los del *Cuestionario rápido*. Para un ulterior estudio, lee la lista de virtudes y defectos de las páginas 254 y 255, y compáralas con los puntajes y sentimientos sobre ti mismo.

¿Estás empezando a comprender quién eres?

A medida que te prepares para trazar las raíces de tu propio *Árbol de personalidad*, querrás comprender primero tu propia «mezcla de humores». Agregando este conocimiento a la percepción que tu familia ya tiene de ti, empezarás a armar el rompecabezas de tu personalidad.

Si estás en un grupo de estudio, da una vuelta por la sala y haz que cada persona comparta lo que ha aprendido de sí misma hasta ahora. No permitas que terceros, como los cónyuges, corrijan o interpreten las opiniones de cada persona, pues esto ahogará lo significativo de la conversación. Cada persona debe ser libre para expresar sus sentimientos, sin miedo a ser juzgada. ¡Qué forma grandiosa de conocerse con terceros en un nivel emocional como asimismo social!

Piensa en las personas de tu familia que son parecidas. En tu cuaderno de personalidad anota la lista de los que se te vienen a la mente, y luego al lado de los nombre anota los parecidos de personalidad, tanto de fortalezas como en sus debilidades.

Discute estas impresiones con cualquier familiar que esté a disposición, a fin de almacenar información. A medida que plantes estas semillas de información en tu mente, empezarás a regar tus semillas con más material, así como a estar alertado sobre cualquier mención que se haga de tus «tías Ruth».

Si estás usando este libro como material de estudio en grupo, trae tu lista de comparaciones y prepárate para compartir tus resultados. No hay forma en que podamos conservar una tradición positiva o eliminar los defectos repetidos si no los sacamos a la luz y les damos una mirada objetiva. Te asombrará la información disponible que hay cuando empiezas a investigar. Los familiares mayores se sienten halagados cuando les pides que llenen los vacíos de tu memoria, y hasta los amigos de la familia pueden tener historias nostálgicas que les encantaría contar.

Al ubicar estas personalidades del pasado piensa en la manera en que cada uno de estos individuos enfrentaba los proyectos. ¿Cuál era su forma?

DIRECCIONES DE LA PERSONALIDAD	
S La manera feliz	C A mi manera
F La manera fácil	M La manera correcta

«Encomienda al Señor tu camino»
(Salmo 37:5, B.d.l.A.)

«Por el Señor son ordenados los pasos del hombre, y el Señor se deleita en su camino»
(Salmo 37:23, B.d.l.A.)

Capítulo 3

¿Cuáles son tus necesidades y deseos subyacentes?

SIN ENTENDER LOS temperamentos básicos y los deseos y necesidades de cada uno, tendemos a pasar mucho tiempo tratando de conseguir respuestas de terceros que ellos sencillamente no pueden dar. Muchos matrimonios, por ejemplo, llegan a un opresivo estancamiento porque ninguno de los cónyuges sabe lo que el otro quiere o necesita. Sin una herramienta simple para usar, el éxito es un accidente. Una vez que empezamos a comprender el deseo básico de cada naturaleza, el velo se levanta y tenemos la clave para llevarnos bien con los demás.

¿Cuáles son tus deseos?

El sanguíneo quiere *divertirse* desde el principio. Aceptar este hecho nos impedirá hacernos falsas expectativas de que algún día crezca y siente cabeza.

Mi madre flemática, luego de pasar una semana con mi hermano Ron, personaje importante de la radio en Dallas, Texas, y proclamado por el periódico *Dallas Morning News* como «el dueño de la mañana»,[1] dijo suspirando: «Me pregunto si Ron crecerá alguna vez y se conseguirá un trabajo de verdad». Ella no entendía que un sanguíneo no quiere crecer, que su objetivo es divertirse y no obstante está en la cumbre de su profesión.

El colérico quiere *dominar* y se siente cómodo únicamente cuando ha hecho la coreografía del elenco de su mundo, teniéndolo por completo bajo su inspirada dirección. Saber este hecho nos impedirá armar una lucha de poderes que probablemente perderíamos.

El deseo del melancólico es tener *perfección*. Para entenderlo debemos entrar a su mente perfectamente organizada y categorizada, y ver la situación con sus ojos. Cuando nos damos cuenta de que no puede relajarse sino cuando la vida está ordenada, entonces podemos realizar un esfuerzo consciente para satisfacer sus estándares.

El objetivo del flemático en la vida es mantenerse libre de problemas y procurar la *paz*. Él no se entusiasmará por nada ni correrá riesgos, así que no lo presiones ni pienses que puedes modificar su personalidad. Todo lo que lograrás con atormentarlo será aumentar su resistencia al cambio.

Cuando vemos y aceptamos que cada temperamento tiene un deseo diferente en la vida, podemos funcionar a partir del conocimiento, no a partir de la ignorancia. «Sed, pues, prudentes como serpientes, y sencillos como palomas» (Mateo 10:16).

SANGUÍNEOS: DIVERTIRSE

«La congoja en el corazón del hombre lo abate; mas la buena palabra lo alegra» (Proverbios 12:25).

Cuando nos damos cuenta que el sanguíneo desea divertirse, quizás podamos así entender por qué razón las cosas que avergonzarían a otros son experiencias positivas para él. Cuando relato que perdí mi automóvil en el estacionamiento de siete pisos, los melancólicos y los coléricos menean incrédulos sus cabezas. Los flemáticos entienden algo esa posibilidad y los sanguíneos se entusiasman tanto que no ven la hora de venir corriendo a contarme sus propias pérdidas. Varias señoras han detallado cómo perdieron sus automóviles en Disneylandia y tuvieron que esperar hasta la medianoche, cuando el lugar quedó vacío, para encontrarlos.

Una sanguínea que fue al Cotton Bowl a ver el partido de Año Nuevo quería asegurarse de no perderse. Escribió «Bus 104» en el dorso de un sobre para saber cuál era el autobús al que debía regresar. Lo que no anticipó era que había cientos de autobuses en fila y que no tenía idea cuál sería el 104.

—Todavía estaría allá —exclamó con la típica exageración del sanguíneo, —si un amigo no me hubiera hallado y llevado al autobús 104.

Una adorable muchacha sanguínea me dijo que su marido trajo a cenar a un cliente a casa. Cuando estaba preparando la comida descubrió que le faltaba un ingrediente clave. No quería que su marido melancólico lo supiera, puesto que le criticaba constantemente su falta de orden, así que salió de puntillas rumbo a la puerta. Al mirar afuera vio el automóvil del cliente puesto detrás del suyo en la entrada, y que tendría que pedirle que lo moviera. Pero, ¡momento! Ahí estaban las llaves en la mesa, así que ¿por qué no tomar calladamente su automóvil? Ella estacionó en el gran estacionamiento afuera del supermercado y cuando salió, no sólo no sabía donde había estacionado sino que no tenía idea del tipo de automóvil. Todo lo que podía recordar era que había una carta en el asiento delantero, la única razón por la que se acordaba de eso era porque ¡la había leído! Ella empujó su carro de compras de arriba abajo por las pistas, mirando en cada automóvil en busca de la carta, la que, por fin, encontró. Llegó sana y salva a casa y nadie tenía que enterarse, pero, en una forma típicamente sanguínea, cuando se hizo una larga pausa en la conversación de negocios, se sintió obligada a entretener al cliente con su humorada de sacarle el automóvil sin permiso y leer su carta. Para su gran sorpresa, él no lo consideró divertido y su marido fue humillado e indignado a la vez.

—¡Todos los demás a quienes se lo conté pensaron que era entretenido! ¡No sé qué les pasa a ellos!

Una recepcionista sanguínea salió del trabajo y su Dodge Gold '67 había desaparecido. Llamó a la policía, llenó todos los formularios y le pidió al policía que la llevara a casa. Cuando se pararon en la entrada, el policía preguntó:

—¿Tiene dos Dodge Gold '67?

—No. ¿Por qué?

—Porque hay uno ahí, estacionado frente a nosotros.

Ella miró con los ojos abiertos de sorpresa.

—Ayyy…, creo que me olvidé… Mi amiga me llevó esta mañana al trabajo.

Una señora me dijo que estando en la tintorería, buscaba las llaves del automóvil y concluyó:

—Debo haberlas dejado en la iglesia.

El flemático tintorero dijo, apenas audible:

—Si las dejo en la iglesia, ¿cómo trajo hasta acá el automóvil?

Una muchacha de Fairbanks, Alaska, me envió esta anécdota después que hablé allá en setiembre de 1985:

> «Fui [al supermercado] para comprar rápido unas pocas cosas, pero mientras caminaba por los pasillos, decidí que muy bien podía ver, de paso, el resto del supermercado. Para cuando terminé de andar por los pasillos (con el jornal de un día en mi cartera) tenía un carrito de compras repleto hasta el tope, lleno de comida. ¡También tenía un helecho de Boston «a precio reducido por el invierno», derramándose encima de los comestibles!
>
> »Saliendo de la caja, 158 dólares más tarde, empujé mi cargado carrito hacia el estacionamiento. La adrenalina bombeaba mientras pasaba fila por fila, perpleja debido a que no podía recordar dónde había estacionado. Aún perpleja, empujé mi carrito (con mi helecho de Boston encima de todo) de vuelta a la tienda.
>
> »La parte de afuera de la tienda estaba siendo pintada por unos hombres en un andamio. Mientras esquivaba su equipo con mi carrito difícil de manejar, *la* vi: detrás de la lona impermeabilizada de ellos estaba ¡mi bicicleta amarilla, de 10 velocidades!

»¡Yo había *pedaleado* hoy las cinco millas! Ahora, como nueva madre solitaria, cuyo ex marido estaba fuera de la ciudad .... que estaba en la etapa del "orgullo", –demasiado orgullosa para llamar a un amigo– empecé a empacar: los comestibles en cajas apiladas en la parrilla trasera. Un cuerda ataba firmemente el macetero con el helecho de Boston encima de las cajas, y cuatro hogazas de pan amarradas por sus extremos al manubrio.

»¡Pedaleé todo el camino a casa en una bicicleta lista para volcarse con el menor hoyuelo! Mis hijas me vieron llegar… ¡Parecía una caravana de gitanos!

»¿Cómo me sentí? ¿Cómo me sentí? ¡Con recursos! ¡Capaz! ¡Independiente!»

Mi anécdota preferida es la de la señora de Newport Beach, quien fue a comprar al enorme South Coast Plaza. Cuando salió de la tienda Bullock, su automóvil había desaparecido. Luego de buscar por todos lados llamó al guarda de seguridad, quien la llevó de arriba abajo por cada fila de todos los estacionamientos. Incuestionablemente, ambos concordaron, el automóvil había sido robado. Ella llenó los formularios y después presentó un reclamo al seguro. Cuando recibió el dinero se compró un automóvil nuevo, precioso, que le gustó aún más que el primero. Más adelante recibió una llamada telefónica del taller:

—Señora, ¿cuándo va a venir a buscar su automóvil que dejó aquí hace un mes para hacerle la rotación de los neumáticos? ¡Si no viene pronto, le vamos a cobrar almacenaje!

Muchos sanguíneos me han enviado «anécdotas de automóvil», pero otros tantos melancólicos me han mandado información detallada para los sanguíneos olvidadizos, respecto de dónde comprarse un llavero que suena cuando uno aplaude, o un «buscador de automóvil» que sólo cuesta 99,95 dólares. Estos inventos seguramente fueron hechos por sanguíneos, y si adquirieran popularidad, eliminarían este hábito sanguíneo tan ciertamente como que la viruela fue erradicada.

Un aviso anunciaba con confianza:

«¡Divise instantáneamente su automóvil! ¿Perdió su automóvil en un estacionamiento lleno? Toque el Buscador de Automóvil y su automóvil hará sonar la bocina y destellar sus luces para que pueda ubicarlo al momento.

»El Buscador de Automóvil es un transmisor en miniatura que se pone en cualquier llavero. Cuando usted oprime el botón, su automóvil responde desde/hasta 250 metros de distancia.»

Yo sabía que el aparato era para los sociables sanguíneos, al ver que el aviso terminaba diciendo: «El Buscador de Automóvil es un amigo de verdad, con instrucciones para usarlo con facilidad».

Para que ustedes, hombres sanguíneos, no piensen que estos cuentos los dejan afuera, he aquí un episodio de mi ministro de música prèferido, Jim Lacy, luego que se fuera a Columbus, Ohio.

El sanguíneo Jim y la melancólica Sherry fueron a la fiesta navideña de la iglesia. Puesto que eran nuevos en la ciudad y no tenían conocidos, Sherry estaba un poco nerviosa por hacer una buena primera impresión. Jim tenía el mapa para llegar a la casa de los anfitriones en la calle Angela, y Sherry se sintió consolada cuando un automóvil, con amigos que reconoció, les tocó la bocina cuando ellos pasaron al lado. Como Jim tenía que hacer algo rápido en la iglesia, él dejó a Sherry en la vereda, donde ella se unió a otros que se dirigían a la fiesta.

Siendo nueva en la iglesia y tratando de ser lo más extrovertida posible, Sherry saludó a la anfitriona en la puerta y entró a la sala llena de parejas que conversaban. Ella se detuvo, sola, y observó que todos los nuevos huéspedes traían regalos de boda. Se preguntó por qué estaban trayendo regalos de boda a esta fiesta navideña de la iglesia. Cuando lo preguntó, la anfitriona le contestó:

—Esta no es una fiesta navideña de la iglesia. Esta es una fiesta de bodas, ¿Se supone que usted esté aquí?

Sherry estaba tan avergonzada que se puso el abrigo y se fue justo cuando Jim estaba acercándose, totalmente olvidado de que la había dejado en la fiesta equivocada. Mientras Jim se reía, Sherry se deprimió. Cuando llegaron a la casa correcta, un poco más abajo, Sherry hizo que Jim entrara primero para cerciorarse. Ella le rogó que no le contara a nadie lo sucedido, pero de manera verdaderamente sanguínea, Jim hizo un acto de comedia de todo el episodio. El me escribió: «Se lo conté a todos, incluso a mi *coro de sanguíneos*. ¡Qué divertido!»

Sí, «¡que divertido!» cuando el sanguíneo cuenta su propia versión del error que deprimió a su esposa. El objetivo del sanguíneo es *divertirse.*

COLÉRICOS: DOMINAR

«Las naciones se han undido en el foso que hicieron; en la red que escondieron, quedó prendido su pie. El Señor se ha dado a conocer; ha ejecutado juicio. El impío es atrapado en la obra de sus manos» (Salmo 9:15-16, B.d.l.A.)

El deseo básico del colérico es *dominar.* Una mujer flemática me contó la batalla que tenía con su hijo colérico de diez años de edad. Cada día después que él se va a la escuela, ella entra y cambia el mobiliario de su dormitorio a la posición en que ella y el decorador lo quieren. Lo primero que el niño hace cuando vuelve a casa es cambiarlo todo a la manera que a él le gusta. Ella sostiene que es *su* casa, y que tiene el derecho de poner los muebles donde quiera. Además, ¡lo qué pasaría si sus amigos vinieran de visita y la pieza no estuviera ordenada! Él, siendo astilla del mismo palo, clama que su dormitorio es *territorio suyo,* donde él tiene el derecho de arreglarlo como quiera. He ahí dos coléricos peleando tan duro por dominar que están jugando a las mudanzas diarias. Compartí con ella cuán importante es para un niño colérico dominar algo en casa, porque si ahí se le impide mandar, probablemente salga y le pegue a sus amigos. Con esta nueva idea en mente, ella se fue a casa a hacer las paces.

Un hombre colérico que vende artículos médicos a los doctores me dijo cuánto odiaba su trabajo. Cuando le pregunté por qué seguía en eso, dijo:

—Gano mucho dinero y me gusta lo que hago.

—¿Cómo puede odiarlo y gustarle a la vez? —pregunté.

El pensó un minuto y concluyó:

—Me gusta el trabajo, pero odio el hecho de que nunca seré el jefe.

Ahí estaba el colérico, en buena posición pero fastidiado porque tenía que desempeñarse como segundo violín y no podía avizorar posibilidad alguna de dominar.

Otro vendedor colérico me contó acerca de su «estúpida» jefa sanguínea.

—Ella jamás hace algo bien hecho, y se pasa la mayor parte del tiempo hablando por teléfono. Cada día le digo lo que hace mal y cómo mejorar, pero ella nunca mejora.

Revisé nuestra lección con él:

—¿Qué desea el sanguíneo en la vida?: Diversión. ¿Qué necesita el sanguíneo más que ninguna otra cosa?: Atención y aprobación. Ahora que sabe esto, piense en su situación. Imaginemos que yo soy su jefe y todos me dicen que es divertido estar conmigo. Cada día todos me felicitan, me traen regalitos y escuchan todo lo que digo. Sin embargo, usted trata de enderezarme a diario, y critica el tiempo que paso hablando por teléfono. Me mandan un memo de arriba que me instruye a despedir a uno de mis vendedores. ¿Cuánto tiempo tardaré en decidir cuál será?

Entendió el mensaje.

Una señora colérica recuerda que cuando era niña «jugaba a la guerra» con los niños del vecindario.

—Ellos querían que yo fuera la enfermera porque era la única niña, pero dije: «No, seré el general» ¡Y lo fui!

Un hombre colérico le dijo a su esposa flemática:

—Odio a la gente cabeza dura.

Ella se atrevió a aventurar:

—A veces tú eres cabeza dura.

El espetó:

—¡Solamente cuando tengo la razón!

Otro colérico me dijo:

—Puede ser que no siempre tenga la razón, pero nunca me equivoco.

Aun los discípulos coléricos luchaban por el dominio:

> «Hubo también entre ellos una disputa sobre quién de ellos sería el mayor» (Lucas 22:24).

Un médico colérico hizo el *Perfil de la personalidad* y lo observé marcando todas las fortalezas, pero ninguna de las debilidades. Le comenté esto y me replicó:

—Eso es porque *yo tengo* todas las fortalezas, sin ninguna debilidad, pero marcaré contento unas pocas debilidades si esto la complace.

¡Oh, noble el hombre!

Después vino y me dijo:

—Lo pensé mejor y sí que tengo una debilidad. Parece que siempre escojo enfermeras débiles y quejosas. Parecen normales al comienzo pero empeoran. Justo esta mañana, cuando entré al consultorio, todas se aplastaron contra la pared y empezaron a llorar. Les pregunté que pasaba y dijeron que me tenían miedo. Les hice saber ahí mismo que eso era problema de ellas. «¡Si ustedes hicieran lo que les digo que hagan en el momento en que se los digo, no tendrían razones para estar asustadas!», les dije.

¡Cuánta compasión y comprensión!

Los coléricos no sólo quieren dominar, sino, como puedes ver, tienen escasa habilidad para captar siquiera un pequeño atisbo de sus debilidades. Tienen la mayor inclinación hacia el liderazgo, pero también tienen un punto ciego para ver cómo afectan a otras personas.

Están de acuerdo con Robert Service:

«Esta es la Ley del Yukón
que sólo el fuerte florecerá,
que seguramente el débil perecerá
¡y sólo el APTO sobrevivirá!»[2]

El objetivo del colérico es *dominar*.

MELANCÓLICOS: PERFECCIÓN

«Me he consumido a fuerza de gemir; todas las noches inundo de llanto mi lecho, riego mi cama con mis lágrimas. Mis ojos están gastados de sufrir; se han envejecido a causa de todos mis angustiadores» (Salmo 6:6-7).

El melancólico se desgasta tratando de ordenar la vida, regando su cama con lágrimas y llorando de dolor. Desde el momento en que el melancólico se levanta y se mueve, trata de enderezar las sendas torcidas. Mi melancólico hijo Fred estaba arreglando la casa tan pronto como pudo salirse de su corral de juegos. Empezó a recoger y ordenar la ropa del cuarto de lavado cuando tenía dos años. Él ha sido mi «ama de casa» durante años, y si dejo algo encima de la mesada de la cocina, rápidamente lo pone en el cajón más próximo. Como no puedo recordar dónde lo dejé, esta desaparición me causa toda una búsqueda mientras reviso los cajones de la cocina buscando un calzón de encajes que él metió junto con los repasadores para secar los platos.

Un pastor melancólico me dijo que cuando era niño él mantenía ordenados todos sus juegos, ponía números a cada caja y tenía una lista principal pegada en su armario. Nunca perdió ni siquiera una pieza de un rompecabezas en toda su infancia. Cuando tuvo sus propios hijos y les dio sus bien conservados juegos para que jugaran, «tenían todas las piezas desordenadas a la semana. ¿Cómo pude yo tenerlas perfectas durante todos estos años y ellos romper todo el sistema en menos de una semana?»

Una muchacha sanguínea me dijo que su marido melancólico había reconstruido el armario de ella esperando dar con el plan correcto que la haría mantenerlo en orden. Si tan sólo hubiera conocido los temperamentos, él podría haberse ahorrado tiempo y dinero. Sin que importe cuál plan tenga él, ella sigue tirando los zapatos en un montón sobre el suelo.

Otra muchacha escribió: «Mi marido melancólico mantiene en perfecto orden su lado del armario, con todos sus pantalones doblados en forma exactamente igual. ¡Imagínese lo que parece mi lado! ¡Hasta se molesta cuando yo no pongo las botellas del champú y crema de enjuague en el estante con las etiquetas hacia el frente, en perfecto orden! Además, le costó seis meses decirme que esto le molestaba».

Un hombre melancólico llevaba un «gráfico de kilometraje» de sus zapatos, desde que los compraba hasta que los daba al Ejército de Salvación. Averiguó que, al dividir el costo de los zapatos por la cantidad de días que los usaba, los zapatos le costaban nueve centavos de dólar por día. ¡Únicamente un melancólico se interesaría por esto!

Otro hombre pone fecha a cada bombillo de luz de su casa cuando repone una que se ha quemado. De esta manera puede llevar un registro de cada ampolleta, sabiendo la duración exacta del servicio.

Una muchacha de CLASS hizo su *Perfil de la personalidad* y lo dividió en porcentajes, demostrando que era 82% melancólica. ¡Como si necesitáramos pruebas!

Un padre llevaba un fichero de todas las amigas de su hijo, con todo el trasfondo familiar y su sincera opinión de cada una. La muchacha con quien él se casó no estuvo contenta cuando encontró que su informe decía: «¡Seguramente él no se casará con ésta!»

Una mujer joven de Florida me envió este relato del vecino.

> «Una de las ruedas del carrito para los tachos de basura de mi vecina se dañó, por lo que el marido lo reemplazó. Sin embargo, se dio cuenta de que no hacía juego con las otras tres, lo cual era inconcebible para él. Así que salió corriendo de inmediato y compró tres neumáticos nuevos para el carrito y reemplazó los tres en perfecto estado que "desentonaban". A los pocos días se dio cuenta de que las ruedas de la cortadora de césped no hacían juego con los nuevos del carrito de desechos, así que las cambió por otras nuevos que hacían juego. Había otro carrito en su hogar que usaba para llevar las herramientas de jardinería, cuyas ruedas no hacían juego, las que también cambió. Para colmo de todo, este marido se dio cuenta de que si una de las ruedas nuevas se echaba a perder y tenía que ser reemplazada, podía no encontrar otra que hiciera juego, lo cual haría necesario empezar todo de nuevo, así que compró un segundo juego de ruedas para cada máquina y las guardó en su garaje, el cual está impecablemente limpio y ordenado. Su esposa dijo que una rueda rota del carrito de basura había llegado a costar 250 dólares, debido a la preocupación de su esposo de que ¡todo hiciera juego! ¡Adivina qué tipo de personalidad es él!»

Todos los melancólicos estarían de acuerdo con Ludwig van Beethoven.

> «Entonces déjanos hacer todo lo que es correcto, luchar con toda nuestra fuerza por lo inalcanzable, desarrollar tan plenamente como podamos los dones que Dios nos ha dado, y nunca dejar de aprender.»[3]

El objetivo del melancólico es *tener perfección.*

FLEMÁTICOS: ESTAR EN PAZ

«En paz me acostaré, y así también dormiré; porque sólo tú, Señor, me haces habitar seguro» (Salmo 4:8, B.d.l.A.)

El deseo del flemático es yacer en paz y vivir seguro. Mientras que el sanguíneo tiene la compulsión de divertirse, y el colérico tiene la compulsión de dominar todo y a todos en la vida, y el melancólico tiene una compulsión lindante en el fanatismo por tener las cosas en perfecto orden, el flemático no tiene compulsiones. Ellos evitarán los problemas cada vez que sea posible y enfrentan calladamente aquellos que no pueden soslayar.

Cuando el melancólico dice que tiene que pensarlo, realmente lo piensa, pero el flemático usa esta expresión para postergar la acción. No es que quiera pensar sino que no quiere actuar. Una señora que me invitó a cenar le preguntó a su flemático marido que decidiera dónde ir:

—¿Estamos todavía pensándolo o estamos listos para hacerlo?

Un hombre flemático me dijo:

—No soy perezoso; sólo conservo mi nivel de energía.

Una mujer flemática compartió:

—Estoy casada con un flemático y nuestra bebé era tan flemática que fue como si hubiera nacido en coma.

Tomar decisiones es difícil para el flemático. Me encantó el pisapapeles del escritorio de un flemático, el que lleva este mensaje:

«Quizás; y esto es definitivo».

Una tarjeta de saludo mostraba a un tigre flemático echado sobre una cómoda silla. Por dentro decía: «Levántate antes de que te hagan alfombra».

Debido a que los flemáticos desean paz, son fáciles de manipular y frecuentemente se hallan presionados por los coléricos que necesitan a alguien a quien dominar. Aunque habitualmente aceptarán lo que sea, de vez en cuando, para mantener la paz consigo mismos, rechazarán la conformidad y mantendrán su posición.

La Navidad pasada lo pasamos con mi madre flemática, y fue algo para recordar: Jean, su hermana colérica, mi tía favorita, vino a California trayendo un regalo especial para Mamá de parte de sus amigos de «La tienda de regalos» de la iglesia. Mientras Mamá desenvolvía con todo cuidado el regalo en forma tal de conservar el papel para el próximo año, la tía Jean habló:

—Este es un regalo muy especial. Tus amigos lo hicieron a mano para ti y te encantará.

Mientras Mamá miraba, la tía Jean siguió:

—Es un delantal hecho de muselina sin desteñir, bordeado con cinta roja al bies.

De algún modo los coléricos piensan que los flemáticos no son suficientemente brillantes para distinguir un delantal cuando ven uno, o la muselina del satín, o el rojo del verde.

—Los nombres de todos tus amigos está escritos por todo el delantal con un lápiz especial —continuó la tía —Míralos justo ahí. Ellos se sentaron y firmaron el delantal, de modo que cada vez que lo uses, pensarás en ellos.

Mamá dijo, tranquilamente:

—No usaré este delantal; es demasiado bueno para usarlo.

—¡¿Qué quieres decir con que no usarás este delantal?! ¡¿Crees que voy a volver a «La tienda de regalos» y decirles que, después de todo el tiempo y esfuerzo de ellos, tú ni siquiera usarás el delantal?!

Al otro lado de Mamá, Lauren dijo firmemente:

—Tú *usarás* este delantal. De hecho, justo después de la comida de Navidad, te lo pondrás para lavar los platos.

Mientras Mamá lo doblaba de nuevo, la tía Jean agregó:

—¡No cargué este delantal todo el vuelo del avión desde Massachusetts hasta aquí para que tú rehuses usarlo!

Lauren afirmó a tía Jean:

—Ella *lo usará*. Yo me preocuparé de eso.

Mamá puso la tapa de la caja y dijo suavemente:

—Yo no usaré este delantal.

Lauren y tía Jean, dos coléricas en problemas por su dominio, dijeron a coro:

—¡Tú *usarás* este delantal!

Un mes después, cuando estaba realizando una conferencia *Personality Plus* en Dallas, mi mamá estaba sentada en primera fila. Mientras hablaba me preguntaba si me atrevería a contar la anécdota de mamá y el delantal. Recuerdo que pensé: «Bueno; ella tiene ochenta y cinco. No puede odiarme por mucho tiempo», por lo que corrí el gran riesgo y conté toda la escena, terminando con un:

—Y mamá dijo: «No usaré ese delantal».

Ellos se deleitaron con ella y le dieron una ovación atronadora.

Después, cuando la elogiaba por su desempeño, le dije:

—Tú debieras ser la conferencista. Yo hablé todo el día y tú obtienes una ovación con una sola línea.

Ella se encogió de hombros, flemáticamente, y puedo decir, en sus términos, que estaba «hecha unas pascuas de contenta».

Dos meses más tarde, tal como lo había deseado, murió *en paz,* en el sueño, yendo a unirse con el Príncipe de Paz y Señor de señores. Ella nunca usó el delantal.

El objetivo del flemático es *estar en paz.*

¿Cuáles son tus necesidades latentes?

Así como cada uno de nosotros tiene ciertos objetivos y deseos, de igual manera también tenemos necesidades latentes que no siempre comunicamos claramente a los demás. Pensamos que si realmente nos amaran, sabrían lo que necesitamos, pero desafortunadamente tendemos a dar lo que queremos recibir, y luego nos preguntamos por qué no lo recibimos de vuelta.

Fred ama las colonias, por lo que constantemente me está comprando perfumes para hacerme feliz. Yo no tengo un olfato tan agudo, tengo más botellas de las que pudiera vaciar y sigo olvidándome de perfumarme; por lo tanto, cuando él me regala uno nuevo no me entusiasmo demasiado. Él lo toma como significando de que no aprecio su delicadeza. Como él tiene una colección de colonias, nunca se me ocurre regalarle más, pero para él, nunca podría tener demasiadas. Para su corazón romántico yo no soy ni atenta ni agradecida, pero yo veo que mi actitud es práctica. No tenía idea de que la fragancia era importante hasta que una noche, después de haber ignorado un nuevo frasco, Fred expresó claramente:

—Nunca más te compraré un perfume. Ni siquiera te fijas en lo que te regalo.

Eso llamó mi atención. Mientras conversábamos la situación y yo me disculpaba por mi dureza, acordamos que él trataba de satisfacer una necesidad que yo no tenía, esperando incitarme a satisfacerle la suya. Él necesitaba señales sentimentales de que yo lo amo, y yo me figuraba que no tenía sentido comprar más de lo que él ya tenía en abundancia. Estábamos en un «tira y afloja» perfumado y no reconocíamos nuestras necesidades opuestas.

Para evitar este tipo de problemas en tu vida, o para sanar algunas heridas latentes –de las cuales puedes no tener conciencia– siéntate con tu cónyuge y pregúntale: «¿Qué necesidades tienes que yo no esté satisfaciendo?» Escucha, toma nota y no te pongas a la defensiva. Agradécele, y si se muestra interesado, cuéntale un par de cosas que apreciarías de su parte.

El sanguíneo necesita atención y aprobación

Aprendiendo cuáles son las necesidades latentes de cada temperamento, tendrás ventajas en tus relaciones humanas. Mientras que los sanguíneos quieren divertirse en la vida y parecen no tener exigencias serias, por debajo anhelan ser aprobados. Necesitan saber que son aceptables para ti. Se alimentan de los cumplidos y las críticas los hieren profundamente. Habitualmente se casan con melancólicos que no ven las razones para elogiar, algo que, en primer lugar, no está hecho en forma apropiada y quienes piensan que la crítica constante proporciona la motivación positiva. ¡Cuán lamentable es darse cuenta de cuántas parejas se hallan en este jaque mate, sin que uno satisfaga las necesidades del otro…!

El sanguíneo necesita aprobación y caerá en la inutilidad bajo los comentarios negativos. El sanguíneo elogiado y exhortado llegará a cualquier extremo para complacerte, pues quieren ser amados.

Cuando Marita y yo volvemos a casa después de un viaje, Fred pregunta:

—¿Cómo les fue?

Nosotras replicamos al unísono:

—Nos amaron.

Sólo los sanguíneos podrían ser así de presuntuosos aun en forma humorística. Una vez Fred nos preguntó:

—¿La gente dijo que las amaba, con estas palabras precisas?

—Bueno, no. Nosotras sabemos que era así.

El melancólico suele no creerse los cumplidos cuando se los dicen, pero el sanguíneo efectúa supuestos positivos aunque nadie diga una palabra.

Mi nietito sanguíneo, Jonathan, estaba parado al borde de la piscina y dijo en voz alta:

—¡Mi mamá me ama! ¡Mi papá me ama! ¡La abuelita me ama! ¡Mi abuelito me ama!

Seguidamente agregó otros cuantos nombres, abrió sus brazos y miró el cielo proclamando:

—¡Todo el mundo me ama!

Otro tipo de personalidad podría considerar esta declaración como soberbia juvenil, pero a los cuatro años de edad, él está expresando cómo se siente efectivamente y demostrando esa necesidad sanguínea de amor.

En la crónica principal de *Time* sobre la celebración de la Estatua de la Libertad, se puso como titular: «¿Qué tiene Reagan que lo hace tan notablemente popular como presidente?» Luego pusieron una lista de muchas fortalezas sanguíneas: él había hallado el punto débil de los estadounidenses, sonreía con su sonrisa infantil, echando a un lado su cabeza, es genial para captar las ocasiones estadounidenses, es un mago, un ilusionista experto, mira con los ojos claros y brillantes, tiene un rostro arrugado genial que suscita una sensación de maravilla, tiene la suerte del optimista. Su vida es una especie de cuento de hadas del poder estadounidense.

Entonces preguntan: «¿Cómo lo hace? ¿Cómo es que siempre sale a flote? ¿Por qué lo llaman "Presidente de teflón"?»

La respuesta que dan es: «Él disfruta de una comunicación fácil, y a veces misteriosa con el pueblo estadounidense. Él ha llegado a ser una presencia ceremonial».

Mientras los entrevistadores escuchaban sus humorísticas anécdotas, le preguntaron por qué tenía tanto éxito, contestó sencillamente: «Me gusta la gente».[4] Cuando te gusta la gente, tú les gustas a ellos, ¡y cuánto ama el amor el sanguíneo...!

A todos les gusta la atención y la aprobación, pero para el sanguíneo es una necesidad emocional.

El colérico necesita el logro y el aprecio

Como el colérico es un líder innato, él tiene la necesidad de ver cosas realizadas, y tiene una lista mental almacenada en su cerebro sobre el avance de las cosas. Cuando el melancólico escribe en papel sus agendas, el colérico trama su vida rápidamente en su cabeza y da órdenes instantáneas a todos los que tenga a la vista. Presupone que los demás necesitan y quieren órdenes, y siente que aquellos que no marchan al ritmo suyo son perezosos. El hombre colérico quiere saber qué hizo su esposa durante todo el día. Un hombre me dijo que si ponía una lista escrita de lo que debía hacerse a diario, su esposa no tendría tiempo ni para un té a solas.

Las mujeres coléricas mantienen a sus hijos en movimiento; usan toda la fuerza masculina disponible y se enojan cuando sus esposos no responden a su llamado a las armas. Puesto que suelen casarse con flemáticos que esperan el descanso del fin de semana, su insaciable necesidad de hacer las cosas ahora suele verse detenida. Una vez que han probado con sugerencias, listas, exigencias y amenazas, se van furiosas y el marido dice: «Me pregunto: ¿qué está mal en ella?» Puede que él no se interese lo suficiente como para pararse y averiguarlo, pero lo piensa durante los comerciales.

Como la esposa colérica está ahora en el techo clavando tejas sueltas, ella espera algún elogio moderado por sus esfuerzos nobles; sin embargo, el marido opta por no mencionar en absoluto el tema esperando que ella no recuerde que él no lo hizo. Ella espera el aprecio que siente que merece, y mientras más lo insinúa él determina más no darlo. Desafortunadamente, esta «guerra fría» existe en muchos matrimonios y aun en situaciones de negocio, en que el colérico hará el trabajo extra, para luego esperar que le den el mérito por sus esfuerzos. Como los otros nos quieren hacer el trabajo y él se mete en esto por cuenta propia, nadie ve que haya motivo para elogiarlo. ¡Qué ciclo de entender mal las necesidades de unos y otros…!

La naturaleza adicta al trabajo del colérico parece satisfacerse a sí misma, pero mucho de lo que hace es, por dentro, un pedido de reconocimiento a gritos. Si no recibió elogios cuando era niño, se matará trabajando en un intento por estimular los comentarios entusiastas de sus padres. Quiere oír estas palabras: «¡No se cómo haces todo esto!» Cuando el colérico no recibe el mérito o los demás no le agradecen, suelen decir: «¡…después de todo lo que hice por ellos!».

Debido a su necesidad de logro, la mujer colérica no puede

mirar televisión sin tener algo moviéndose en sus manos. Debe tejer, pintar o planchar: cualquier cosa antes que despilfarrar el tiempo precioso. Yo pienso que es un desperdicio de tiempo lavarse los dientes, y suelo limpiar el espejo con mi otra mano, mientras que cierro un cajón con el pie. A veces ando por la casa ordenando cosas mientras me cepillo los dientes, contesto una llamada telefónica, dejo el cepillo a un lado, por lo que más tarde esa noche no tengo idea de dónde puede estar mi cepillo de dientes. Sí, los coléricos tienen la compulsión del logro constante.

A todos nos gusta cumplir lo que nos propusimos hacer y disfrutamos de que nos aprecien, pero estas son necesidades emocionales para los coléricos.

El melancólico necesita orden y sensibilidad

El melancólico es un perfeccionista que debe tener su vida en orden, y ojalá, la de todos los demás también. Este deseo está restringido, para algunos, al área de la expresión artística, mientras que otros necesitan la perfección en su ambiente físico. Un melancólico que tenga una esposa sanguínea, que es una mala ama de casa, o se encarga de hacer las cosas o le critica sus errores, o se deprime.

Si el melancólico se inclina hacia el colérico, será mucho más exigente consigo mismo que si fuera flemático en parte, en cuyo caso se rendirá ocasionalmente, diciendo disgustado: «¡Ayyy! ¿Y para qué?».

El melancólico tiene también una profunda necesidad de ser entendido, por lo que anhela que los demás respondan con sensibilidad a sus luchas interiores, y se compadezcan junto con él por los comentarios insensibles hechos por la gente superficial que trata de ser divertida.

Debido a que la mente del melancólico es una serie de cuadros, puedes tener la seguridad que sabe cuándo le mandaste un regalo y cuándo te olvidaste de ello. Dirá: «No importa», pero sí importa. El abuelo de Fred, que siempre insistía en que no le compráramos regalos, podía llevar un registro mental de lo que cada familiar le había regalado en cada Navidad. Aunque tenía montones de nietos, era capaz de verificar a cada uno, sin la ayuda de papel ni lápiz, anunciando al final del día: «Creo que Tomasito no me quiere más. No me regaló nada».

Como el melancólico no quiere expresar sus necesidades,

mete a los demás en un constante juego de adivinanzas. Cada año le digo a Fred todo lo que veo que podría querer para Navidad, lo que, por supuesto, es casi todo lo que veo. Aunque le pregunto a menudo qué le gustaría, nunca me lo dice. Este año le pregunté por qué no me sugería regalos para él cuando yo coopero tanto. Él contestó:

—Si realmente me amaras, tendrías la sensibilidad suficiente para figurarte cuáles son mis necesidades. Si yo te las digo, no disfruto las respuestas.

Luego procedió a retarme amablemente por mis constantes sugerencias, còsa que yo había considerado como virtud.

—Cuando tú me señalas todo lo que te gusta, no dejas nada a mi imaginación y no hay sorpresas.

¿No es asombroso cuán diferentes somos? ¿Cómo, lo que parece bueno a uno, es malo para el otro?

Ahora me muerdo la lengua cuando veo una bata de baño color agua claro que me encantaría tener, y trato de leer la mente de Fred antes de Navidad.

Esta intensa necesidad del melancólico de que los demás investiguen profundamente su subconsciente y lleguen a sus pensamientos más profundos, ejerce una tremenda presión en toda relación, y debido a que el melancólico lleva las cuentas, esta mezcla puede acabar las amistades.

Una pareja joven, formada por una esposa sanguínea y un marido melancólico, arrendó una embarcación con cabina grande para un fin de semana. Otra pareja se había interesado por salir con ellos alguna vez, así que los invitaron. El arriendo ascendía a varios cientos de dólares y, al cabo de los tres días, la otra pareja les agradeció por lo bien que lo pasaron y se fueron. El marido siguió esperando que le mandaran un cheque con su parte de la cuenta.

Cuando le pregunté: «¿Les dijo claramente esto con anticipación?», él respondió: «Si ellos tuvieran algo de sensibilidad, hubieran sabido cuánto costó y que debían pagar la mitad».

«Deberían haberlo sabido» es una expresión frecuente del melancólico. Probablemente ellos debieran haberlo sabido, pero qué vergüenza que el herido melancólico haya rehusado volver a ver a esta pareja.

Todos apreciamos el orden y esperamos sensibilidad de

parte de los demás, pero estos rasgos llegan a ser necesidades emocionales para el melancólico.

El flemático necesita respeto y sentirse valioso

La meta del flemático en la vida es mantener la paz y, cuando esto no se puede, se aleja y se cierra emocionalmente, soliendo rechazar toda comunicación hasta que se restaure algo parecido a la paz. Antes de enfrentarse con el enemigo, los flemáticos se retiran hasta que un bando gana la guerra. Entonces, se unen al equipo victorioso.

Como el deseo del flemático es estar en paz, podemos suponer que una sala tranquila con una mecedora satisfaría sus necesidades, pero por debajo anhela respeto.

Como no soy flemática, se necesitó que el Señor me inspirara para que viera el valor de esta necesidad para mi flemática madre. Resulta muy fácil que los otros temperamentos ignoren a los flemáticos, puesto que ellos no gritan pidiendo atención. Después de un momento, el flemático se siente inútil y sin valor. Los demás parecen querer que el flemático cambie, siendo como ellos.

Los sanguíneos suponen que nadie puede ser feliz si ellos no están saltando de entusiasmo, así que se sienten llamados a producir algo de alegría en el flemático. Yo trataba de entusiasmar a Mamá con cuentos de grandeza, a lo que ella sólo respondía con un: «Qué bien». Yo sentía que había fracasado y me ponía más espectacular aún. Mientras más trataba, menos respondía ella. Yo no me daba cuenta de que mis aventuras la hacían sentirse como si ella «no valiera ni un alfiler». Ella necesitaba que yo me tranquilizara y le diera el crédito por su actitud de serena aceptación de su vida en el hogar de ancianos.

Como los sanguíneos quieren aprobación, tratan de hacer que los flemáticos se entusiasmen, y no se dan cuenta de que ellos necesitan respeto.

El colérico trata de hacer que el flemático se ponga a hacer cosas. Lo que los coléricos perciben como pereza es para ellos un pecado mortal. ¿Cómo podría alguien no querer hacer? Le pedí a una amiga flemática que repartiera unos apuntes al comienzo de un seminario. Ella aceptó debidamente. Al lado de la pila de apuntes para la mañana estaba el montón claramente titulado: «Apuntes para la tarde». Cuando el programa se reinició después del almuerzo, me fijé que nadie tenía apuntes. Mientras me dirigí a tomarlos y repartirlos, ella dijo: «No sabía que tenía que hacerlo dos veces».

El colérico no puede entender este pensamiento pasivo, o su ausencia, y su reacción innata es enojarse, lo cual es una señal para el flemático –quien verdaderamente no entendió– que es estúpido y no vale nada.

El melancólico trata de interesar al flemático en los detalles y en la búsqueda de la perfección. Mientras más se esfuerza, más se distancia el flemático, quien comenta suavemente: «A mí no me importa mucho; y de todos modos, ¿a quién le interesa?» El melancólico se interesa y no puede imaginar cómo alguien inteligente podría ser indiferente ante las complejidades de la vida. El melancólico medita un momento y supone que no explicó el punto con suficiente claridad, así que trata con una explicación de mayor detalle, lo cual desconecta al flemático que se limita a encogerse de hombros. Esta falta de celo es considerada por el melancólico como un rechazo, y se deprime. ¿No asombra cuán mal entendemos a los demás si no conocemos sus personalidades básicas y sus necesidades latentes? El flemático no quiere que lo pinchen los demás para que sea quien no es realmente; sólo quiere ser aceptado como es y ser considerado como persona valiosa y digna. ¿Dónde estaríamos todos si no tuviéramos al flemático, amante de la paz, para darnos ese muy necesario equilibrio y atenuar nuestras compulsiones? Agradece a tu cónyuge, amigo o hijo flemático por su naturaleza extravertida. Si no la tuvieran, ¿cómo soportarían al resto de nosotros?

Todos queremos sentir que somos personas valiosas, pero el respeto es una necesidad emocional para el flemático.

Aunque recibo frecuentemente cartas de sanguíneos con ejemplos divertidos que podría usar, y sugerencias directas de los coléricos más los hechos y detalles adicionales de parte de los melancólicos, rara vez recibo algo de los flemáticos. Supongo que el sentimiento que tienen de no ser valiosos les impide escribirme, pero me entusiasmo cuando recibo una carta como esta.

> «Su seminario me ayudó muchísimo para entender *quién soy* .... Una de las cosas que me ha costado mucho captar es el hecho de que Dios me acepta tal como soy Siempre me he preguntado: "Pero, ¿quién *soy* yo?" Siempre

.... he andado tratando de figurarme por qué soy tan desinflada .... Algo debe estar mal porque no puedo armar un buen esquema, como otra profesora de la escuela dominical, o tener siempre esos ilimitados estallidos de energía, planificar muchas cosas y quedarme levantada hasta tarde, y divertirme haciendo el aseo de mi casa. Me describió bien cuando dijo que si se le dan dos horas a un flemático para que haga algo, se toman todas las dos horas. (¡Conmigo suele ser más!) Cuando capté por fin la verdad de que *está bien* que yo no tenga todas esas cualidades que los demás tienen, y que nada malo hay con *mi propia* manera de ser, empecé a verme como la persona que realmente soy. No soy tonta, no soy estúpida, ni tampoco no interesante. El estar en blanco, como a veces me siento, no se debe a que el Señor haya dejado algo fuera de mi cerebro. Sólo porque no puedo cumplir las órdenes tan bien como se espera, no significa que "no escuche".

»¡Cuán refrescante fue sentarse por tres horas, después de llegar a casa desde el retiro, y compartir con mi marido estas verdades sencillas pero vitales sobre nuestras personalidades! ¡Y él me escuchó!

»Oímos tanto sobre aceptar .... a los demás .... "tal como son", pero en realidad no sabemos quiénes son para poder aceptarlos.

»¡Que Dios la bendiga, a usted y a su ministerio, para ayudar a la gente a conocerse a sí mismos para que Cristo pueda equilibrar sus vidas para que sean una gloria para Él!

»Loretta McClure.»

Una señora vino a un seminario nuestro, y más adelante escribió:

«Desde que empecé a crecer emocionalmente he dejado de jugar a "¿Cuál es mi guión?", y estoy en "Decir la Verdad".»

En la obra shakesperiana de *Hamlet*, el viejo Polonio da consejo a su joven hijo:

«Por sobre todo, sé veraz a tu propio ser.
Y seguirá, como la noche al día,
que entonces a ningún hombre podrás ser falaz.»[5]

Para el estudio, pensamiento y acción:

Cuesta mucho ser veraz consigo mismo, hasta que sabes quien eres. ¿Es posible entender a los demás cuando estás confundido con tu propia identidad?

Según lo que ya has aprendido:

- ¿Cuál es tu personalidad primaria? ______
- ¿Cuál es el deseo básico de tu temperamento? ______
- ¿Cuáles son tus necesidades generales latentes? ______

Si estás casado, responde a las siguientes preguntas respecto de tu cónyuge:

- ¿Cuál es su personalidad primaria? ______
- ¿Cuál es el deseo básico de su temperamento? ______
- ¿Cuáles son sus necesidades generales latentes? ______

Ahora que hemos dado un vistazo a las necesidades latentes generales de cada temperamento, pongámonos más específicos. Un día me senté y confeccioné una lista de las tres necesidades emocionales personales que tuve de niña:

1. Como vivíamos en tres cuartos pequeños detrás de la tienda de mi papá y comíamos frente a los clientes, anhelaba una casa normal, con comedor privado para la familia. Todos los demás tenían por lo menos una puerta principal de entrada, e iban desde *sus* dormitorios a *sus* baños, sin tener que pasar por una caja registradora. Me sentía anormal y necesitada, una simple casa llegó a ser una necesidad emocional.
2. Cada noche, cuando mi padre contaba los recibos diarios, había ansiedad sobre si podríamos pagar nuestras cuentas. Siempre nos arreglábamos para comer, pero nunca sobraba. A cada uno de nosotros tres nos daban un centavo de dulce por día. Puedo recordar que ansiaba tener suficiente dinero para un postre helado, y, a los catorce, me

puse a trabajar vendiendo chocolates en Mitchell's, un gran almacén con varias secciones, para poder sentir alguna seguridad. El dinero llegó a ser para mí una necesidad emocional.

3. Como no había cosméticos ni líquidos para hacerse la permanente cuando yo era joven, las niñas eran bellas o no por naturaleza. Yo entré en la última categoría. Envidiaba a Peggy, quien tenía unas trenzas rubias gruesas, pestañas largas y una nariz respingada y pecosa. Su mamá le comparaba vestidos, mientras que los míos eran hechos en casa. Peggy era hermosa. El anhelo de belleza y ropa llegó a ser una necesidad emocional.

Antes mostrarle mi lista a Fred le pedí que pensara en sus tres necesidades emocionales.

1. Él recordó inmediatamente que nunca se sintió amado. Aunque vivía en una casa grande, con sirvienta y niñera, nunca sintió que sus padres lo quisieran, en realidad. Ellos dos trabajaban cada día y él se sentía ignorado, aunque lo tenía todo. La falta de amor físico, personal, creó un vacío en su vida volviéndose una necesidad emocional.
2. Como nadie parecía prestar atención a lo que él hacía, Fred se destacó en deportes esperando ganarse la aprobación de sus padres. La única vez que su padre fue a un evento deportivo fue a una carrera, pero llegó después de que Fred había ganado. Aunque ganó diplomas y trofeos nunca sintió que sus padres notaran sus logros, por lo que su deseo de aprobación llegó a ser una necesidad emocional.
3. Fred recuerda estar solo aunque hubiera gente alrededor. Las actividades parecían planeadas por adultos y para adultos, y en su memoria de melancólico, la vida hogareña no fue muy divertida. Aunque había grandes fiestas en los fines de semana, Fred sentía que estaba marginado de la diversión familiar. Esta falta de participación y entusiasmo se volvió depresiva, y su deseo de satisfacción familiar llegó a ser una necesidad emocional.

Cuando Fred y yo comparamos nuestras necesidades infantiles vimos que no eran tan desiguales. Entonces, agregamos una columna llamada *Suficiencia,* y nos asombramos más aún.

FLORENCE		FRED	
NECESIDADES	**SUFICIENCIAS**	**NECESIDADES**	**SUFICIENCIAS**
casa	amor	amor	casa
dinero	aprobación	aprobación	dinero
belleza y ropa	diversión familiar	diversión familiar	belleza y ropa

Mis necesidades fueron sus suficiencias y sus suficiencias fueron mis necesidades. No es de asombrarse que hubiéramos fallado para comunicarnos nuestras necesidades opuestas uno al otro. Él tuvo la casa grande, mucho dinero y fue elegido como el niño más apuesto de Camp Agawan.

Yo estuve rodeada de amor, gente que me aplaudía cuando recitaba mis trozos de oratoria en público siempre cambiante de la tienda, y la vida fue una cómica experiencia sanguínea tras otra.

Al detenerte a analizar tus necesidades y escribirlas en tu cuaderno de personalidad, mira primero las que son generales para el patrón de tu temperamento. Luego haz la lista de las necesidades y suficiencias personales de tu infancia, como lo hicimos Fred y yo. ¿Son opuestas o similares? ¿Has hablado de tus necesidades alguna vez antes? Pese a que las tuyas no son en nada parecidas a las de tu cónyuge, o aun si las suyas te parecen necias, si es así cómo él se siente, ¿puedes aceptar que es una necesidad emocional genuina en él?

Para un estudio en grupo, compara tus necesidades y suficiencias con la de otras personas, notando los parecidos y las diferencias. Ten cuidado de no despreciar los sentimientos de otra persona si tienes un punto de vista diferente. La comunión del grupo tiene lugar solamente en una atmósfera de aceptación.

Si tienes tiempo, proyecta la comprensión de tus necesidades a tus relaciones de trabajo, de la iglesia o tu familia. Haz que cada persona comparta un problema de matrimonio, de trabajo o social que pudieran haber evitado «si tan sólo hubieras sabido».

NECESIDADES DE LA PERSONALIDAD	
Atención y aprobación	Logro y aprecio
Respeto y valor propio	Orden y sencibilidad

¡Cuánto más aprecio tendremos por el juego de la vida cuando miramos la tarjeta de puntajes y entendemos las personalidades, objetivos y necesidades de los jugadores! Una mañana, Norman Vincent Peale explicó en su programa *Today* por qué él y su esposa Ruth habían tenido un matrimonio tan exitoso

«Cada uno de nosotros hace lo que hacemos mejor y respetamos las diferencias del otro.»[6]

Capítulo 4

¿Qué te tienta?

DESDE QUE ÉRAMOS niños muchos podíamos recitar la Oración del Señor (el *Padrenuestro*), aunque fuera en grupo, por lo que recordamos bien la frase: «No nos metas en tentación, mas líbranos del mal». Sin embargo, pocos pensamos que el versículo se aplica a nosotros, pues somos «buenas personas», no dadas a robar frutas prohibidas. Fuimos criados con los relatos de la Biblia y sabemos que si alguna vez nos topamos con «el Mal» en un callejón, estará apropiadamente vestido de rojo, llevará un gran tridente y lucirá como el diablo. En la iglesia de mi infancia adorábamos al dios de las buenas obras y se nos enseñaban los Cinco Mandamientos esenciales para la seguridad eterna: no beber, no fumar, no andar de parranda, no jugar a las cartas y no coser en el domingo. Yo sabía cómo no fumar ni beber, pero no tenía muy claro qué significaba andar de parranda, aunque pensaba que yo estaba fuera de eso. En la universidad pasé por un período de rebelión en el cual aprendí a jugar al bridge. Una vez que estaba de visita en la casa de mi virtuosa abuela, cosí en domingo y me cosí el pulgar en la bata. La abuela miró primero al cielo y luego para abajo, mientras entonaba: «Dios te está castigando por tu pecado...», condena que aún seguiría oyendo hoy si tan sólo cosiera rápido un botón antes de salir para la iglesia.

Cuando escribí *After Every Wedding Comes a Marriage,* en 1981, inserté el capítulo sobre «La otra mujer» con cierta aprensión. ¿Estaba refiriéndome a un tema que nadie quería manejar en el mundo cristiano? ¿Estaba respondiendo a una pregunta que nadie formulaba? ¿Estaba cinco años adelantada a mi época? En retrospectiva, el tema de la infidelidad en la iglesia fue tratado con escasa prontitud, por lo que el capítulo sobre «La otra mujer» ha sido el más popular. La lista de *sí* y de *no* para esas mujeres que se hallan con un marido infiel ha suscitado repetidos comentarios, como: «Desearía haber leído esto un año atrás. Yo pasé por todos los *no* y ningún *sí.*»

Cuando hablo del tema parto del supuesto de que nadie del público tiene un cónyuge adúltero, pero «si tu marido anduviera buscando otra mujer, ¿cómo sería ella?» Luego vemos un cuadro, que cada mujer completa, de lo que querría su marido. Quizá la pregunta más provocativa sea: «Si tu marido anduviera buscando un lugar para tener una aventura en esta tarde, elegiría tu dormitorio de la manera en que lo dejaste esta mañana?»

Este pensamiento produce exclamaciones, gritos y risas ocasionales de las señoras, mientras la imagen de sus dormitorios relampaguea ante sus ojos en vivos colores. Muchas me han susurrado, a la salida: «Me voy a casa a limpiar el dormitorio», y algunas han escrito después contando que están redecorándolo, con la esperanza de restaurar el romance a una relación aburrida.

Debemos pasar un tiempo creativo analizando los deseos manifiestos y las necesidades latentes de nuestro cónyuge. Aunque un dormitorio desordenado y un filodendro muerto en la ventana no mandarán, probablemente, a un hombre en busca de una nueva cónyuge, estas condiciones indican una falta de preocupación por la otra persona. Un hombre que dice que estará a las seis en casa para comer y regresa repetidamente horas más tarde, sin una llamada de explicación, puede que no «ande de parranda» sino que ciertamente comunica a su esposa que su tiempo no vale, y que ella no vale mucho más.

Como cristianas debemos ser ejemplos para nuestros hijos, y nuestra comunidad de lo que es un matrimonio de amor, y de la manera en que sigue siendo posible tener una relación positiva en un mundo crecientemente negativo. Sin embargo, mientras escucho los relatos de rechazo y rebeldía en las parejas cristianas, sé que todos necesitamos ayuda.

Si yo tuviera una fórmula mágica para el matrimonio feliz, podría hacerme rica; no obstante puedo, por lo menos, compartir que cuando empezamos a entender –y luego a satisfacer– las necesidades de nuestro cónyuge, reducimos el riesgo de que anden buscando la satisfacción en otra parte. ¿No vale la pena?

A menudo leemos en las revistas y los periódicos de autoayuda sobre esto de «satisfacer necesidades», pero rara vez se nos dice cómo hacerlo. No sabemos cuáles son las necesidades de otras personas, no preguntamos, y si lo hacemos nos dan las respuestas erróneas. Cuesta mucho poner tu dedo en una necesidad emocional. Podemos buscar en casa y darnos cuenta que necesitamos un nuevo juego de sábanas o sillones para la casa, podemos mirar en nuestro armario y ver que necesitamos ropa nueva, o mirar en el refrigerador y ver que necesitamos alimentos, pero no sabemos cómo mirar dentro de nuestros corazones, o, peor aun, en los corazones de los demás y ver qué está faltando allí.

Ahora que entendemos los cuatro temperamentos básicos, tenemos una herramienta muy práctica para detectar heridas y necesidades interiores. Ya no andamos a tientas en la oscuridad. Acabamos de ver en el último capítulo que cada personalidad tiene sus propias necesidades. El sanguíneo necesita aprobación; el colérico, aprecio; el melancólico, sensibilidad y el flemático valor propio.

El sanguíneo anhela atención y aprobación

El sanguíneo que en la superficie parece feliz, en cualquier situación está, por debajo, anhelando atención, aceptación y aprobación de quienes lo rodean. Los sanguíneos necesitan saber que son amados y que uno los acepta tal como ellos son. Quieren un público que los aplauda, y se aplastan cuando los critican y hablan mal de ellos. Ahora que conocemos estas necesidades, llevemos la información un paso más adelante.

¿Qué pasa cuando el sanguíneo no obtiene satisfacción de sus necesidades? De niño hará lo que sea por llamar la atención; a menudo se ponen muy bulliciosos, fastidiosos y demasiado exhibicionistas. El peor castigo para el niño sanguíneo es ser mandado a estar solo en su cuarto, sin teléfono ni televisor. En la escuela el niño sanguíneo usurpará la atención del profesor y hablará constantemente con los demás. Este niño anhela atención, y la conseguirá en formas positivas o, de hacer falta, negativas.

Cuando el sanguíneo crece, se casa pensando que finalmente tendrá alguien que le prestará atención. Él «se compra» un público que lo apruebe.

Dado que tendemos a casarnos con los opuestos, cuyas necesidades son totalmente diferentes de las nuestras, el cónyuge no tiene el mismo punto de vista. Mientras que el melancólico puede aplaudir el humor del sanguíneo antes del matrimonio, pronto esto se acaba, y después de un tiempo el melancólico ni siquiera se contará entre el público, menos aun mencionar aquel aplauso entusiasta.

Como el sanguíneo siempre puede encantar a alguien para que sea su amigo, empieza a preguntarse por qué la única persona que no piensa que es encantador es su cónyuge. La combinación de una personalidad extrovertida y la necesidad de atención hace del sanguíneo ser vulnerable a la tentación del sexo opuesto.

Tricia, una azafata sanguínea, me contó su historia. Yo había notado su personalidad amistosa y burbujeante, y había empezado a conversar con ella. Cuando supo que yo daba conferencias y, a menudo, sobre el matrimonio, suspiró:

—Bueno, quizá pueda ayudarme con el mío.

Tricia se había casado con un melancólico hombre de negocios, quien se había sentido atraído por el entusiasmo que ella tenía por la vida. En forma típica, él quería su gozo y a ella le impresionó su estabilidad y éxito. En su luna de miel él se enojó porque ella dejaba su ropa allí mismo donde se la sacara, y colgaba su traje de baño mojado de la perilla de la puerta en lugar de enrollarlo en una toalla y retorcerlo hasta secarlo, tal como él hacía. Él andaba detrás de ella ordenando y señalando lo malo de sus maneras. Tricia supuso que él dejaría de corregirla cuando estuvieran en casa y se encontrara ocupado, pero no conocía la naturaleza melancólica.

Se quedó estupefacta cuando él le hacía poner una toalla grande en el suelo cada vez que se rociaba laca en el pelo, a fin de que «los residuos químicos no arruinaran la alfombra». También le pasaba un trapo para limpiar los espejos del baño en cuanto terminaba de rociarse el pelo o de cepillarse los dientes. Dado que ella se resistía a los planes «tan bien pensados», él seguía criticando la conducta informal de ella.

Esperaba que al quitarle la aprobación la estimularía a cambiar, pero él no conocía al sanguíneo. Él dejó de felicitarla por sus aspecto y personalidad, que había adorado antes de casarse, y meneaba su cabeza cuando ella le contaba historias exageradas de su último viaje: precisamente las historias que antes lo entretenían.

Pronto ambos se desencantaron el uno del otro, sin saber por qué. Sentían que habían cometido un terrible error al elegir unirse.

Tricia no se propuso ser infiel, pero debido a sus necesidades de aprobación y aceptación –que no estaban siendo satisfechas, se encontraba en situación vulnerable. Cuando ella me contó esto ya había salido a comer varias veces con un apuesto piloto «que piensa que soy adorable». Uno no tiene que ser un consejero matrimonial para ver lo que pasará a esta pareja mientras cada uno sigue en dirección opuesta, buscando a alguien que diga: «Te entiendo».

Muchos piensan que la atracción inicial entre los infieles es el sexo, sin embargo, aunque eso pueda ser frecuente, yo considero que la causa latente es que están buscando la satisfacción de necesidades insatisfechas e inexpresadas.

El sólo conocer este principio no cambiará a un matrimonio, pero si ambos cónyuges están conscientes de las necesidades del otro y tratan de satisfacerlas, la sola comprensión marcará toda la diferencia. Como lo dijo una señora: «El sólo saber que él lo sabe me da esperanza».

El melancólico busca un espíritu sensible

El melancólico anhela, por sobre todo, un cónyuge sensible a sus más profundas necesidades interiores. Sin embargo, tiende a casarse con un sanguíneo que ni siquiera piensa en escarbar bajo la superficie. Cuando el melancólico se deprime, el sanguíneo se vuelca a la gente feliz, sumiendo al melancólico en el hoyo más hondo, donde este espera que alguien con sensibilidad lo rescate.

El melancólico no se propone ser infiel, pero algunos caen en la tentación porque sus matrimonios no están satisfaciendo sus necesidades. Hace muchos años Fred y yo estábamos en un iglesia cuyo pastor melancólico se sentía no amado y malentendido. Mientras él le contaba a Fred su versión de la historia en la oficina de la iglesia, su esposa sanguínea estaba llorando conmigo en el porche. La «otra mujer» había pasado por el pasillo y la esposa se había desplomado al verla. La «otra» era, cuando mucho, una mujer sencilla, mientras que la esposa era atractiva y sofisticada. Ciertamente él no se había sentido atraído a la mujer por su aspecto, sino que de alguna manera ella satisfacía sus necesidades de tener a alguien que fuera sensible, considerada y cariñosa: atributos que no eran naturales en su esposa.

Esta mujer había sido «voluntaria» ayudando en la oficina de la iglesia y tenía el don de anticiparse a las necesidades del pastor. Ella llegaba cada día, ordenaba su oficina y le servía café. Cuando él terminaba un largo día de consejería, ella pasaba y escuchaba atentamente los deprimentes problemas que él no podía compartir con su conversadora esposa, quien no quería oír nada, o que hubiera desparramado los casos como chismes, pero que además no le gustaban las historias tristes.

He aquí un hombre que no había querido descarriarse, y que sabía lo que era mejor, pero que era vulnerable. Felizmente, la erupción tuvo lugar estando nosotros cerca. Cuando él vio hacia dónde se dirigía la situación, dispuso mantener fuera de su oficina a la mujer y cesar la relación con ella, mientras que su esposa estuvo dispuesta a discutir las necesidades de él, cosa que ni siquiera había notado antes, mientras que por otro lado se comprometía a domar su lengua, la cual los había metido antes en dificultades. ¡Qué diferencia puede hacerse cuando empezamos a satisfacer en casa las necesidades del otro!

El colérico quiere ser apreciado

Dado que el colérico parece tener la vida controlada, su cónyuge, habitualmente flemático, no siente que anhele aprecio «por todo lo que ha hecho».

Una señora decía respecto de su esposo: «Yo pensaba que le encantaba trabajar, nunca se me ocurrió que debía alabarlo en cada proyecto». Un hombre expresó: «Ella sabe que puede extenderse en explicaciones con todos los demás, pero si yo le digo que es grandiosa, pienso que se le llenará la cabeza de humo». En el mundo actual, donde todo hombre puede encontrar quien le sonría o toda mujer puede encontrar un oído que la escuche, cuán importante es que todos nosotros entendamos nuestras mutuas necesidades, hablemos de ellas y tratemos de satisfacerlas antes de que sea demasiado tarde.

La esposa de un médico me dijo: «Él piensa que es Dios. Las enfermeras se inclinan cuando él entra y las vidas de los pacientes dependen de él. Cuando viene a casa, yo lo pongo en su lugar». Eso es exactamente lo que esta flemática señora hacía, por lo que él no apreciaba sus comentarios sarcásticos y punzantes.

Dado que los coléricos sólo quieren jugar juegos que puedan ganar, evitarán todo lugar donde sean considerados como perdedores. Este médico colérico había empezado a llegar a la casa tarde en la noche, cuando su esposa ya estaba durmiendo. En la mañana ella no le hablaba para castigarlo, e intencionalmente dejaba de ir a buscar sus camisas a la tintorería hasta que él se quedaba sin ninguna, en cuyo momento la gritoneaba. Entonces ella le echaba la culpa al terrible genio e irracional naturaleza de él por los problemas matrimoniales.

Ninguno estaba satisfaciendo las necesidades del otro y se habían declarado la guerra. Él ya estaba pasando sus veladas con un surtido de enfermeras, mientras que ella estaba tomando un curso en la iglesia sobre cómo mejorar la imagen de sí misma. Una vez que ella comprendió que él necesitaba volver a casa a una personalidad positiva y ser alabado por lo mucho y duro que trabajaba y por lo bien que abastecía a la familia, ella estuvo dispuesta a realizar esos cambios. Una vez que entendió que la aparente soberbia de él era aumentada por la falta de afirmación de parte de ella, y que él no estaba tratando de destruirla, cesó su callada guerra para hundir el barco de su esposo.

El flemático solo quiere respeto

Como el flemático es una persona de perfil bajo, el cónyuge suele «pasarlo por alto». Como lo dijo una esposa respecto de su marido flemático: «Apenas me doy cuenta de que él está ahí, pues él y el sofá se han vuelto uno solo». Una atareada esposa colérica tiende a pasar por el lado de su marido flemático, apurada, pensando que él no tiene necesidades «porque está callado y no pide nada». Es cierto que el flemático puede contentarse con cualquier estado en que se halle, pero después de un tiempo él también se pregunta si importa en absoluto. Un hombre flemático expresó, respecto de su esposa y familia: «Es como si ellos fueran un equipo grande, y yo estuviera en la última fila de las graderías».

Aunque el flemático no se propone correr una aventura, dada su naturaleza fría y relajada, es fácil darse cuenta que cuando alguien lo hace sentirse importante, él se reanima. Una señora flemática vino a mí, en una conferencia, después que yo había hablado del adulterio, para contarme de su relación con el director del coro de la iglesia.

—Mi marido ni siquiera me ha tomado en cuenta por años. No importa lo que me ponga o haga, él no lo ve. No me ha regalado nada y me ignora totalmente.

En cambio, el director del coro la felicitaba por todo lo que vestía y le daba partes de solista porque le gustaba la voz de ella. Él le había mandado rosas al hotel ese mismo día y la había llamado tres veces, mientras que su esposo no la había llamado ni una sola.

—Todavía no he hecho nada malo, pero es la primera vez en años que siento que valgo algo.

Si tan sólo su esposo supiera que por dentro de esa callada e insignificante mujer había un corazón gritando por sentirse en algo significante, por una señal de que a él le interesaba.

Si tan sólo cada persona casada pudiera satisfacer las necesidades del otro, podríamos disminuir el creciente número de divorcios que hay en la iglesia. Sin ningún «cómo» tendemos a andar pontificando, pero desde aquí en adelante, como funcionamos con conocimiento, podemos redimir nuestros matrimonios antes de que sea demasiado tarde.

Recuerda:

- Los sanguíneos necesitan atención y aprobación; se aplastan cuando los critican.
- Los melancólicos necesitan que todo esté en orden, así

como la sensibilidad de otros; se deprimen en el caos.

- Los coléricos necesitan aprecio por todo lo que han hecho; se mantienen lejos de la gente ingrata.
- Los flemáticos necesitan respeto y sentirse valiosos; se alejan cuando son ignorados.

No dejes que tu cónyuge sea metido en tentación.

Para el estudio, pensamiento y acción:

Recuerda lo que escribí sobre «La otra mujer», o lo que podría haber escrito sobre «El otro hombre». Estipula los deseos y las necesidades latentes de tu cónyuge ahora que las entiendes.

Pregúntate:

- Si mi cónyuge fuera vulnerable a la tentación, ¿cómo luciría la otra persona?
- ¿Qué necesidades satisfaría él/ella, que yo no?
- ¿En qué clase de escenario preferirían encontrarse?
- ¿De que hablarían?
- ¿Qué puedo hacer para impedir que otra persona entre en escena?
- ¿Estoy dispuesto a hacer eso?

Escribe tus respuestas.

Siéntate con tu cónyuge cuando ambos estén solos y pregúntale lo mismo.

¿Están de acuerdo?

En el caso del grupo, traza el perfil de la persona típica de cada temperamento y qué sería lo que más fácilmente tentaría a cada una. Entonces personaliza esta lista con los miembros del grupo. Discute una necesidad latente que cada persona tenga y que no esté siendo satisfecha, así como qué puede hacerse al respecto.

Con los que estén solteros, divorciados o viudos, revisa sus relaciones pasadas, ve dónde se cometieron errores y prepáralos para evitar estos problemas en el futuro.

Estudia Filipenses 4:8 y aplícalo a cónyuges o amigos.

¿Qué de esta persona es...
-verdadero y honesto?
-noble y digno?
-correcto y apropiado?
-puro e intachable?
-amable y atractivo?
-admirable y atrayente?
Si algo es excelente o virtuoso o digno de alabar, ¡piensa en estas cosas!

PERSONALIDADES METIDAS EN TENTACIÓN	
Cuando el cónyuge no da cumplidos y no ríe con su sentido del humor.	Cuando el cónyuge no hace las cosas ni aprecia sus logros.
Cuando el cónyuge lo ignora y él se siente sin valor.	Cuando el cónyuge no tiene sensibilidad ante sus necesidades y la vida deja de estar en orden.

«Si sabéis estas cosas, bienaventurados seréis si las hiciereis» (Juan 13:17).

Capítulo 5

¿Qué te deprime?

«La vida no es más que una sombra que camina,
un actor malo que tartamudea y se afana mientras está en escena,
y luego no se oye más.»[1]
—Macbeth, quinto acto, quinta escena

ACTUALMENTE HAY UNA depresión nacional que se parece a esta frase de Macbeth. Todos estamos desempeñando nuestras partes, haciendo lo que se espera que hagamos, pero ¿para qué? ¿Dónde vamos, de todos modos? ¿Para qué sirve? Pronto nos iremos y no se nos oirá más.

En los últimos veinte años he observado que cada vez hay más gente deprimida de lo que hubiera podido pensar. Cada persona que tiene un problema está en cierto grado deprimida. La gente que tiene conflictos matrimoniales está deprimida; los padres con adolescentes rebeldes están deprimidos; los enfermos de enfermedades incurables están deprimidos.

La palabra *deprimido* significa literalmente «aplastado», o como diría mi madre: «Precisamente no está en su mejor estado». Imagínate a una almohada de espuma de goma y aprieta en el centro con tu puño. La almohada se deprime; no está inflada como de costumbre. Saca tu mano y la almohada se infla. Este es un ejemplo sencillo de una depresión leve, ese sentimiento invasor de que no estamos funcionando, de alguna forma, con nuestra capacidad habitual.

No hay uno solo de nosotros que no esté apretado para abajo en alguna ocasión, mientras tartamudeamos y nos afanamos cuando estamos en escena, y algunos podemos sentir que alguien está pasado sobre nuestra almohada y nos está aplastando bajo sus pies. Cuando la depresión nos agarra empezamos a tener sentimientos de indefensión, seguidos por desesperanza. Si no puedo ayudarme a mí mismo, entonces no tengo esperanzas.

En mi libro *Blow Away the Black Clouds* doy los síntomas de la depresión y algunas soluciones, tanto autodirigidas como espirituales. Este ha sido mi libro más vendido, y acabo de revisarlo para agregar un análisis de la depresión y el suicidio en adolescentes, algunas sugerencias para sanar dolores del pasado y un capítulo sobre la depresión navideña. La única cosa que no he cubierto son las diferentes causas de la depresión, conforme al patrón de temperamento de la persona.

Dado que ahora entendemos los deseos y necesidades latentes de cada personalidad, podemos ver como se relacionan estos rasgos con la depresión, ese sentimiento de pérdida interior. Como vimos el deseo sanguíneo de divertirse y su necesidad de atención y aprobación, podemos suponer fácilmente qué los deprime. Aunque son personas optimistas con una habilidad superior al promedio para salir de circunstancias adversas, si se hallan en una posición en que la vida deja de ser divertida y donde nadie les da atención ni aprobación, se deprimen.

Como los coléricos tratan innatamente de dominar y necesitan aprecio por sus logros, caen en la depresión cuando encuentran que la vida se descontroló y nadie les aplaude sus buenas obras.

Los flemáticos sólo quieren paz y necesitan sentir que alguien los considera valiosos, así que cuando son tirados dentro de un caldero de constante confrontación y controversia y no pueden encarar el conflicto, se ahogan en la depresión.

Debido a que los melancólicos tienen, para empezar, la naturaleza más profunda y quieren el máximo de la vida, son los que se desilusionan más fácilmente. Debido a que apuntan a la perfección en sí mismos y en los demás, y debido a que esperan que los demás sean sensibles a sus sentimientos interiores, están abiertos para frecuentes ataques de depresión. Cuando la perfección es la meta, el desencanto es el resultado frecuente.

Puesto que el sanguíneo y el melancólico suelen casarse, si no entienden las personalidades de uno y otro están condenados a la depresión. El sanguíneo necesita alabanza y el melancólico no la da hasta que el sanguíneo sea perfecto. El sanguíneo nunca será perfecto, así que no obtiene los cumplidos que desea, y deja de tratar. Cuando el sanguíneo se desempeña peor que de costumbre, el melancólico se deprime y el sanguíneo sale a buscar alguien que lo aprecie.

Cuando estos dos pueden ver los defectos del otro como parte de sus naturalezas opuestas, y aceptarlas, esto libera a la persona ofendida para dedicar su fuerza a mejorar y no a usarla en defenderse y deprimirse.

La depresión sanguínea

El sanguíneo privado de diversión y atención puede llegar a deprimirse.

Luego de haber hablado en un almuerzo y explicado las necesidades latentes de cada personalidad, me rodearon personas que, súbitamente, se dieron cuenta por qué estaban deprimidas. Una señora sanguínea me habló de su esposo, líder de una gran organización cristiana. Ella dijo que él se había casado con ella por su brillante personalidad y sentido del humor, pero luego se había puesto a eliminar toda su creatividad y gusto por vivir. Él le dijo que ella era trivial, superficial y egocéntrica, mientras que él era profundo, intelectual y preocupado por los demás. Con sus habilidades superiores él se había abierto camino hacia arriba por la escalera de Jacob, llegando a la cumbre de su denominación, enorgulleciéndose de su espiritualidad, mientras que ignoraba totalmente las necesidades personales de ella.

Cuando esta mujer me contó su versión, pude ver ante mí una típica sanguínea deprimida, una cuyas mayores habilidades eran consideradas defectos, cuyo gozo de vivir había sido eliminado, que no recibía elogio alguno de su esposo. Ella era linda pero pasada de peso, otra señal de la depresión sanguínea: «Cuando la vida deja de ser divertida, alégrate con postres helados cubiertos de chocolate caliente».

Ella se dio cuenta, a medida que derramaba su corazón ante mí, de que trabajaba a jornada completa por dos razones: (1) tenía que salir y encontrar gente que la elogiara, (2) tenía que ganar dinero para poder comprar las cosas que iban a sacarla de su depresión sanguínea.

Si tan sólo hubiera podido hablar con su marido, le hubiera explicado sus necesidades innatas, tan sencillas de satisfacer, mostrándole que para ella era normal ansiar el elogio y rechazar la crítica constante, y enseñarle que la raíz de su depresión no era un problema espiritual sino el hecho de que él, un célebre líder cristiano, no estaba dispuesto a satisfacer las necesidades emocionales de su esposa y ni siquiera considerar que ella tuviera alguna.

Otra señora sanguínea buscó alivio de sus dolores de cabeza, y luego de mucho interrogatorio ante diferentes médicos, vio que estos dolores se presentaban solamente en los días en que su marido se llevaba el automóvil de ella al trabajo, quedando sin transporte. Ella abrió los ojos cuando me contaba que sus dolores eran producidos por el darse cuenta de que no podía ir a ninguna parte durante todo el día y por reconocer la rabia que sentía contra su marido que la dejaba de a pie. Una vez que supo cuál era la fuente de su problema, pudo reírse de eso y compartir su recuperación conmigo. Ella dijo: «No era que tuviera que salir alguna parte todos los días, sino la sola idea de que no podría salir era lo que me enfermaba». Cuando ella dejó de quejarse de los dolores de cabeza, el marido se dispuso a compartir más el automóvil.

Quien no sea sanguíneo encontrará ridículo este caso, pero quienes lo son pueden entender esa necesidad de tener fácil acceso a la diversión y a un constante público que aplauda.

Cuando hablo con mujeres sanguíneas hallo que su cura antidepresiva más constante es salir de compras. La negativa básica de este programa es que la sanguínea suele estar casada con un melancólico que, cuando llegan las cuentas, es él quien se deprime.

Marita y yo gustamos de tomarnos un tiempo de vez en cuando para ir de compras. Aunque no necesitemos absolutamente nada, nos gusta mirar. Los coléricos consideran que esta costumbre «sin metas» es desperdiciar el tiempo. Los melancólicos sienten que estas incursiones no tienen propósito y los flemáticos hallan que esos vagabundeos se parecen demasiado al trabajo. Sin embargo, para la típica sanguínea, un «sólo estoy mirando, gracias» puede ser lo máximo en un día depresivo.

Una mujer lo racionalizaba de esta manera: «Aunque compre algo para alegrarme, es más barato que el siquiatra».

El *The Lure of the Store,* artículo publicado por *USA Today,* examinaba las actitudes de diferentes celebridades respecto al salir de compras.

La cantante Jennifer Holliday decía: «Me apasiona salir a comprar zapatos. Siento que salir a comprar tiene numerosas ventajas sicológicas, pues puede consolar en momentos de depresión. Por el otro lado, puede dar una recompensa definitiva en momentos de éxito. ¡Todos debieran ir de compras!»[2]

Bueno, puede que no todos, pero para los sanguíneos el sólo saber que pueden ir a una venta barata les da «consuelo en momentos de depresión».

Cuando los hombres sanguíneos se deprimen debido a que el trabajo no es divertido, o la esposa no se ríe con sus chistes, o porque le devolvieron un cheque, contrariamente a la lógica salen e invitan a todos los que ven. Ellos deben ser aceptados por sus amigos, por lo que comprarse el camino a la popularidad es un método de alegrarse, aunque se niegue que hay problemas.

Las esposas melancólicas encuentran difícil imaginarse que sus maridos sanguíneos pueden transferir con tanta facilidad las cosas negativas «sacándolas de su vista y de su mente», que pueden inscribirse en forma vitalicia en Jack LaLanne cuando está a punto que le quiten el Cadillac, que puede irse en un importante viaje de negocios cuando no tienen negocios.

Una frustrada esposa me habló de su marido sanguíneo/flemático, que era constructor. Las casas nuevas estaban sin vender y el banco seguía llamando e insistiendo que él fuera ahí de inmediato. Ella estaba profundamente deprimida por la vergonzosa situación, pues como melancólica podía ver que nada salía bien. Cuando fue a su oficina a rogarle que fuera al banco, lo encontró escribiendo feliz. Cuando le preguntó: «¿Qué haces escribiendo en un momento como este?», él replico: «Estoy escribiendo una novela».

Al contarme la historia ella prorrumpió en llanto. Había estado en una depresión de largo alcance por la humillación de que el banco confiscara las casas y él había estado descorazonado por un momento, pero había abandonado su carrera literaria por una nueva aventura fabricando casas para perros con aire acondicionado. El pensar en otro riesgo financiero la tenía enloquecida, pero él era feliz porque se las había arreglado para obtener financiamiento de un rico que había conocido jugando al golf.

Además de comprar cosas, invitar a todos los que ven y empezar nuevos negocios, otra forma en que el sanguíneo maneja la depresión es comiendo en exceso. De algún modo el placer de las pastas y los pastelitos les anima el espíritu. Desafortunadamente, esa elevación momentánea no dura, pues el sanguíneo ama la ropa y se deprime más cuando nada parece quedarle bien. Para solucionar esto necesita un nuevo guardarropas, lo que le da razón para ir de compras. Una sanguínea que conozco tiene tres guardarropas separados colgando en su armario: uno de talla 8, otro de 10-12 y uno en 14. Mientras comía bombones de chocolate me contaba su historia, y se reía diciendo: «...la talla 8 es pura historia».

Los sanguíneos son personas muy circunstanciales y aunque pueden deprimirse cuando disminuye la diversión y dejan de ser el centro de la atención, el cambio de escena o de aspecto los ayuda a salir a flote de nuevo. Aunque crecer y volverse responsables sería una mejor opción, es improbable sin una clara revelación del Señor.

Recuerda, un sanguíneo sin un reflector encima puede volverse solitario y deprimido.

La depresión colérica

Una persona colérica sin dominio se deprime. Este concepto ha abierto los ojos de muchas mujeres sobre el motivo de que sus maridos extrovertidos, optimistas, orientados a las metas han cambiado totalmente sus personalidades. Una mujer de cincuenta años de edad vino a hablarme sobre su marido después de un seminario, un colérico con algo de melancólico, director de una sección de ingeniería. Él siempre había sido un hombre sano y dinámico hasta que fue a un examen médico de rutina y le encontraron un problema degenerativo en los ojos. Aunque su vista no le había molestado hasta ese punto, cambió instantáneamente y empezó a decir cosas como «¿De qué voy a servir sin vista? Un ingeniero que no puede ver, mejor que se muera. Me echarán en cualquier momento. Mejor que me vaya y muera».

Su esposa estaba tan asombrada con esta actitud de «bebé quejumbroso» que no sabía qué hacer.

—El se la pasa sentado en casa, bebiendo y ha empezado a fumar —me decía. —Estos son dos hábitos que el médico le dijo que empeorarían su vista; sin embargo, cuando se lo recuerdo se enoja conmigo.

Ella habló de lo enojada que estaba con él y de la manera en que se había distanciado emocionalmente de él. Estas actitudes le habían afirmado a él que evidentemente ella no lo amaba en su momento de necesidad.

Cuando ella me oyó decir que un colérico físicamente incapacitado suele deprimirse, se animó y exclamó:

—Ahora entiendo el problema. Él tiene ambas causas coléricas para la depresión: la enfermedad que destruirá su vista y el miedo de perder su trabajo. Él ve un futuro en que no dominará. Ahora que entiendo lo que anda mal en él puedo ser compasiva y animarlo.

Otra señora que estaba en la fila esperando verme, habló y dijo:

—No puedo creer esta coincidencia. Mi marido también tiene problemas en los ojos y está deprimido. Lo despidieron de su trabajo de ejecutivo mientras estaba en el hospital operándose de los ojos. Se enfadó tanto que su presión sanguínea subió, complicando la recuperación. Desde que ha vuelto a casa se ha puesto adicto a la Pepsi-Cola y se come bolsas de galletas. ¡Y si se las escondo, sale a comprar más! Ha engordado y se ve mal; ha desarrollado un problema para hablar y ya no es tan educado con las empleadas domésticas.

Típica descripción de un hombre colérico deprimido, físicamente impedido y desempleado.

Muchos hombres sanos se desaniman sólo con pensar que pueden no ser eternamente invencibles. No ven desafíos reales y los asusta estar yendo cuesta abajo. Siento que muchas crisis de la edad media son causadas por hombres que perciben que están perdiendo su fuerza para agarrar, su pelo, su forma, su imagen de macho o su atractivo sexual. Para vencer este miedo tiran las riendas en casa, empiezan a ponerse cosas para hacer crecer el pelo, se afilian a un club de salud y se compran ropa para salir a correr; arriendan un Mercedes Benz y llevan a almorzar a la secretaria. Lo que están diciendo es: «Tengo que hacer todo lo posible para asegurarme de que la vida no se escape de mi dominio. Tengo que demostrarme que soy un hombre».

¡Cuántos hogares cristianos he visto destruidos por un hombre colérico que siente que nadie de su casa aprecia lo que él ha hecho por ellos, y que busca algo que restaure su confianza en sí mismo, la que se le desvanece...! Al ir ostentando su carácter por ahí, encuentra una amiga que lo hace sentir nuevamente como hombre, y abandona a su familia.

Comprender las personalidades es tan importante en un matrimonio, que sin eso ambos cónyuges pueden deprimirse, sin entender por qué tienden a pensar que el matrimonio está fracasando y que un cónyuge nuevo podría ser la diferencia. Sin tener un concepto nuevo de sus temperamentos, los cónyuges cambiantes sólo trasladan los actores a un nuevo escenario, pero la trama sigue siendo la misma. Un terapeuta matrimonial de California advierte:

> «Volver a casarse de inmediato [después del divorcio] es autoderrotarse. Si uno no se toma el tiempo para aprender algo del colapso del primer matrimonio que fortalezca al segundo, es probable que repita la conducta destructora o elija a otro cónyuge inadecuado.»[3]

Las mujeres coléricas tienden a casarse con flemáticos, e inconscientemente los dominan a ellos y a los hijos. En la medida en que todos tengan una actitud de obediencia la madre sigue feliz, pero cuando alguno del grupo se rebela, ella puede deprimirse. Sin conocer su temperamento, ella no entenderá qué está mal.

Una señora me escribió una nota, en una hoja sacada de un cuaderno con espiral:

> «¡Hoy me dio la respuesta que estaba buscando durante años! Estoy terriblemente deprimida. No puedo recordar cuándo no lo estuve. ¡Ha sido por tanto tiempo...! Ahora veo que he sometido por años a mi hijo de dieciocho, tratando de hacerlo una personalidad diferente de lo que él tenía que ser. Él no ha salido bien y ahora entiendo por qué. No sabía esto de las personalidades y lo he estado empujando en el sentido incorrecto. No podía entender por qué él era tan diferente y me ha tenido deprimida por años. Ahora entiendo que es porque no podía dominarlo. No creía necesitar este seminario, pero estaba equivocada. Ruego que pueda usar correctamente esta información. ¡Muchísimas gracias!»

Dale y Sherry vinieron a verme con sus problemas después de uno de nuestras CLASSes. Cada uno había hecho sus *Perfiles de personalidad*, y él resultó flemático con algo de sanguíneo; ella, colérica con algo de melancólica. Dale era apuesto, encantador y se echó para atrás cuando se instaló en el sillón más cómodo. Sherry estaba sentada derecha, casi rígida, y se veía enojada. Aunque no me hubieran mostrado sus puntajes, yo hubiera sabido cuáles eran sus personalidades. Lo que venían a preguntar era si él debía o no dejar su trabajo para empezar el ministerio cristiano de jornada completa.

Empecé con él, preguntando algo apropiado para un hombre flemático/sanguíneo:

—¿Tiene problemas con el manejo del dinero?

Antes que él pudiera respirar, ella respondió la pregunta en lugar de él:

—Es imposible con el dinero y ¡yo puedo ganar más dinero en un día de lo que él consigue en una semana!

Este solo estallido me dio un rápido panorama de su matrimonio: un hombre despreocupado y amistoso, considerado incompetente por su colérica esposa.

Cuando ella terminó su declaración, Dale me preguntó:

—¿Por qué empezó preguntando sobre el dinero? ¿Cómo supo?

—Porque los hombres flemático/sanguíneos tienen frecuentemente problemas con el dinero.

Mientras oía su historia no escuché nada nuevo. Dale cambiaba de trabajo por lo menos dos veces por año en los ocho que llevaban de casados. Se aburría fácilmente y varios de los trabajos eran, justamente, «demasiado parecidos al trabajo». Debido a su frío encanto siempre podía conseguir uno nuevo, y vivía de los sueños de lo que podía ser.

Sherry saltó:

—¡Tuvo un trabajo decente, y mientras lo tuvo salimos de deudas. Fue la única vez en todo nuestro matrimonio!

—Pero era tan aburrido... Era un trabajo público en que uno hace lo mismo día tras día. No era divertido.

—¿Todo tiene que ser divertido para ti? ¿Nunca piensas en nosotros? ¿No te sientes obligado a mantener a tu familia?

Con este exabrupto, Sherry golpeó la mesa con su puño y Dale se volvió a mí:

—¿Ve lo que es vivir con ella? Imposible.

—Yo podría no ser tan imposible si pudiera pagar las cuentas. Dile lo que estás haciendo ahora.

Entonces oí mientras él explicaba que estaba en ventas, pero no se dio cuenta al entrar a ese trabajo que no había pagos anticipados, y que no recibiría dinero sino hasta que vendiera todo un pequeño depósito lleno de muebles de oficina. Como no había vendido ni siquiera un escritorio en tres meses, no había habido ingresos. Sherry saltó:

—¡Y ni siquiera les preguntaste antes de entrar al trabajo!

—Sólo supuse.

—¡Siempre supones!

Hasta ese momento yo no había hecho nada, sino plantear la pregunta inicial sobre el dinero. A raíz de eso ellos habían producido toda una telenovela.

—Lo peor es que pensó que iba a ganar mucho dinero, y compramos una casa nueva con su ingreso anticipado. Ahora tenemos pagos elevados y nada de dinero.

—Si tú no compraras tanto con la tarjeta de crédito podríamos arreglarnos.

—Yo sólo compro con la tarjeta para demostrarte el enredo en nos metiste. Si no fuera por los tres niños, yo iría a trabajar y te mostraría –y no sólo *supondría*– que me pagarían.

En este punto decidí intervenir para pasar un aviso. He aquí dos cristianos que estaban deprimidos, ambos, y que no podían sostener una conversación educada frente a un público de uno.

Sherry, la colérica, estaba desesperada porque la vida estaba fuera de control, y Dale, el flemático/sanguíneo, estaba harto del conflicto constante. Sherry venía de una familia adinerada y quería que Dale fuera como su exitoso padre. Ella lo pinchaba y era parcialmente responsable por sus tan frecuentes cambios de trabajo. Ella también había sido la que quería la casa nueva, y lo había animado a comprar en un momento en que él no tenía ingresos fijos. Ella lo regañaba constantemente y le recordaba cuánto podría ganar ella si él no la hubiera clavado con estos tres niños. ¿Puedes imaginarte cómo se sentirían los niños?

Dale estaba cansado de ser increpado, y admitió que sólo iba a casa para ver a los niños. El tenía un concepto pobre del dinero y no le importaba si nunca «llegaba a ser rico». No había oportunidad de que él se enriqueciera con este bajo ingreso y el alto estilo de ella.

Mientras les mostraba los problemas típicos que tenían y hacía unas pocas cuentas con ellos, empezaron a ver sus mutuas responsabilidades por la depresión en que se hallaban, y la destrucción que acarreaban hacia su hogar. Supe que ella era una excelente dactilógrafa, pero rechazaba hacer cualquier trabajo «porque no quería hacerle las cosas fáciles a él». Y, por supuesto, no se las hacía.

Él acordó conseguirse un trabajo con un ingreso fijo, por lo menos hasta ponerse al día, aunque fuera aburrido. Ella entonces se dispuso a trabajar escribiendo a máquina desde su casa, para ayudar a los pagos de la casa grande que sentía necesitar. Vieron que habían estado en equipos opuestos y decidieron dejar de sabotearse el uno a otro y ponerse en el mismo bando. Sherry entendió que, para su entender, su depresión provenía de la falta de logro e incapacidad de él para darle lo que ella quería, pero que, por debajo, ella estaba enojada porque no lo podía dominar, ni a él ni a sus trabajos. Debido a que su necesidad latente de ser apreciada por todo lo que ella había hecho por él, se hallaba insatisfecha, ella había dejado de ayudarlo del todo.

Sin ayuda ni ánimo, él había sido incapaz de lograr algo y estaba encarando conflictos diarios que no sabía cómo manejar. Su necesidad latente de ser considerado como persona valiosa ni si quiera había sido considerada, y ella se complacía despreciándolo.

Después de esbozar un plan realista para ellos, los felicité por aceptar, ambos, esta nueva solución. Luego oré con ellos antes de irme. Mientras salíamos, le dije a Sherry:

—Dale es tan adorable, que si no lo cuidas encontrará otra mujer que esté contenta de mantenerlo.

Él replicó:

—Si yo no fuera cristiano, ya me hubiera ido.

Demasiados son los que ya se fueron, a menudo porque no se entendieron a sí mismos ni a sus cónyuges; están deprimidos sin saber por qué y crecieron en una sociedad que dice: «Si no funciona, tíralo a la basura».

Pocos meses después recibí una carta de Sherry en que me decía cómo habían arreglado juntos su matrimonio por medio de la mutua comprensión y apoyo. Al final decía:

> «Después me di cuenta de que nunca contestó nuestra pregunta inicial sobre si debíamos dedicarnos al servicio cristiano de jornada completa. Mirando atrás, me puedo dar cuenta del por qué. No teníamos nuestra vida en orden, ¿cómo podíamos pensar en formar a otros? Ahora veo que Dale quería un escape en el ministerio y yo quería una excusa cristiana para el motivo por el cual estábamos perdiendo nuestra casa. Espero que Dios tenga sentido del humor.»

Recuerda, un colérico sin dominio, sin aprecio o enfermo puede deprimirse.

La depresión flemática

Como hemos visto con Sherry y Dale, los coléricos se deprimen cuando no dominan o no reciben el aprecio por las buenas obras que han hecho. El flemático se hunde en la desesperación cuando enfrenta el conflicto o la corrección diaria, y concluye que no vale, como solía decir mi flemática madre: «Una pizca de polvo para estornudar, una hilera de alfileres, algo que no vale nada o la pólvora para hacerlo volar en un trueno».

Como el flemático es una persona de perfil bajo, que no

empuja ni pretende, los demás suelen pasarlo por alto sin molestarse en meterlo en la conversación. Aunque pareciera que al flemático no le importa ser ignorado, llega el día en que se pregunta: «¿Qué estoy haciendo aquí? Si nadie parece necesitarme, por qué no me busco alguien que realmente se interese?»

Ahí donde el hombre colérico hace una crisis en la mitad de su vida, cuando siente que puede estar perdiendo su garra, el flemático rebusca algo de significado. En la mitad de la vida, mira en torno y ve a sus hijos que sólo le hablan cuando quieren dinero, y a su esposa que está atareada manejando lo que tenga al alcance de su mano, incluyéndolo a él, y de repente quiere irse. Quiere irse de las crisis a la tranquilidad, de la insignificancia a ser alguien, de la subordinación a cierto tipo de dominio.

El dominio flemático es una clase diferente del colérico; no quiere trepar montañas o meterse en un equipo de lucha, sino tan sólo hacer algo a su manera una vez cada tanto. Este vuelco de actitud a la mitad de la vida o despliegue de una actitud suprimida, puede tomar por sorpresa a la esposa del flemático. Pues él nunca antes demostró siquiera interesarse; sin embargo, si ella no ve que estos síntomas de depresión son significativos y no lo ayuda a sentir que es miembro importante de la familia, él puede buscarse alguien que lo haga.

¿Te acuerdas del «Principio de Peter», el cual dice que todos tendemos a subir hasta llegar a nuestro nivel de incompetencia? Esto se aplica al flemático cuando él sube desde una posición pacífica, donde se desempeñaba bien, a un lugar de perpetuos problemas. Aunque el flemático se queda contento en casi cualquier estado, cuando llega al punto en que tiene que enfrentar la controversia a diario y tiene que echar a un huérfano ocasional, puede hundirse en una depresión que ni siquiera admite o entiende.

El flemático no puede, extrañamente, manejar el conflicto sino es personalmente amenazado, siendo el mejor mediador o árbitro entre dos coléricos facciosos. Es un excelente consejero que da puntos de vista objetivos para los problemas ajenos, pero no quiere ser el centro de la controversia o que alguien le diga que cambie sus maneras.

Una madre flemática es lo mejor en adaptabilidad, para mantener fría la cabeza cuando la están perdiendo todos los que la rodean; sin embargo, se siente fácilmente amenazada por un niño colérico que practica el deporte de dominar a la mamá.

Habitualmente su marido será un colérico cuya sola palabra pone en vereda al niño y hace sentirse inerme a la madre. Ella se pregunta: «¿Qué tengo de malo? ¿Por qué no puedo manejar a ese niño? ¿Por qué él se dedica a amenazarme? ¡Ay, pobre de mí!»

Si el cónyuge colérico entiende el problema del flemático con el control y el conflicto deseando ayudar, dará su disciplina cooperando con la madre y no contrastándose con ella; dejado a su arbitrio, el colérico se encargará del niño, excluirá a su cónyuge, y hará que ambos, madre e hijo, la vean a ella como incompetente. Armando este rompecabezas resulta fácil entender por qué el padre/madre flemático suele sentirse traicionado por el cónyuge colérico y dominado por los niños. Esta combinación de conflicto e insignificancia conduce al flemático a deprimirse.

Una pareja que vino a vernos a Fred y a mí, luego de un seminario, estaba deprimida. Ella era colérica y él un flemático-/melancólico; comprender sus diferencias sirvió para encaminarlos por la senda de un matrimonio sanado y feliz. Ginny empezó a actuar y Wally respondió. Ella escribió:

> «Supongo que yo quería desesperadamente que este matrimonio fuera grandioso, porque es mi primer y único matrimonio y el tercero para Wally. Sus otras dos esposas lo dejaron, y aunque puedo ver por qué, estas cosas *nunca* me impulsarían al divorcio (al asesinato, quizá sí).
>
> »Usted me abrió los ojos en el seminario. Siempre quería muy por dentro saber por qué fallaron sus otros matrimonios (esperando evitar la misma tragedia en el nuestro).
>
> »He tratado de hacerme el cuadro de sus otras dos esposas y ambas eran coléricas y no pudieron soportar la lentitud del ritmo con que se mueve el flemático, quien parece que nunca sale adelante. Ambas lo dejaron por otros hombres apuestos y con más dinero (Wally es tan amable y flemático que nunca me diría realmente el por qué). Él acostumbraba a decir siempre que nunca entendió por qué lo abandonaron. En cada matrimonio él llegó a pesar casi 150 kilos.
>
> »Bueno, se ha casado con otra colérica, yo. No veo su pasado como la tragedia que él ve. Digo: "Sigue adelante, olvídalo". El Señor me puso en su vida. Su ingreso se ha

duplicado en cuatro años y hemos empezado otro negocio más. Él parece más feliz que nunca en su vida.

»Pero esos antiguos rasgos destructores siguen infiltrándose en él. Acaba de ser nombrado vicepresidente de una gran compañía de administración pero ha engordado unos treinta y cinco kilos desde que nos casamos. Por supuesto que la obesidad afecta cada aspecto de nuestra vida.

»Veo que no siempre podré salirme con la mía, pero por lo menos seguiré teniendo a Wally. Él es tan bueno conmigo, tan paciente, todas esas cosas maravillosas que son los flemáticos pero, debido a que no ve resultados de sus esfuerzos, se siente un fracasado. Sé que no necesita que otra esposa colérica lo tire al suelo y luego se vaya disgustada. Nos amamos mucho, y conociendo nuestras diferentes personalidades ¡sé que lo lograremos!»

Aunque Fred y yo armamos de nuevo nuestro matrimonio entendiendo las diferentes personalidades, seguimos asombrados y emocionados cuando otras personas nos cuentan lo que les ha pasado. Una mujer que había estado en nuestro *Personality Plus* hace varios años, volvió y escuchó lo que había agregado sobre la depresión. Y entonces me escribió:

> «Sobresaliente como antes fue el material para mí, ahora es aun más provechoso. Hace tres semanas mi marido fue despedido inesperadamente del trabajo en que estuvo por veinticuatro años. Con mi personalidad colérica quiero meterme, investigando posibles carreras y franquicias, y luego formular una decisión, pero mi flemático marido, tan asustado del cambio y lo desconocido, sigue dando vueltas.
>
> »Entender los temperamentos me ha ayudado a sentarme y optar por confiar en Dios respecto de mi marido y nuestro futuro, más que empujarlo a hacer cosas a "mi manera". Sé que en cuanto él se decida, será bueno y le irá bien en eso. Pero me cuesta mucho mirarlo moverse a su ritmo en lugar del mío. Él es un maravilloso equilibrio para mí con mi actitud ansiosa de hacer todo ya mismo. Entender esto me ha impedido deprimirme.»

Recuerda, un flemático enfrentado a un conflicto y sintiéndose insignificante puede deprimirse.

La depresión melancólica

La razón de haber dejado para el final a la depresión melancólica es el caso clásico de lo que todos pensamos que es la depresión. No es tan circunstancial como la del sanguíneo o la del flemático, y a su vez es opuesta a la del colérico. Este último odia la enfermedad y trabajará hasta el día de su muerte, mientras que el melancólico es apto para recopilar dolencias durante la depresión y, en casos extremos, sencillamente se mete en la cama pidiendo lástima y sensibilidad.

Una señora vino a verme hace poco y explicó:

—Mi madre es una melancólica y está deprimida. Ella no quiere trabajar más y parece ir de una enfermedad a otra. Se ha hecho exámenes de sangre, del hígado y radiografías de todas sus partes. ¿Está realmente enferma?

¡Qué pregunta para mí, que nunca he visto a la señora enferma y que no soy médico! Sin embargo, una suposición calculada sería que ella está deprimida y ha enfocado su atención en su salud, esperando que alguien se interese lo bastante por ella para escuchar sus síntomas y ser sensible a sus necesidades.

Los melancólicos se deprimen con más frecuencia que los otros porque su deseo profundo es tenerlo todo y a todos en perfecto orden. Dado que este *nirvana* nunca llega, el melancólico tiene que bajar sus expectativas y aceptar la vida como es o hundirse en la desesperación. ¿Cuántos de nosotros hemos entrado a nuestra casa teniéndola perfectamente decorada, los tulipanes en flor y todos los botones de la ropa cosidos, todo eso al mismo tiempo?

La depresión melancólica es más difícil de captar porque es un sentimiento generalizado no causado ostensiblemente por ningún hecho o privación en particular. Las cosas no están bien –y no parece que alguna vez lo vayan a estar. Como el melancólico es innatamente sensible y fácilmente herible, no tiene problemas para acordarse de lo negativo que, cuando se archiva en la mente, se vuelve pesado y deprimente.

Una mujer colérica me escribió contándome cómo administró nuestro *Perfil de la personalidad* ¡a su familia!

> «¡Qué rato pasamos con su prueba! Le gustó mucho a mi padre colérico, y le dijo a mi madre que ella era una

flemática. Ella le creyó porque era más fácil que hacer la prueba, y "después de todo, ¿qué importa?" Mi cuñada melancólica se abrió a nosotros por primera vez en siete años. Dijo que era la única vez en que había sentido que nosotros nos interesábamos por sus sentimientos o pensaba que la escuchábamos. Nos disculpamos, lo que no es fácil para los coléricos. Dos semanas después vinieron los familiares de mi marido y tuvimos que cortar las peleas por la prueba. Los coléricos empezaron a decirle a los melancólicos lo que estaba mal en ellos, cosa que estos se tomaron en serio y se enojaron unos con otros. Mi suegra y la tía de mi marido se deprimieron y se fueron a acostar llorando, pero al día siguiente todos se compusieron y pudieron entender cómo las diferentes personalidades se habían conducido, todas, en forma típica ¡Sorprendente!, ¿no?»

Los melancólicos son tan sensibles y tienen tal necesidad de orden que es fácil ver cómo se deprimen tan rápidamente. La esposa melancólica de un pastor recibió mis grabaciones de *Personality Plus* de parte de una amiga que, a su vez, me mandó una copia de la nota de agradecimiento.

«Querida Suzie: nunca sabrás cuánto han significado para nosotros las grabaciones de Florence Littauer. Llegaron en un momento muy crucial cuando yo, como melancólica, había dejado siquiera de tratar de entender a mi sanguíneo marido. Estaba harta de hacer todo su trabajo tras bambalinas y que todos me dijeran cuánta suerte tenía de tener un marido con tal personalidad. Toda la situación era deprimente.

»El parecía sensible a todos menos a mí, y yo me quedaba siendo la "disciplinadora" de la familia. Al ir escuchando las grabaciones, fui sabiendo por qué me despreciaba tan fácilmente a mí misma y me di cuenta de que mi marido no era que estaba dedicado a ignorarme; él tan sólo se dirigía donde hubiera público que lo aplaudiera. Analicé a la familia, hallando que tengo un hijo de cada clase. No es de asombrarse que esté deprimida. He estado tratando que todos sean perfectos e iguales. ¡Cuánto esfuerzo desperdiciado tratando de volver a sanguíneos, coléricos y flemáticos en melancólicos...!

»¡Tu regalo tal vez puede haber salvado mi hogar! Las grabaciones han significado tanto para nosotros que las estamos haciendo circular en nuestra iglesia. Todos se entusiasman cuando averiguan quiénes son. ¡Realmente cambia la vida!»

Recuerda, un melancólico que encara una vida imperfecta con gente insensible puede deprimirse.

Para el estudio, pensamiento y acción:

Sabemos que Dios no quiere que estemos deprimidos.

«El corazón alegre constituye buen remedio» (Proverbios 17:22).

¿Tienes «el corazón alegre» hoy? Si no, ¿puedes señalar la razón?

• ¿Eres un sanguíneo que está en una situación que dejó de ser divertida, o donde nadie te presta atención, donde ya no te hacen más cumplidos? ¿Hay gente que piensa que ya no sigues siendo divertido?

• ¿Eres un colérico que, de alguna manera, no domina más, o que no estás lleno de tu energía acostumbrada? ¿Desempleado? ¿Enfermo? ¿Hay gente que no aprecia *todo* lo que has hecho por ellos?

• ¿Eres un flemático que está enfrentando un conflicto? ¿Harto de tratar de mediar en los problemas de los demás? ¿Cansado de ser ignorado o ridiculizado? ¿Hay gente que te hace sentir que no vales un comino?

• ¿Eres un melancólico que piensa que nada saldrá nunca bien? ¿Que no ha pedido más que perfección? ¿Que siente que nadie lo quiere? ¿Que no puedes hallar un médico que te ayude?

¿Hay gente insensible que, justamente, no parece entender tus necesidades?

Después de pensar estas preguntas sobre ti mismo, proyéctalas a tu cónyuge y otros miembros de tu familia. ¿Hay ocasiones en que puedes ver que no se entienden las necesidades de uno y otro, y que ambos se deprimen?

Si haces esto en un estudio de grupo, y si manejas el inglés, te conviene leer *Blow Away the Black Clouds* para tener un estudio más cabal de la depresión. En el momento de discusión, haz que cada uno comparta lo que realmente lo deprime y qué podrían hacer los demás para ayudarlo. La mayoría de las personas serían comprensivas si solamente se les dijera cuál es la situación y qué pueden hacer que sirva. Esconder tus problemas y luego deprimirte cuando nadie parece interesarse sólo te aísla de toda solución.

DEPRESIÓN DE LA PERSONALIDAD	
Cuando la vida no es divertida y hay mucha crítica.	Cuando la vida está fuera de control y no hay aprecio.
Cuando la vida está llena de problemas y no hay paz.	Cuando la vida es un lío y no hay esperanza.

Repasa algunos pasos básicos para superar la depresión.

Analiza las necesidades de tu temperamento.
Admite que tienes un problema.
Considera qué puedes hacer al respecto en forma personal.
Discute tus diferencias con tu cónyuge, niños o amistades.
Diseña un plan de acción apropiado.
Escribe tus sentimientos verdaderos, igual que David en los Salmos.
Ora perdonando a quienes percibes que te han herido.
Comprométete decididamente a cambiar lo que haces que moleste a los demás.
Pide al Señor que te de gozo.

«Hasta ahora nada habéis pedido en mi nombre; pedid, y recibiréis, para que vuestro gozo sea cumplido» (Juan 16:24).

Capítulo 6

¿Estás usando una máscara?

CUANDO EMPECÉ POR primera vez CLASS (los seminarios para líderes y conferencistas cristianos) en el otoño de 1980, trataba de enseñarle a los conferencistas cristianos cómo «decirlo con *clase*», pero a medida que iba trabajando más de cerca con los hombres y mujeres que asistían, me fui dando cuenta de sus necesidades emocionales. Al empezar el estudio de las cuatro personalidades a un nivel más profundo de lo que hubiera hecho antes, miré más allá de las características de la conducta manifiesta de cada tipo temperamental y de las heridas de sus corazones. Hallé sanguíneos deprimidos, coléricos sin domino, melancólicos que habían renunciado a vivir y flemáticos abrumados por las circunstancias adversas. Vi a mujeres que repetían los errores de sus madres, y a hombres que rechazaban ponerse introspectivos o iluminados más de lo que lo habían estado sus padres.

Los matrimonios de los líderes cristianos estaban despedazándose y no parecía que alguien estuviera haciendo mucho al respecto. Actualmente hallamos que de un tercio a la mitad de los asistentes a CLASS están ya divorciados. Cuando enseño acerca de las personalidades, los diferentes deseos y las necesidades emocionales latentes, se prenden las luces y la gente empieza a hallarse a sí misma, entendiendo por qué están en sus dilemas presentes.

Cuando Lana Bateman vino a ser parte del personal de CLASS, empezó un estudio en profundidad de lo que percibía eran máscaras que la gente usaba para encubrir su personalidad de nacimiento. En nuestra consejería de CLASS y la suya propia de los Ministerios Filipenses, Lana advirtió los diferentes tipos de máscaras, cuándo y qué tipo de gente las usa, y cómo pueden eliminarse. Llegó el momento en que ambas empezamos a enseñar el concepto de Lana y a registrar las reacciones y los resultados.

Al investigar las personalidades de mi familia y la de Fred, vi patrones de conducta repetidos y aspectos en que algunos de nosotros habíamos ahogado inconscientemente nuestros rasgos naturales, en un vano esfuerzo para complacer a un padre, madre o cónyuge. Algunos habían desempeñado un rol extraño a sus personalidades innatas, y en el proceso habían perdido todo el sentido de quiénes eran realmente, y toda visión de quiénes podían llegar a ser. Algunos se habían puesto la máscara de la comedia o de la tragedia para obtener aplausos de la muchedumbre, y otros habían cambiado el disfraz tantas veces que se habían olvidado de su identidad original.

Un día tracé el árbol de la personalidad de nuestra familia en el pizarrón de CLASS y mostré cuántos de nosotros, coléricos firmes, nos habíamos puesto máscaras flemáticas cuando eran reprimidos por otros coléricos. La gente vino inmediatamente a confesar que ellos habían estado usando máscaras y no se habían dado cuenta de lo que estaban haciendo.

Rasgos de la personalidad natural

Algunas personas no podían «encontrarse a sí mismas» porque su verdadera naturaleza dada por Dios había sido pisoteada, muriendo por falta de atención o enmascarada por el rechazo o la culpa. Empecé a ver la manera en que el maltrato infantil, de cualquier clase, desde la indiferencia emocional hasta el maltrato físico, podía torcer los sentimientos que tiene un pequeñuelo de sí mismo y hacerlo incapaz, ya de adulto, para saber quién es realmente en el mundo.

Algunas mujeres con las que hablo no tienen idea de cuáles rasgos son los reales y cuáles los aprendidos. Lo que ahora estoy observando en los hombres y mujeres superiores al promedio que entrenamos en CLASS es una manipulación totalmente subconsciente, que los ha cambiado de lo que tenían que ser a la gente insegura y cuestionadora que son hoy. Estos son adultos que han dedicado sus vidas al Señor pensando que se habían sacado las viejas vestiduras y puesto las nuevas. La ropa nueva no ha sido suficiente de alguna manera, pero a medida que los ayudamos a examinar sus personalidades mirando atrás a lo que tenían que ser, se caen las vendas cegadoras y empiezan a ver con una nueva luz.

La Biblia nos dice que Jesús es la vid y nosotros los pámpanos, pero algunos no estamos conectados con lo que originalmente teníamos que ser. Debido a las circunstancias adversas, a la falta de amor, a la rivalidad fraternal o al deseo de complacer a padres exigentes, cambiamos inconscientemente nuestra personalidad de nacimiento para encajar en nuestra situación. Los niños amantes de la diversión se forzaron a ser serios y mantenerse callados, mientras que a los introvertidos se les dijo que pusieran cara de felicidad para ser populares. Los líderes innatos fueron disciplinados a una sumisión antinatural y aquellos que preferían observar fueron puestos en situación de liderazgo.

Algunos que siguieron fieles a sus personalidades de nacimiento durante la infancia se pusieron máscaras acomodaticias después del matrimonio para complacer a un cónyuge.

Miremos primero los rasgos naturales de cada temperamento y cuán incómodos nos sentimos cuando tratamos de ser como otra persona.

Personalidad

Cuando pensamos que alguien tiene «personalidad» acostumbramos a referirnos a un sanguíneo, aunque no conozcamos la palabra. Si nos inscribimos en un curso para mejorar la imagen, queremos aprender cómo perder nuestro sentido del ridículo, tener confianza antes los grupos, ser el alma de la fiesta y adquirir un sentido instantáneo del humor. Nada malo hay en estas metas, pero debemos darnos cuenta de que a menos que seamos sanguíneos, estos rasgos pueden resultar artificiales. Un melancólico puede tratar de repetir algo que le oyó contar a un sanguíneo y preguntarse por qué nadie reacciona. Un colérico puede tratar de hacer observaciones sobre las caídas de alguien y en lugar de cómico resultar crítico. El flemático, aun con su seco humor natural, puede retorcer su lengua poniéndose sarcástico con toda facilidad.

Disfruta la personalidad sanguínea pero no la envidies, pues con su encanto viene la indisciplina y rara vez alcanzan todo su potencial ¡aun después de recibir el premio «al triunfador más probable»!

Una vez tomé un curso para agradar a otros de una profesora que era naturalmente encantadora. Ella se sentaba con sus manos ubicadas delicadamente y sus piernas inclinadas y cruzadas limpiamente a la altura de los tobillos. Aunque esto se veía fino en ella, no era así con el resto de nosotras. Al mirar alrededor de la sala daba risa vernos sentadas en posturas idénticas, tratando de ser las fotocopias de nuestra maestra. Debemos lucir, sentarnos y caminar lo mejor posible, pero debe ser «nuestro mejor posible» y no una copia de otra persona.

Se tú mismo, pues una personalidad falsa nunca es atractiva.

Poder

En una época en que se nos estimula a todos a que lleguemos a ser superhombres y supermujeres, a menudo nos sentimos celosos de los que parecen tenerlo todo arreglado. ¿Por qué no podemos mandar nosotros? ¿Cuál es la razón por la que parecemos no tener el poder de persuasión?

Como miembro de la Asociación Nacional de Conferencistas, tengo la oportunidad de pasar tiempo con algunos de los mejores conferencistas sobre motivación y he aprendido que la mayoría de los seminarios son concebidos por coléricos, escritos por coléricos, enseñados por coléricos y que solamente los coléricos pueden captar la visión. Los coléricos del público pueden relacionarse con el conferencista, encargarse, seguir la senda y responder al reto. La jovencita sanguínea que asiste tiene buenas intenciones y quiere arreglar sus cosas, pero no puede siquiera levantar el apunte. Si no lo pierde camino a casa, lo pondrá en alguna parte para echarle un vistazo otro día, y cuando no recuerde donde lo puso, tomará esto como señal del Señor de que ella está bastante bien y que no necesita el libro, de todos modos. El melancólico que va a un seminario llega preparado con su cuaderno, lápices de surtidos colores y tarjetas de 7,5 x 11,5 cm. Puede seguir los detalles y captar la dirección de los «Siete pasos al éxito» del conferencista, pero se abruma con la vitalidad del visionario, que mueve sus brazos locamente mientras aúlla constantes «¡estupendo!» y «¡tremendo!». *«Nadie es realmente tan estupendo ni tremendo»,* cavila. En cuanto el melancólico percibe que el conferencista es insincero y poco profundo, pierde interés por el programa.

El flemático, en primer lugar no quería ir al seminario, y no tiene intenciones de cambiar su manera de vivir. Mide toda actividad por el monto de energía que requiere para triunfar y todo esto se parece demasiado al trabajo. La gente que hace alharaca y que grita «¡fabuloso!» a menudo, mete miedo al corazón flemático. Este no puede creer que sean reales y planea irse en la siguiente pausa para el café.

Disfruta la dinámica y la confianza potencial que es natural en el colérico y aprende lo que puedas de su presentación, pero no te deprimas si no deseas salir corriendo a las 5.30 de cada madrugada o encontrarte en la cumbre con Rockefeller. Los coléricos son sensacionales en los seminarios, pero no siempre son un gran éxito en la casa.

Mientras hablaba a un grupo de conferencistas motivacionales, dije algo que no tenía intención de decir:

—Puede que ustedes sean estupendos, tremendos, fabulosos y fantásticos en el escenario, pero tal vez pueden tener una esposa triste en casa, que vomitará si vuelve a oír una de esas palabras otra vez.

Me mordí la lengua al oír que esas palabras se me salían solas, pero cuando terminé, un motivador de fama nacional se acercó con una expresión humilde, para nada característica en él.

—Justo esta semana mi esposa dijo: «Puede que seas una gran cosa en el escenario, pero eres un cero en casa, y si vuelves a decir "fantástico" una vez más, voy a vomitar.»

El colérico tiene poder para presentar pero debe bajarse del pedestal y mirar los corazones de la gente.

Se tú mismo y no envidies a estos líderes que parecen tenerlo todo bien arreglado.

Perfección

«¡¿Nunca puedes hacer algo bien?!» ¿Cuántos oímos eso cuándo estábamos creciendo? Para el melancólico no hay otra forma. Como me lo dijo un hombre: «¿Por qué querría alguien hacer menos que lo mejor posible?» Y tiene razón. Ciertamente no apuntamos a fallar ni queremos hacer un trabajo deficiente, pero solamente el melancólico tiene el impulso innato hacia la perfección. El hombre melancólico debe tener sus zapatos lustrados, su espejo impecable y el tubo del dentífrico sin arrugas. No puede entender cómo su esposa sanguínea puede perder sus zapatos, dejar abiertos los frascos de maquillaje desparramados sobre todo el mueble y retorcer el dentífrico dejándolo irreconocible. Él está ordenando constantemente tras ella, cerrando puertas que ella dejó abiertas y poniendo la tapa al frasco de salsa.

Fred es tan ordenado que dobla la ropa antes de ponerla en el canasto de la ropa sucia. Un día saqué el montón de su lavado al porche y lo puse en la mesa, mientras iba a la cocina a buscar los repasadores. Salí de la cocina en un minuto y el lavado había desaparecido. Supuse que lo había llevado al lavarropas, pero ahí no había ninguna pila. Cuando lo encontré y le pregunté qué había hecho con la ropa para lavar, me contestó:

—Pensé que estaba limpia y la guardé.

La mente melancólica está atando constantemente los cabos sueltos de la vida y se preguntan, puesto que tienen la razón, por qué el resto no lo vemos a su manera. El colérico se interesa más por hacer las cosas a la rápida antes que perfectas. Los sanguíneos no se dan cuenta de que no lo han hecho bien y los flemáticos no se interesan tanto. El mundo necesita al melancólico para mantenernos en orden al resto, pero a veces, los estándares son tan elevados que nadie puede cumplirlos y entonces todos nos deprimimos.

Se tú mismo; la vida nunca será perfecta.

Paz

Mientras que el sanguíneo anda corriendo por todas partes, desparramando gozo al máximo, y el colérico está tratando de dominar todo y el melancólico desempolva los detalles, el flemático trata de mantener la paz entre todos nosotros. Lana dice que su marido la trata de calmante natural. Cuando la energía colérica de él estalla en la puerta por la noche, él le da una mirada a su expresión calmada, fría y controlada y empieza a aterrizar. El corazón flemático es pacífico y hará lo que sea, hasta comprometer sus principios, si puede evitar un problema potencial.

Desde que los flemáticos eran niños, ejercieron una influencia tranquilizadora sobre los demás, y aunque puedan disfrutar de algunos deportes –especialmente los que pasan por televisión– no tiene el espíritu competitivo del colérico.

Otros temperamentos admiran la habilidad del flemático para conservar la cabeza cuando todos los demás están perdiendo la suya.

Se tú mismo y no cambies tu personalidad para mantener la paz. A medida que empieces a entender la verdad de tu personalidad, el Señor te mostrará que naciste para ser qué, y eliminará toda máscara que estés usando. Él quiere que seas tú mismo pues él te ha creado para una hora como esta.

Indicios del enmascaramiento

Uno de los primeros indicios de que puedes no estar funcionando con toda honestidad con lo que naciste es que tu *Perfil de la personalidad* resulta dividido en forma relativamente pareja entre el sanguíneo (extrovertido-optimista) y el melancólico (introvertido-pesimista), o cuando eres mitad colérico (agresivo-activo) y mitad flemático (pasivo-pacífico). Puesto que estas son series de rasgos diametralmente opuestos, estas mezclas indican que puede haber enmascaramiento. Dios no nos creó con personalidades antagónicas en un mismo cuerpo.

> «El hombre de doble ánimo es inconstante en todos sus caminos» (Santiago 1:8).

Cuando Lana empezó un estudio de todos los que aconsejaba y que tenían estas divisiones, encontró que los individuos con puntajes opuestos estaban enmascarando, de alguna manera, su verdadera identidad. No eran simuladores que hubieran determinado ser algo artificial sino que inconscientemente se habían adaptado a una serie de circunstancias en que era necesario cambiar para ser aceptado o sobrevivir. Basados en el descubrimiento de Lana, nuestro personal empezó a aconsejar con una nueva serie de herramientas e inmediatamente vimos resultados. Tomemos, por ejemplo, la siguiente carta que recibí de una mujer que se pasó un día en consejería y oración con George Ann Dennis, la directora de CLASS.

> «Me han pasado muchas cosas desde la última vez que la vi en CLASS. Vine a mi cita con George Ann Dennis el 31 de octubre. Eso fue hace siete semanas y creo que he empezado otra vida en un nivel diferente. Conversé lo bastante rápido en esas ocho horas con George Ann para encontrar cuarenta y un aspectos por los cuales orar. Finalmente supe que soy una sanguínea/colérica. ¡Qué impacto para mí, que siempre había parecido ser tan melancólica! George Ann se rió cuando le pregunté qué veía. Parece que todo mi fundamento es colérico. Dios ha estado mostrándome vislumbres de mi infancia como una niña colérica. Nunca supe que lo era. Estoy tan emocionada… Me divierto conociendo a mi yo real. Ella dijo que, en realidad, nunca había tenido una infancia y que me dieron dobles palizas desde que nací. Ahora Jesús está entre todos esos recuerdos negativos y yo. Alabado sea Dios.
>
> »Ya no ando buscando alguien a quien gustarle como la niñita perdida que era antes, pues ¡ahora sé que soy amada!»

Debido a las circunstancias difíciles y represoras de la infancia de esta mujer, ella había crecido pensando que era melancólica y, no obstante, sin sentirse cómoda con eso. Cuando se vio tal como debía ser, una sanguínea/colérica, fue libre para ser ella misma y salir de las presiones del pasado.

La persona que funciona con la división sanguíneo/melancólica tiene altos felices alternados con profundos períodos de depresión. Por otro lado, el colérico/flemático se balancea de las respuestas dominantes a las sumisas. Aunque muchos estudios de los cuatro temperamentos básicos, sin que importe el rótulo que usen, demuestran que las combinaciones sanguíneo/melancólica y colérico/flemática son mezclas normales de la gente que tienen extremos fluctuantes de sus naturaleza, nosotras hemos hallado que estos rasgos conflictivos representan una adaptación a circunstancias adversas del pasado.

Sentimos que un Dios que creó al hombre para vivir con paz mental no pondría rasgos opuestos en una persona, causándole un torbellino interno de por vida. Al buscar respuestas para esta evidente contradicción, pedimos a las personas con estos rasgos conflictivos que repasen sus infancias y las personalidades de sus padres. Pronto hallamos que uno de los temperamentos opuestos es una máscara, un velo antinatural de la personalidad original.

Un sabio griego dijo una vez: «Tomo al mundo siendo no más que un escenario donde hombres bien enmascarados desempeñan sus personajes.»[1]

He hallado que muchos cristianos honestos están desempeñando roles que nunca solicitaron, en escenarios que no diseñaron, mientras que están pegados a máscaras que no saben como sacarse.

¿Cuándo aparecen primeramente estas máscaras? Habitualmente encontramos que un niño que vive en un ambiente de tensión, donde su personalidad natural no es aceptable, por alguna de muchas razones, tratará de adaptarse a lo que se espera de él. Puede que tenga dolores que no puede expresar, traumas que lo golpean sacándolo de su verdadera naturaleza, abuso sexual que lo inunda de culpa, un padre/madre opresor que tritura su personalidad, un padre/madre bien intencionado pero dictatorial que planea su vida, un hermano preferido al que lo animan a emular, metas irreales no aptas para sus habilidades o situaciones de crisis en que tiene que adaptarse para sobrevivir.

En el momento en que se enfrenta con cosas que no puede vencer, puede ponerse una máscara apropiada y desempeñar un papel del cual Dios no fue el director de elenco.

Nathaniel Hawthorne dijo en *The Scarlet Letter*:

> «Ningún hombre puede tener una cara para sí mismo y otra para la multitud por un tiempo considerable sin que, finalmente, se confunda respecto de cual puede ser la verdadera».

Maxine Bynum creció usando una máscara de sumisión flemática y se preguntaba por qué nunca se sentía bien consigo misma. Después de haber venido a las conferencias *Personality Plus* y *Lives on the Mend* y pasar un tiempo en consejería conmigo, escribió:

> «Me interesó mucho su concepto de "tu árbol de familia" referido a los temperamentos. He estado mirando para atrás y pensando en la manera en que mi abuela influyó en mi temperamento y acciones cuando yo crecía, y aun después de mi matrimonio, cuando tenía diecinueve años. Mi madre murió tres días después de haber nacido yo, y mi padre no pudo soportar su muerte ni a mí, así que me dio a mi abuela materna cuando yo tenía tres semanas, rechazándome; nunca fue parte de mi vida cuando yo crecía.
>
> »Mi abuela era una fuerte colérica y yo me puse flemática para cerciorarme de hacer justo lo que ella quería, a fin de ganar su aprobación y amor. No podía tolerar otro rechazo. Mi abuelo murió cuando yo tenía seis años, así que en realidad no recuerdo mucho de él, pero probablemente haya sido flemático. Las únicas veces en que yo pude estar realmente en control fueron los dos veranos que pasé como estudiante universitaria en S.M.U., cuando fui consejera de campamento, lejos de casa por tres meses cada verano. Fue entonces que salió a superficie la parte colérica de mi temperamento y pude encargarme de una cabina de niñas y decirles qué hacer. ¡Y lo hice! Salvo por esos dos veranos, siempre usé una máscara flemática.»

Agradezco mucho que Dios me haya usado para ayudar a Maxine a sacarse la máscara flemática que escondía una naturaleza colérica reprimida. Ahora ella es libre para ser ella misma, sin sentir que debe disculparse por sus acciones.

Otra señora que había estado usando la máscara de la paz flemática escribió:

> «Me siento como un camaleón, tomando el color de cada situación, tratando de ser todas las cosas para toda la gente, sin nunca decir cómo me siento realmente respecto de algo. Ahora estoy tan mezclada que no tengo idea de quien soy realmente.»

Un hombre expresó:

> «Tuve que desempeñar un papel para complacer a mi madre y otro distinto para agradar a mi padre. No sé cual de los dos es el yo real, si es que alguno de los dos lo es.»

Lana cuenta de una mujer que vino a consejería con ella:

> «Joy me mostró su prueba de temperamento, la que revelaba una personalidad melancólica/sanguínea. Ella estaba convencida de que esta era una evaluación verdadera, así que no buscamos ninguna otra posibilidad sino después que ella pasó un día conmigo en un tiempo de sanidad emocional y oración.
>
> »Durante el tiempo de consejería que tuvimos hallamos que ella había vivido una infancia muy dolorosa bajo la mano opresora de una madre melancólica/colérica, poderosamente manipuladora y dominante, con un padre flemático tristemente pasivo. El maltrato mental fue agonizante y dejó a esa pequeña totalmente incapaz de expresar su verdadero ser. Un pozo de dolor y represión llenaba su corazón, resultando un espíritu quebrantado más que una voluntad quebrantada.
>
> »Después de liberar ese dolor llorando y orando, floreció toda una nueva flor. Los amigos de Joy encontraron a una colérica/sanguínea con fuerte énfasis en lo colérico, un cambio importante de lo que había parecido ser originalmente.
>
> »¡Qué asombroso es ver a la criatura real después de sacar las fachadas impuestas por el ambiente! Joy no es sino uno de muchos ejemplos de aquellos que pensaron que tenían dos temperamentos incompatibles como componentes

principales de sus personalidades. Las palabras no pueden expresar apropiadamente la paz que se obtiene al descubrir la verdadera identidad de uno.»

Sí, qué experiencia tan liberadora es conocer finalmente quien es uno en realidad. Un día, después de un seminario en que puse *el Árbol de la personalidad de la Familia Littauer* en el pizarrón, explicando como los coléricos de la familia de Fred habían sido obligados por la generación precedente a desempeñarse como flemáticos, una señora me escribió esta carta.

> «Le agradezco mucho, mucho .... ¡Me siento tan libre...! [Lo que] usted compartió sobre los rasgos enmascaradores debidos a la influencia de los padres, que se muestran más tarde, fue clave para mí. Aun tengo que hacer el inventario de mi personalidad de nuevo, teniendo presente esta nueva información, pero sé que cuando lo haga será mucho más exacto...»

¡Cuán libre se siente la mariposa cuando vuela por primera vez fuera de la crisálida!

El doctor James Carr, un consultor de gerencias, escribe:

> «Cultivamos ilusiones de competencia –máscaras– que nos ayudan a camuflar nuestras ansiedades. El precioso impulso que tenemos por dentro .... queda ensombrecido por el compromiso, la complacencia y la preocupación por metas inmediatas antes que por las de largo plazo .... ¿Cuáles son las máscaras tras las cuales tantos se ocultan?»[2]

¿Cuáles son las máscaras que se pone una persona, «debido a que duda de su habilidad para manejar algún aspecto de las relaciones humanas?»[3]

La escisión sanguíneo/melancólica

Muchos usamos un frente falso cuando nos encontramos con circunstancias que no podemos controlar, o con relaciones que no podemos manejar. Usamos máscaras que se vuelven parte nuestra tan gradualmente que ya no sabemos dónde termina la máscara y dónde empezamos nosotros. Si tu *Perfil de la personalidad* muestra una escisión desacostumbrada, si te sientes incómodo por tu identidad o si sientes que tus hijos están confundidos, empieza a cuestionar esos patrones conflictivos.

—¿Por qué mi adolescente es melancólico en casa y sanguíneo afuera? —me preguntó una madre después que hablé de las personalidades. —Sus amigos dicen que él es el alma de la fiesta, pero no tiene nada muy brillante que decirme.

Mientras conversaba supe rápidamente que el padre era un melancólico/colérico y la madre, melancólica/flemática. Ninguno de los dos valoraba mucho el humor, y sin darse cuenta de lo que hacían, dejaron que el niño supiera que su naturaleza sanguínea liviana era trivial y sin propósito serio.

Cuando revisamos el deseo sanguíneo de divertirse y su necesidad latente de sentirse aprobado y querer atención, podemos ver que este niño no recibió nada. Criado en un hogar rico, con padres de logro y hermanos orientados a cumplir metas, él sencillamente no encajaba en ése molde. Cuando supo que sus divertidas historias no eran aplaudidas en su casa, dejó de intentarlo. ¿Por qué no guardar sus libretos buenos para quienes aprecian el humor? No desperdicies lo mejor que tienes en una casa vacía.

Este niño no es un escindido melancólico/sanguíneo sino un sanguíneo que se siente deprimido en casa. Él usa una máscara melancólica causada por padres que no lo aceptaron como era. El llega a ser su verdadero yo cuando está con sus amigos, quienes lo encuentran divertido.

Para remediar esta situación ambos progenitores debieran entender lo que han hecho al mostrar a este niño que él no era aceptable, y empezar un curso consciente de afirmación y aprobación.

La escisión colérica/flemática

La esposa de un pastor me habló de su nuera que parecía ser una colérica/flemática escindida. Antes de casarse había parecido de buen carácter y dispuesta a llevarse bien con los planes de cualquier familia. Después del matrimonio se puso firme y ahora no quiere que sus suegros ni siquiera visiten o vean a su nieto. Al trazar el trasfondo familiar de la joven, encontramos una madre colérica con un padre flemático. La madre no gustaba de sus suegros y no los dejaba ser parte de la familia. La hija había jugado a la flemática en casa pero al casarse dominó a su marido flemático y repitió el rol de su madre, aunque personalmente no aprobaba la personalidad dominante de su madre. Subconscientemente, estaba perpetuando el pecado de su madre al excluir a sus suegros sin una razón válida.

Puesto que era la suegra quien vino a verme, la solución no era fácil. Ella ya se había sentado con su nuera y preguntado si la había ofendido en alguna forma. La respuesta había sido: «No, pero esta es la manera en va a ser». La misma nuera ni siquiera entendía por qué estaba sentando estas reglas, ni veía que ella estaba moldeando su matrimonio conforme al mal modelo que su madre había producido.

Su marido flemático no se atrevía a contrariarla, y así llevaba en secreto al niñito a visitar a su madre, mintiéndole a su esposa.

He aquí una colérica reprimida que usaba una máscara flemática en casa para estar acorde con su madre, casada con un flemático, realizando una venganza, y ahora desplaza sus hostilidades a sus suegros. Esta muchacha tiene que estar infeliz y descontenta, pero no ve lo que está haciendo y no busca respuestas.

Ella no sólo está destruyendo las relaciones con los suegros, cosa que no parece preocuparle, sino que está destruyendo emocionalmente a su marido y empujándolo a ser un mentiroso involuntario. En definitiva, su hijo sufrirá al vivir bajo la imponente dominación de su madre y la asustada sumisión de su padre.

Homosexualidad posible

Desafortunadamente, esta combinación de progenitores es una que encaja con el patrón de la posible homosexualidad: una madre fuerte que castra al padre débil, el que, a su turno, no provee un modelo «normal» de roles para el niño. Otras combinaciones son la de una madre débil posesiva, que ata al niño a su lloroso lado, mientras que el padre se ha ido por completo o es el adicto al trabajo que no tiene tiempo para la familia. En todo caso el niño está buscando emocionalmente una figura paterna amante y, por lo tanto, es vulnerable ante los desusados afectos de un hombre que se presenta como un amigo que se interesa genuinamente.

He hablado con varios homosexuales, incluyendo a siete jóvenes de un seminario que se estaban entrenando, todos, para ser pastores de jóvenes –y quienes fueron llevados a su presente «estilo de vida» por líderes cristianos, ya sea líderes de scouts, directores de coro o pastores de jóvenes. Todos llenaron el vacío de un padre faltante o emocionalmente quebrado.

Un padre cristiano bien intencionado me dijo que había estado tan preocupado por la posibilidad de que su niño de diez años se volviera homosexual que había dejado de acariciarlo o besarlo, habiéndose distanciado de todo contacto físico con él. Después de oírme hablar del patrón de la homosexualidad potencial, se dio cuenta de que el retiro de su afecto era exactamente lo contrario de lo que debía estar haciendo, pues cuando el niño no obtiene amor santo de su padre, está abierto a recibirlo de alguien cuyos motivos pueden ser nocivos para el crecimiento normal del niño.

Debido a que este tema se trata muy rara vez en la comunidad cristiana, no entendemos la enormidad de este problema creciente. Al igual que la tasa de divorcio ha subido, eliminando al «padre real» de la casa, así el incremento de la homosexualidad ha ido siguiéndolo de muy cerca.

Una enfermera me contó su conversación con un apuesto joven que estaba en el hospital, esperando una operación para cambiarse el sexo. Ella le preguntó abiertamente cómo llegó a este punto. Él explicó que su padre se había ido cuando él era un bebé y todo lo que conocía como modelo de rol era su madre. Jugaba con la ropa y el maquillaje de ella, amando las cosas femeninas. Cuando estaba en la preadolescencia, un líder de scout se interesó por él. Ahora, él ve cómo se apegó a este hombre buscando la imagen del padre. El hombre le dijo: «Eres demasiado hermoso para ser niño. Debieras ser niña». Más tarde este afectivo hombre lo condujo a una experiencia homosexual. «Una vez que uno lo ha hecho, uno sabe que no es normal y uno no se siente bien consigo mismo. Me operarán así para ser por fuera lo que siento por dentro». Esta era su manera de tratar de volverse real.

Cuando hablé con una señora divorciada que criaba sola a dos niños, luego que su marido la abandonara por otra mujer, le pregunté qué podía hacer la iglesia para ayudarla. Inmediatamente me contestó:

—Mis niños necesitan un hombre cristiano normal que los lleve ocasionalmente a un partido de pelota, o a alguna actividad donde puedan ver un modelo de rol masculino positivo, que compense el rechazo que sienten de parte de su padre.

¡Qué servicio podría ser para los hombres de tu iglesia y cuántas vidas, con el potencial de la perversión, podrían salvarse!

Primero nos ponemos las máscaras como una forma de protección, y la persona joven que se vuelve a la homosexualidad está, a menudo, tratando de poner buena cara al rechazo que siente de parte del progenitor del mismo sexo, o la ausencia de toda ligazón emocional con ese progenitor.

Él trata de esconder esta herida y hallar un sustituto para el padre que Dios quería que tuviera. A medida que se va metiendo, trata entonces de ocultar esta actividad de su madre, conduciéndolo a engaños productores de culpa.

Como hemos visto, hay toda clase de máscaras que se ponen inicialmente como alguna clase de protección o de autoconservación; máscaras para esconder la culpa, el maltrato, el rechazo, la perversión y la mala calidad del ser padres. Para que podamos examinar con más facilidad cuales máscaras estamos usando, o de igual importancia, cuáles máscaras hemos obligado a ponerse a nuestros hijos, usemos nuestra herramienta de los temperamentos y dividamos las posibilidades en cuatro tipos.

La máscara sanguínea

«Este individuo es lo bastante sabio para hacerse el loco, y hacer aquello que precisa una buena medida de humor.[4] La persona que se pone la *máscara de personalidad* sanguínea suele ser quien aprendió muy temprano en la vida que sus padres valoraban una cara feliz más allá de cualquier otro atributo, y que «estar en escena» acarreaba aprobación y aplauso. Un niño no tiene que saber su nombre antes de poder sentir que le da la afirmación de parte de sus padres. Cuando los padres, uno o ambos, necesitan un niño adorable para realzar su propio valor, comunican esto al pequeñuelo. A menudo veo máscaras sanguíneas usadas por músicos melancólicos que pertenecen a una familia de cantantes de *gospel*. Uno de los padres es habitualmente sanguíneo, siendo el que complace a las multitudes, mientras que el cónyuge melancólico arregla la música y es el pianista. A medida que van llegando los niños deben copiar a los Osmond y salir brillando al frente. Los sanguíneos encajan fácilmente en esto, siendo los preferidos de la «madre escénica», pero los otros tienen que ponerse la máscara sanguínea o ser considerados rebeldes, o como mínimo, malos hijos. Yo aconsejé a una niña colérica que se había negado a cantar con su familia, siendo dejada en la casa de sus abuelos. Al negarse a usar la cara feliz del sanguíneo y golpear un pandero, en efecto, había salido de la troupe que siguió adelante, burbujeando sin ella. Cuando conversé con ella estaba tan enojada por lo que percibía como rechazo que había desarrollado úlceras estomacales. Una de las hermanas melancólicas, obligada a ser sanguínea, se había dedicado a las drogas, pero los padres se rehusaban ver su problema y siguieron adelante marchando como soldados cristianos.

¡Qué lástima ver a los artistas cristianos que se interesan más por lo que tienen al frente que por lo que hay dentro!

No todas las máscaras sanguíneas están en los artistas. Muchas se ponen inconscientemente para mantener feliz a alguien. Una niña con una madre casada muchas veces me dijo que ella aprendió a ser encantadora para evitar que los diversos esposo de su madre se «enojaran» con ella. Ella era una colérica, pero aprendió cómo ser pícara y adorable. Cuando llegó a la adolescencia, este atractivo que había desarrollado la llevó a al abuso sexual de parte de uno de los «padres», y a decirme:

—Nunca más seré simpática otra vez. ¿Quién lo necesita?

La diferencia entre el sanguíneo nato y uno disfrazado es la naturalidad de la personalidad. Todos pueden aprender a decir cosas simpáticas y aprenderse chistes de memoria, pero cualquier persona astuta es capaz de discernir cuando eso sale como producto de la tensión. El sanguíneo verdadero tiene un sentido del humor efervescente que sale con toda facilidad y puede tomar cualquier hecho ordinario de la vida convirtiéndolo en un relato que hace reír. Por otro lado, el que lleva una máscara sanguínea no tiene el sentido innato de la oportunidad y puede fracasar tratando de ser cómico, cuando repite una historia exactamente como la oyó.

Cuando Fred vino a visitarme por primer vez a nuestra tienda, vio la comedia que mis hermanos y yo manteníamos activa; él trató de acomodarse a eso siendo como nosotros. Nunca olvidaré el largo chiste que contó, el cual parecía no terminar jamás. Como mis hermanos me miraban de soslayo, Fred se detuvo diciendo:

—Me olvidé lo divertido.

Indudablemente, así fue si es que lo hubo alguna vez.

Ahora que hemos aprendido a aceptarnos uno a otro como somos, él está feliz de que yo sea divertida y que él provea la profundidad y estabilidad tan naturales del melancólico.

Al hacer el *Perfil de la personalidad,* la persona que lleva una máscara sanguínea marca las virtudes que tanto trabajo le ha costado poseer, sin darse cuenta de que son adquiridas. Si tú sospechas que estás forzando tu comicidad, pregúntate cómo te sientes realmente respecto de esas características y, por el contrario, cómo piensas que debieras sentirte. Muchas máscaras han sido arrojadas lejos con el mero planteo de esta pregunta.

Una joven graduada en periodismo escuchaba mis grabaciones, dándose cuenta de que ella llevaba una máscara sanguínea. Su madre escribió para contarme el alivio que sintió Lynn cuando supo que podía distenderse y ser ella misma.

> «Lynn ha visto cambiar su vida con sus conceptos. Ahora se da cuenta de que sus rasgos melancólicos son parte de su constitución natural .... como su papá. Pero ahora puede ver sus defectos y virtudes entendiendo mejor como hacer cambios. Antes de esto, ella decía que debía haber algo malo en ella porque no se sentía cómoda siendo del tipo de la porrista y sintiéndose más contenta con escuchar tranquilamente a los demás. Ahora se siente libre para ser sólo ella.»

Lana Bateman lo dice así:

> «La máscara sanguínea es una máscara de payaso que exige que su poseedor sea simpático, divertido y esté constantemente luchando por el centro del escenario. No importa que no sea innatamente humorístico y social. Esta máscara puede tomar a una persona normalmente callada y

sensible arrojándola a un rol muy incómodo de cháchara constante, forzándola a tratar de ser el alma de la fiesta, cuando en verdad puede que se aterre hasta desaparecer en la puerta.

»Vi primero la máscara sanguínea en una joven de treinta y dos años. Leann había crecido en un hogar con una hermana que era casi enteramente sanguínea. Era evidente que Suzanne, la hermana mayor de Leann, era la delicia del padre. Sin embargo Leann era una niña callada más sensible. Ella sentía profundamente y, por lo tanto, parecía tener más dificultades de niñita.

»Cada vez que Leann tenía un problema corría a su papá, como la mayoría de las niñas anhelan hacer. Su padre la escuchaba y decía: "Oh Lean, ¿por qué no puedes ser como tu hermana? ¿Por qué dejas que las cosas te molesten? Observa a Suzanne: ella sabe como manejar estas situaciones. Tienes que aprender a reír y ser divertida como ella. Eso se encargará de todos estos problemas y verás que tendrás más amigos que no sabrás que hacer con ellos".

»Leann vivió con este uniforme de parte de su bien intencionado padre. Esta pequeña se vio pronto ocultada por una máscara sanguínea. Trató de ser simpática y divertida, se aprendió de memoria cosas que decía su hermana, los chistes que oía y todas las cosas que atrajeran la atención que advirtiera. A pesar del hecho de esforzarse tanto como podía por ser otra Suzanne para su padre, nunca vio que lo que él le decía fuera cierto.

»Los amigos que él había prometido nunca llegaron, y aunque ella se reía y hacía chistes por fuera, nunca dejó de llorar por dentro. Como niña melancólica nunca fue alentada respecto de los puntos fuertes de su verdadero temperamento. Fue encubierta por su máscara sanguínea, y al final de sus veinte años empezó a clamar: "¿Quién soy yo?"

»Después de guiarla por cierta sanidad emocional, ella supo quien era la Leann real. No fue sino entonces que pudo aceptarse a sí misma y empezar a funcionar como la persona que Dios hizo.

»La máscara sanguínea es una indudable tragedia, pues no produce gozo ni risa sino simulación y soledad. La gente que reacciona a esa máscara se siente repelida. Oyen las divertidas palabras inteligentes pero, de alguna manera, sienten la incoherencia que hay entre lo dicho y la persona que habla. No se sorprenda que el portador de esta máscara experimente tanto rechazo. Quizá tengamos que mirar más de cerca a nuestros amigos sanguíneos, pues algunos no son en absoluto sanguíneos verdaderos. No todos los conversadores son sanguíneos; algunos están simulando bajo un torrente de nerviosa cháchara. Entender esta máscara es algo que nos equipara mejor para ministrar a ese corazón dolorido, e impedirá que nos alejemos cuando nuestro amigo necesita genuinamente amor y sabio consejo.»

La máscara del payaso nunca parece totalmente verdadera aunque el observador circunstancial no entienda por qué siente que esta persona es un falso. Requiere esfuerzo desempeñar un papel que Dios nunca concibió para que nosotros representáramos.

Jane vino a CLASS vestida con elegancia y arreglada con meticulosidad. Cuando se decía algo divertido, ella respondía ruidosamente aplaudiendo. Mientras la observaba sentí que su entusiasmo era forzado y que, probablemente, había un enmascaramiento de su personalidad real. Durante una pausa pedí ver su *Perfil de la personalidad,* el cual tenía un puntaje mitad melancólico y mitad sanguíneo. No dije nada de los totales, pero le pregunté por sus relaciones infantiles. Dijo que su madre era una melancólica frecuentemente deprimida. El continuo duelo pesó mucho sobre Jane, y cuando su madre lloraba ella también lo hacía. Estaba tan asustada de que su madre se pudiera enojar de nuevo que formuló un voto: «Nunca haré nada que haga llorar a mi madre».

Su padre sanguíneo solía mandarla al cuarto de su madre para alegrarla. «Ve, a ver si puedes decir algo que haga sonreír a tu madre. Si lo logras, te daré un dólar». Tratando de complacer a su padre y alegrar a su madre, Jane se armó de cosas divertidas para hacer y decir. Trató de hacer solamente lo que haría feliz a su madre y nunca se atrevió a expresar cómo se sentía en realidad.

Cuando Jane contó esto pude ver que era una melancólica innata, como su madre, y que sentía profundamente los estados de ánimo de su madre aunque como niña se asustaba con el llanto. Debido a sus circunstancias, Jane se puso una máscara sanguínea y trató de hacer reír a su madre, lo mejor que pudo, alentada por los dólares de su padre.

Como adulta su personalidad variaba en diferentes situaciones. Ella se hartaba fácilmente de la gente y se deprimía con frecuencia cuando estaba sola. Cada vez que alguien se enfermaba o descorazonaba ella se ponía la máscara del payaso y se proponía alegrarlos. Estaba casada con un sanguíneo como su padre, que huía cuando ella se deprimía y le decía «¡Córtala!» cuando trataba de ser divertida y fallaba. Su hija era la única luz brillante de su errática vida y, de pronto, vio que estaba reproduciendo una réplica confusa de sí misma en su hija, llamándola cuando necesitaba salir de su propia depresión, tal como había hecho su mamá con ella.

Como Jane era inteligente y quería la voluntad de Dios para su vida, pudo trabajar en su personalidad sin consejo ulterior. Ella empezó a destacar sus virtudes melancólicas y dejó sus estallidos antinaturales de falsa diversión. Aun más importante fue la libertad que dio a su hija para que fuera ella misma, dejando de ser la dosis de «píldoras de felicidad» de su madre, como ella misma lo había sido para su madre.

¡Qué bendición es poder ser capaces de vernos como tiene que ser, y estar dispuestos a romper el ciclo de los hábitos artificiales. Como con cualquier problema de la vida, tenemos que ver lo que estamos haciendo en forma antinatural antes de poder efectuar cambios constructivos.

William Thackeray habla del paciente depresivo cuya profesión de actor lo hacía usar la máscara del payaso, cubriendo sus propios sentimientos:

> «Se sabe que Arlequín desenmascarado presentaba un rostro muy sobrio y –sigue el cuento– era él mismo, ese paciente melancólico, a quien el doctor le aconsejaba ir a ver a Arlequín.»[5]

La máscara melancólica

> «El mundo es "un escenario donde todo hombre debe desempeñar su papel; y el mío es uno triste".»[6]

La máscara de la melancolía es un intento de perfección y frecuente dolor. Cuando recién nos casamos, y Fred anunció que me iba a poner en un programa de entrenamiento, me quedé atónita. Mi parte sanguínea veía que esto no sería divertido, y la parte colérica no quería ser rehecha; no obstante, por autoconservación, me puse la máscara del melancólico intento de perfección y traté de actuar el papel que Fred quería que tuviera. Desempeñé un papel que terminó siendo triste.

Nada sabía de los cuatro temperamentos en aquellos días, y acepté este rol antinatural como precio de ser esposa, una parte de crecer. ¡Qué alivio fue cuando hallé mi primera descripción del sanguíneo y me di cuenta de que mi personalidad básica era aceptable! No tenía que ser seria ni sobria para ser una adulta.

Ahora, al mirar atrás, veo que funcioné durante aquellos quince primeros años de matrimonio como una personalidad escindida. En casa alternaba la máscara melancólica con la seudosumisión flemática del «Sí, querido Fred», mientras que en público era yo misma: dirigiendo obras, enseñando a hablar y presidiendo grupos de mujeres. Tan pronto como entraba por la puerta, regresaba la máscara y escondía mi frivolidad hasta que me aventurara a salir de nuevo. Temía que si parecía demasiado contenta Fred pensaría que estaba «metida en algo». Me encanta esta pequeña estrofa que me resume en mis primeros años de matrimonio:

> «Haré de mi gozo una cosa secreta,
> mi cara llevará una máscara de preocupación;
> y aquellos a quienes el gozo hiere de muerte
> ¡nunca sabrán que diversión hay!»[7]

Aquellos que se ponen la máscara melancólica de niños fueron, muy a menudo, niños con padres que exigían perfección, sea porque eran melancólicos y no conocían otro modo, o porque en su situación no cabía un niño vivaz. Hallo con frecuencia este último enmascaramiento en los hijos de pastores, cuyos padres sienten que todo su ministerio depende de la conducta apropiada de sus hijos.

Un hombre colérico me dijo que su padre, pastor, había insistido en que él fuera un niño modelo, pero puso a la madre colérica a la tarea de hacer regir las reglas. Él dijo:

«Siempre me sentí como un perro apaleado, con mi cola entre las piernas. Mi espíritu fue quebrantado muy temprano, pero mi rabia reprimida hervía bajo la superficie.

»Desempeñaba el rol perfecto, y mi madre me elogiaba en público pero me disciplinaba duramente en casa. Crecí sintiendo que no tenía personalidad, pero ahora veo que eso fue debido a que estaba desempeñando un rol ajeno a mi naturaleza. Hacía las cosas secundando los planes de mi madre. De adulto, tuve que trabajar para que siquiera ella me gustara. Cuando se murió, súbitamente me quedé con una terrible culpa porque nunca hice las paces con ella».

Este querido hombre está en terapia ahora, tratando de resolver los dolores de su pasado y la culpa de su presente; ninguna de esas cosas era necesaria si sus padres se hubieran dado cuenta de lo que haría en su vida el querer cambiar su naturaleza.

El *Perfil de la personalidad* de un pastor que vino a CLASS resultó melancólico/flemático, pero el brillo de sus ojos y el ritmo de su paso me dijeron que era un sanguíneo. Al sentarme a conversar con él me preguntó sobre su puntaje, y yo empecé a preguntarle por su conducta infantil. Su padre era el pastor y su madre la organista. Lo hacían sentarse en primera fila, sin moverse. Ambos lo vigilaban durante lo que él recuerda como interminables servicios de la iglesia. Lo único que oía repetidamente era: «No te atrevas a causar problemas». Una vez su padre lo había estampado contra la frágil pared del baño de hombres de la iglesia, diciendo: «Esto es lo que te haré si alguna vez causas algún problema». Luego golpeó la pared con su puño atravesándola al baño de mujeres.

—Ahí mismo supe que era mejor no causar problemas.

Al contarme su historia, sus ojos se agrandaron, su voz adquirió volumen y literalmente saltó en el banco de la iglesia donde estábamos sentados. Ahí había un hombre sanguíneo que había sido aterrorizado de niño por un padre colérico, quien tenía que aparecer perfectamente dominante a sus feligreses. Él había actuado de melancólico, tratando de ser perfecto, y se cuestionaba por qué nunca se sentía cómodo consigo mismo. Cuando le pedí que pensara en acciones del tipo sanguíneo de su infancia, respondió:

—Solía ir al campo y le predicaba a los árboles. ¿Eso sería sanguíneo?

Al repasar su vida juntos, viendo repetidos incidente sanguíneos, él empezó a llorar:

—¿Por qué me costó tanto averiguar quien soy realmente?

Antes de irse de CLASS, dos días después, me agradeció diciendo:

—Esta libertad que siento vale mil dólares.

Más tarde me contó cómo habían cambiado sus sermones desde que supo que «estaba bien ser divertido», y de cómo su gente se había dado cuenta de la gran mejoría de su prédica.

Nunca alcanzaremos el potencial que está dentro de nosotros si no nos sacamos las máscaras y llegamos a ser la persona real que Dios concibió que fuéramos.

Una mujer inglesa sanguínea, guía turística ella, me contó una historia familiar.

Se había casado con un profesor melancólico que la había «rehecho» hasta el punto en que ella usaba la máscara melancólica cada minuto en que no estaba describiendo la arquitectura de la Catedral de San Pablo a un público espectante. Un día él volvió a casa y, súbitamente, le dijo que ya no era lo divertida que solía ser. Finalmente se divorció de ella y tuvo el coraje de decirle que la nueva mujer tenía un gran sentido del humor, «tal como tú solías tenerlo cuando me casé contigo».

¡Cuán a menudo he oído la lastimosa historia de una persona que se pone una máscara por obligación a su cónyuge sólo para ser echada a un lado por una copia del modelo original!

El divorcio cambia frecuentemente el temperamento manifiesto de una persona. Si una mujer ha sido desdeñada en su matrimonio, teniendo que usar un frente falso para sobrevivir, el divorcio suele liberarla para ser ella misma. Si ha sido su ser normal en el matrimonio y fue dejada por otra mujer, a menudo se pone una máscara sanguínea para ocultar el dolor y trata de ser una nueva persona que, espera, sea más exitosa que la anterior.

Además de la máscara melancólica de la *perfección*, está la muy común máscara melancólica del *dolor*. Cuando el *Perfil de la personalidad* sale con virtudes sanguíneas y defectos melancólicos, es un indicio de que la persona es un melancólico que usa una máscara sanguínea, o un sanguíneo que, en alguna parte del camino, se puso una máscara de dolor y se deprimió. Los flemáticos y los coléricos pueden también usar esta máscara de dolor si se han enfrentado a situaciones severamente traumáticas, o si han vivido en hogares donde se expresaba muy poco amor. Cuando un niño no experimenta amor al ser tomado en brazos o acariciado durante los años formativos, desde el nacimiento hasta sus ocho años, puede haber un sentimiento interno inexplicable de rechazo aunque ambos padres puedan estar en casa. Esto puede dañar su personalidad natural de por vida.

Cuando se abusa y maltrata a un niño, la víctima suele ponerse la máscara del dolor, a menos que sea lo bastante colérico como para alejar el dolor, negar la realidad y seguir adelante, llegando a ser una máscara de logros. La víctima suele perder sus propios sentimientos y se ahoga en la depresión y la culpa.

Como adultos, las víctimas suponen que han dejado atrás esos problemas y no pueden entender por qué la nube negra está siempre con ellos. Suelen ser negativos, resentidos y quejosos. No importa que haga la gente por ellos, de alguna manera nunca basta. Frecuentemente tienen síntomas físicos inexplicables, tales como dolores de cabeza, dolores corporales, asma y alergias. A veces en los casos de extremo abuso sexual se ha bloqueado el problema original y no pueden entender por qué siempre se sienten culpables de algo.

Sea que la causa fuera un trauma o la falta de amor, la persona que usa la máscara de dolor necesita ayuda para liberar estos problemas pasados. Para algunos alcanza con sentarse con un amigo paciente y compasivo que escuche para sacarse la máscara. Algunos pueden necesitar a un pastor o consejero que trabaje con ellos durante varios meses. Hemos visto resultados milagrosos cuando Lana o cualquiera de los consejeros de Ministerios Filipenses pasa un día indagando los recuerdos, orando intensamente por los dolores pasados y sanando las heridas por medio del poder todopoderoso de Dios.

Lana cuenta su propia historia:

> «Mi vida es un excelente ejemplo de la máscara melancólica. Crecí en un hogar donde padres bienintencionados no sabían cómo expresar afecto físico, por lo que no fueron capaces de comunicarse afectivamente con los hijos. Aunque no hubo abusos, yo me quedé con un profundo anhelo de amor, necesidad que, en su momento distorsionada, me

llevó a la bancarrota emocional. Me volvió en una niña y adulta totalmente negativa. Aquellos que me conocía me hubieran declarado 100% melancólica, por lo menos en lo que concierne a todas los defectos. Esta es una clave para discernir la máscara melancólica, la cual se expresa por medio de los defectos melancólicos más que por las virtudes.

»El anhelo de amor que produce la fachada melancólica no puede ser exagerado, porque aplasta a muchos de nuestros hijos dejándolos "lamiéndose sus heridas" antes que llevar vidas productivas. Quien usa la máscara melancólica sin saberlo mostrará a menudo una expresión de profundo dolor, pena o muerte en sus ojos.

»Cuando estaba hablando en California conocí a un hombre joven que respondía a mi descripción de una máscara melancólica. Él vino a verme después de que había hablado esa tarde y describió el sentimiento que había experimentado mientras yo hablaba.

»Dijo: "He tenido todo lo que un hombre puede desear en la vida. Me gradué de una gran universidad como un jugador de fútbol americano de primera. Fui el atleta de la década de esa universidad. Me casé con una miss universo. Soy dueño de un banco y una compañía de valores y soy rico, pero nunca he sido feliz".

»"Cuando usted hablaba de su infancia y de la máscara melancólica que usaba, me encontré de cinco años de edad, otra vez. Mi papá se había enojado conmigo y me dijo que me fuera al bosque. Dijo: '¡nunca vuelvas!'

»"Yo estaba aterrado allá afuera, solo. Lloraba y lloraba. Se puso el sol y oscureció mucho y nadie venía. No puedo decirle el terror que sentí de niñito. Sabía que nunca más vería mi casa.

»"Por último, tarde de noche, alguien vino a rescatarme. Supongo que nunca olvidaré esa noche. Cuando usted empezó a hablar de su niñez, me hallé vagando de nuevo por esos bosques, perdido y asustado. Creo que he estado ahí toda mi vida y me pregunto si alguna vez saldré".

»Este era un caballero que llevaba la máscara de la melancolía. Su vida estaba empapada por el dolor de su infancia, producido por mucho más que un incidente aterrador en los bosques. Hasta que ese hombre pueda trabajar esa profunda herida y temor, liberando la emoción concomitante, el mundo lo verá como melancólico, en lugar del colérico/sanguíneo que era verdaderamente. No será sino hasta entonces en que él podrá dejar la prisión de su mente y descansar en la persona humorística y productiva que Dios creó para que él fuera. Que transformación gloriosa se da cuando alguien puede dejar de luchar y encontrar la libertad en el diseño original de Dios para vivir.»

La máscara colérica

«La audacia es una máscara del miedo, por grande que sea».[8]

En nuestra moderna sociedad norteamericana el poder denota éxito. Vemos artículos de revistas que nos dan los secretos de la felicidad y salud, prosperidad y riqueza. Todos quieren ser alguien y esos «álguienes» parecen ser, todos, coléricos. Esta gente poderosa se gana la vida mostrando a la gente sin poder cómo obtenerlo. El diploma de los cursos sobre el éxito puede muy bien ser una máscara colérica de *poder*. Desafortunadamente, para muchos de los que son atrapados en los «Diez pasos fáciles desde poca cosa a maravilloso», todo lo que tienen es una máscara. No adquieren súbitamente el anhelo de trabajar dieciocho horas por día, y la simple escalera a las estrellas parece no tener fin.

Suelo conversar con hombres flemáticos con máscaras coléricas de poder, que les han sido puestas por madres ansiosas o esposas directas, cuyo valor propio sube proporcionalmente con el ingreso de sus esposos. El hombre siente que está atado a una rueda de molino que lleva a ninguna parte, y al sumar en el *Perfil de la personalidad* sale medio colérico y medio flemático, frecuentemente deprimido. Un flemático con máscara colérica que no entiende los temperamentos, es una persona muy desanimada. Trata de ser dinámico sin el impulso, trata de ser firme cuando su naturaleza es pasiva, y no tiene ni un indicio del por qué se está matando sin llegar a ser el presidente. Qué alivio para el flemático cuando sabe que no tiene que ser colérico. Puede dejar caer la personalidad simulada que le devuelve los golpes alejando a la gente, y llegar a ser el pacificador agradable, placentero y agudo como fue concebido originalmente.

Bill vino a CLASS como directo colérico que estaba deprimido. En la consejería supo que era un sanguíneo, a quien su padre le había dicho que los hombres de verdad eran serios y de alto logro. El trató de llegar a ser lo que pensaba que debía ser, y aunque era querido en la empresa familiar, sabía que no era lo que su padre deseaba. Después de escuchar lo que enseñamos sobre los temperamentos, vio repentinamente que era un sanguíneo deprimido que luchaba por seguir usando una máscara colérica de poder.

Alicia vino pensando que era colérica, pero sin mostrar ninguna de las señales de franco liderazgo. Al conversar con ella encontramos a una niña melancólica, cuya madre flemática había sido enferma, y cuyo padre sanguíneo se había ido con una modelo más sana. Alicia lo llamaba «su padre fugitivo», y lo catalogaba de irresponsable. Debido a que no había nadie a cargo de la casa, ella tuvo que encargarse de todo, manteniendo las cosas armadas para su madre y hermana menor. Ejecutando los actos de una naturaleza que no era la suya, ella se volvió una adulta obsesivamente dominante, que tenía un miedo constante a perder el dominio por el cual se había esforzado en desarrollar.

Alicia se casó con un hombre sanguíneo/colérico, el opuesto de su verdadero temperamento, y batallaron por el dominio. Ella no estaba dispuesta a ceder hasta que tuvo su primer vislumbre de las cuatro personalidades en CLASS y empezó a ver la máscara colérica que había estado usando. Una vez que se dio cuenta de dónde había venido su colérico antinatural, y del por qué no tenía que luchar más por el domino, pudo relajarse y, lentamente, llegó a ser la persona despreocupada que Dios había concebido que ella fuera.

Además de la *máscara de poder* que hace que cualquier temperamento parezca ser una colérico incómodo, está la *máscara de la rabia*, relacionada con la otra. Toda persona que reprime la rabia por un largo período puede parecer como colérica cuando vuela el corcho y el arranque de ira sorprende a quienes estén a la vista. El flemático que mantiene todos sus sentimientos tapados suele ponerse a menudo una máscara colérica de rabia cuando se sienta tras el volante del automóvil. Puede ventilar su rabia con los otros conductores y amenazar con su puño a los semáforos. Cuando llega al lugar de trabajo cuelga su máscara junto con su abrigo y no se la vuelve a poner hasta que regresa a la calle en la noche.

A menudo detectamos una máscara colérica cuando la persona tiene defectos coléricos y virtudes de otro tipo, indicando virtudes válidas relacionadas con rabia controlada. Esta persona puede estar obrando bajo extremada tensión, siendo inerme para hacer nada al respecto o puede haber tenido una infancia represora que le hace pelear para sobrevivir. A medida que fue creciendo, la rabia le produjo impaciencia, la puso mandona y se instaló una naturaleza discutidora que ensombreció tanto sus virtudes que parecía ser colérica. Los casos extremos como este serían los de personas que manejan sus emociones en el trabajo pero un día asesinan a sus esposas. Todos quedan asombrados, pues «parecía ser un hombre tan simpático...» Los violadores y abusadores sexuales suelen ser personas de bajo perfil, que llevan por dentro los residuos de una infancia maltratada que sale a la superficie por medio de actos violentos.

Lana cuenta de un encantador actor que vino a CLASS:

> «Brian había hecho el *Perfil de la personalidad* obteniendo un puntaje de 80% de colérico y 20% de sanguíneo. Supimos que no conoció a su padre verdadero, pues su madre se había vuelto a casar cuando él tenía cinco años de edad. Su padrastro era un enfermo mental, y a veces amenazaba con matar a la madre del niño; en ocasiones hasta la apuntaba con un revólver.
>
> »La reacción del niño era tomar un palo o una piedra o un revólver para proteger a su madre. Fue llevado al mundo de los adultos, de las emociones y responsabilidades, a través de la enferma relación de sus padres, aunque no sacó ninguna de las ventajas de ese mundo, pues cuando trataba de proteger a su mamá, el padrastro lo golpeaba despiadadamente.
>
> »El producto de una infancia tan distorsionada no es difícil de imaginar. A medida que Brian llegaba a la adolescencia, tuvo que hallar un lugar para expresar ese terrible torbellino de su interior, esta rabia y sensación de injusticia reprimidos. Encontró alivio en el campo del atletismo, donde su actividad no reconocía límites, haciendo que se

destacara mucho en casi todas las disciplinas deportivas que ofrecía la escuela.

»No fue sino hasta que este hombre se enfrentó consigo mismo en forma honesta, dejando salir esa rabia interna, por medio de la consejería y la oración, que pudo descansar en su personalidad real dada por Dios. Una vez que fue derramado su dolor, quedó al descubierto un nuevo temperamento. Este hombre era 80% sanguíneo y sólo 20% colérico ¡Cuánta libertad tuvo cuando entendió cómo lo había creado Dios! ¿Su respuesta? "No puedo decirle cuántas preguntas me responde esto. Siento una paz que no puedo empezar a describir".»

Como Brian es ahora un amigo de nuestra familia CLASS, puedo corroborar gozosa los cambios en él, lo cual también ha producido la restauración de un endeble matrimonio. Ahora su carrera y su ministerio para el Señor están, ambas, en ascenso.

Muchas veces he conocido a pastores que tienen rabia reprimida porque han sido empujados a ser pastores por sus familias y no supieron decir que no. Todos eran hombres santos, pero en el llamado equivocado. Uno explicaba: «Mi madre me dijo desde que yo era pequeño: "Hemos tenido seis generaciones de predicadores en esta familia y tú lo eres"». Ella lo motejaba de «reverendo» cuando él era un niño y parecía que no tenía opciones en al vida.

Dos de los pastores decidieron dejar la clerecía al darse cuenta del por qué tenían manifestaciones físicas de sus rabias controladas, yendo en pos de carreras más apropiadas. Otro, luego de librarse a sí mismo de tener que ser pastor, decidió que eso era en realidad lo que quería ser ahora, frente a la alternativa. En los tres casos la rabia suprimida ha sido liberada y los hombres se sienten cómodos consigo mismos y están más sanos.

La máscara flemática

«Los dichos de su boca son más blandos que mantequilla, pero guerra hay en su corazón; suaviza sus palabras más que el aceite, mas ellas son espadas desnudas» (Salmo 55:21).

La máscara flemática suele ser el resultado de alguien que renuncia a vivir y se vuelve apático, decidiendo que es más fácil decir palabras agradables que pelear por lo que está bien. Los coléricos que no pueden triunfar en una situación dada pueden ponerse una máscara flemática *de paz,* pretendiendo que no les importa. Los sanguíneos que se casan con cónyuges de quienes ya no piensan que son simpáticos, pueden ponerse flemáticos en casa y guardar su humor para las ocasiones sociales. Los melancólicos que sienten que nadie se interesa ni siquiera se molestan por seguir comunicándose.

Una señora colérica me dijo que ella tenía dos padres coléricos que la abrumaron tanto cuando ella crecía que, ahora se da cuenta, tuvo que jugar a la flemática «sólo para seguir viva». Ella recuerda: «No había opiniones adicionales necesarias y fui criada conforme al dicho de que los niños tienen que verse, pero no escucharse. No sabía que tenía algo que decir hasta que fui a la universidad». Aunque ella no sabía nada de los temperamentos, se casó con un flemático, el opuesto de su natural colérico. Pronto, se halló teniendo que decidir por los dos. Luego de oírme hablar entendió, súbitamente, su patrón de personalidad y me escribió más adelante: «Ahora que estoy trabajando en sacarme la máscara, voy y vengo. Cuando mi flemático marido quiere quedarse en casa, mi colérica dice: "Yo iré de todos modos", pero entonces me vuelvo a hundir en lo flemático y musito: "De todos modos, ¿para qué sirve, y a quién le importa?"».

Un adolescente cuya madre me dijo que él era flemático, preguntó si yo le haría el *Perfil de la personalidad* cuando estuve de visita en su casa. Mientras más conversábamos, más sanguíneo se ponía. Le pregunté por qué su madre sentía que él era flemático y replicó:

—Toda mi familia es sanguínea/colérica, y todos hablan al mismo tiempo y se mandan unos a otros. Es mucho más fácil quedarse callado, jugar al flemático y seguir sin meterse en problemas.

Un médico melancólico explicaba: «Para cuando llego a casa de noche, no tengo el ánimo de destrozar las ideas de mi esposa sanguínea, por ridículas que sean en su mayoría, así que mantengo cerrada la boca, meneo la cabeza a menudo y digo: "Sí, querida", una vez por hora, esté o no de acuerdo. Supongo que usted lo llamaría jugar al flemático.»

Una noche fui a cenar con una familia que sentó cerca mío a su hijo de veinticinco años, que había vuelto a casa después de divorciarse.

—No podemos sacarle nada. Quizá hable con usted —me dijeron.

Una vez que me asignaron esa tarea, todos empezaron a conversar en su extremo de la mesa. Le pregunté al joven cómo se sentía consigo mismo. Durante más de una hora él estuvo contándome la historia de su vida. Sus padres eran profesionales, uno colérico/sanguíneo y el otro colérico/melancólico, y desde que podía recordar, ambos habían trabajado siempre.

—Ellos siempre me dieron todo lo que necesitaba, pero nunca tuvieron tiempo para escuchar. Ahora que están tratando de sacarme información, no voy a darles nada.

Su madre me preguntó más tarde:

—¿Qué fue lo que hizo para que él hablara tanto? Nosotros no logramos sacarle una palabra.

Mientras yo abría la boca para responder su pregunta, ella cambió el tema y pude entender por qué ese sensible muchacho melancólico no se había molestado en compartir sus sentimientos.

En realidad, ¿a quién le importaba?

A menudo, cuando los niños crecen con padres peleadores, adoptan el rol de pacificador o mediador, sin que importe cual tendría que haber sido su personalidad.

Lana habla de una muchacha que aconsejó, la cual venía de este tipo de trasfondo:

> «Sherry vino a verme varios meses después de hacer el *Perfil de la personalidad*, estando muy confundida. El único temperamento que creía la describía adecuadamente era el flemático. Sin embargo, también había marcado bastante en las otras columnas.
>
> »No pude darle una respuesta lógica sino un año después, cuando ella había vuelto a repensar toda su vida, dándose cuenta de que había asumido la falsa responsabilidad no sólo la felicidad de sus padres sino también por la manutención de la paz en la casa. Esta necesidad había empapado todo aspecto de su vida, enmascarando su verdadero temperamento, que era sanguíneo/colérico. Una vez que

fue capaz de rechazar ese sentido antinatural de falsa responsabilidad, y dejar de ser todo para todos, empezó a surgir claramente la personalidad real de Sherry. La parte sanguínea de ella, amante de la diversión, se expresó más libremente, y la colérica se evidenció cuando ella empezó a hablar su necesidad de orden y rápida respuesta al liderazgo que daba.

»Otra vez volvemos a ver los resultados de hallar el verdadero ser de uno, eliminando las pretensiones indeseables. Libre para ser quien Dios creó, Sherry es ahora un gozo y una delicia. Su crecimiento espiritual y emocional está marcado por la nueva realidad de sus verdaderas virtudes y defectos, a medida que las distorsiones han ido siendo eliminadas en forma apropiada.»

Hay una fina línea divisoria entre la máscara flemática *de paz* y la de *la apatía,* en cual la persona renuncia a vivir y deja de interesarse. Llevada al extremo, esta persona puede ponerse catatónica, incapaz en absoluto de expresarse.

Una joven que había desarrollado graves problemas emocionales me contó que tenía dos personalidades distintas. Debido a que su vida hogareña –con un padrastro abusador y una madre que lloraba– era tan traumática, había aprendido literalmente a desenchufarse y callar todo sentimiento o emoción. Esta represión le había producido dolores de cabeza y se sentía bien solamente cuando estaba lejos de su casa. Al revisar junto con ella su *Perfil de la personalidad* encontré que era una colérica que se había puesto la máscara flemática de la apatía y estaba fuera de contacto con la realidad.

Su comentario referido a nuestra reunión fue:

—Mientras usted hablaba me di cuenta de que todos estos años había estado tapando con una máscara flemática a mi verdadera personalidad, dada por Dios. Esa es la razón de haber estado luchando con dos personas. Ahora que sé esto, me he llevado a casa a mi ser real, estoy proclamando mi verdadera personalidad y celebrando la libertad. Mi familia no sabrá como tratarme; no me han visto desde hace mucho, pero cuando explique el cambio, espero que aprendan a amarme y aceptarme.

Desde que Lana empezó a enseñar en CLASS el concepto del enmascaramiento, hemos tenido a cientos de personas que han averiguado por qué no sabían quiénes eran. ¡Qué gozo es sacarse la máscara y hallar al ser real de uno por debajo! ¡Cuán emocionante es para mí recibir cartas como esta, que dicen: «¡Usted acaba de salvar una vida: la mía!»

> «Dos meses han transcurrido desde que usted presentó CLASS aquí, en la zona de Seattle. No me di cuenta de lo transformadora que sería esa experiencia. Mi comentario al despedirme de usted en ese día nevado fue: "¡Usted acaba de salvar una vida: la mía!". Y esas palabras son un diario testimonio vivo. Estaba muy desesperada: necesitaba abrir la prisión de mi ser, escondida tras una máscara de cemento armado que me cubría de pies a cabeza. Su material de los temperamentos reveló enormes discrepancias. Una vez triturada esa pared por la verdad, *mi ser real que Dios creo* está surgiendo lentamente .... Un milagro sigue desplegándose, acarreando sanidad e integridad .... Dios la bendiga. MarVel Berglund.»

Para el estudio, pensamiento y acción:

David expresa en el Salmo 51:6: «He aquí, tú amas la verdad en lo íntimo». Y en el Salmo 19:12, él pregunta: «¿Quién podrá entender sus propios errores? Líbrame de los que me son ocultos.»

Al meditar estos versículos, démonos cuenta que Dios quiere que sepamos quiénes somos, en realidad. Él quiere que discernamos ese niño original dentro nuestro y que nos saquemos todas las máscaras o pretensiones tras las cuales podamos haber estado escondiéndonos.

Al leer este capítulo, ¿te ha mostrado el Señor algunas máscaras que estés usando? ¿Cuáles son? ¿Cuándo adoptaste por primera vez un patrón de conducta que no era tal como te sentías realmente por dentro? ¿Puedes ver ahora la forma en que esta máscara desvió tu personalidad original? ¿Tú o algún familiar tuyo usan la…

...máscara sanguínea de la personalidad?
...máscara sanguínea del payaso?
...máscara melancólica de la perfección?
...máscara melancólica del dolor?
...máscara colérica del poder?
...máscara colérica de la rabia?
...máscara flemática de la paz?
...máscara flemática de la apatía?

Si estás haciendo un estudio en grupo, repasa estas diferentes máscaras, advirtiendo que la segunda de cada tipo es la más grave. La máscara sanguínea de personalidad –un encanto simulado– no es sincera sino que llevada al extremo en que la persona trata de hacerse la loca, se vuelve ridícula. La máscara melancólica de la perfección puede empezar como la única forma de llevarse bien con un padre/madre o cónyuge exigente, pero llegará la hora en que la persona esté tan repleta de dolor y rechazo que no podrá verse objetivamente en absoluto. El poder colérico puede ser una respuesta aprendida a situaciones que exigieron decisiones, pero la máscara de la rabia es como un corcho puesto a la fuerza en la botella: expuesta al calor puede explotar. La máscara flemática de la paz nunca parece molestar a los demás, pero si se vuelve una cubierta vitalicia, conducirá a sentir apatía, suprimiéndose por completo la emoción verdadera. Un ejemplo de esta anestesia de los sentimientos es el de una joven que tuvo un colapso nervioso, fue internada en un hospital siquiátrico y jugó al juego que ella llamaba «estoy bien», sólo para salir de ahí. Ella escribió: «Cuando empecé a derrumbarme, me puse una máscara. No podía abrirme, ni compartir ni ser honesta en la consejería. He hecho esto por tanto tiempo que disimulo con todos. He desarrollado la actitud de "no me importa más si me entiendes o no". No tengo sentimientos en absoluto».

¿Qué pasa contigo? ¿Tienes sentimientos que no puedes expresar? Empieza hoy a compartir con alguien. Sácate la máscara y averigua quién eres en realidad.

MASCARAS DE LA PERSONALIDAD	
Personalidad de payaso	Poder Rabia
Paz Apatía	Perfección Dolor

«Oh, que enredada malla tejemos, cuando practicamos el engaño por primera vez.»[9]

PARTE II

DESTAPA TU RAÍZ Y PROTEGE TU FRUTO

DESTAPAR:
«Exponer a la vista, levantando
alguna forma de tapa o cubierta.»

AL MIRAR TU HISTORIA familiar para ver cuáles rasgos de personalidad has heredado, destaparás tus raíces exponiendo a la vista algunas de las cualidades positivas que te han sido traspasadas, y algunas de las manipulaciones y controles que han moldeado tu *Árbol de la personalidad*. Sacándote las máscaras que puedas haber desarrollado por autoconservación en el transcurso de los años, te verás a ti mismo, tal como Dios te concibió originariamente para que seas; podrás desechar las cargas del pasado, levantar y arrojar lejos las tapas que han estorbado tu progreso, y podrás ser libre para echar tus raíces.

«...será como el árbol plantado junto a las aguas,
que junto a la corriente echará sus raíces»
(Jeremías 17:8)

Capítulo 7

¿Qué es un árbol de la personalidad?

«Los árboles de la calle son viejos
acostumbrados a vivir con gente,
árboles familiares que recuerdan
el nombre de tu abuelo.»[1]

EL PUEBLO HEBREO demuestra en toda la Biblia un continuo interés por la genealogía, los ancestros familiares y la historia. El patrón de su pasado desempeñó una parte importante en su presente. Ellos se referían a sí mismo como de la tribu de Judá, o de Rubén, o de alguna de las otras doce tribus de Israel. El apóstol Pablo mencionaba a menudo sus raíces de Benjamín. El Nuevo Testamento empieza con la genealogía de Cristo, y en la parte de atrás de algunas Biblias de estudio encontramos los árboles genealógicos de familia de los grandes de la fe.

Cuando me casé en 1953, mi generación, que venía saliendo de la Gran Depresión, trabajó mucho para olvidar nuestro pasado. Estábamos hartos de los muebles viejos y queríamos dejar atrás los estigmas de la pobreza. La palabra *étnico* no se había puesto de moda y la gente con apellidos evidentemente extranjeros se los estaba cambiando por Smith y Johnson. Queríamos dejar atrás nuestra procedencia europea y volvernos norteamericanos ricos. Mi madre y yo desechamos varios juegos de aquellos lavabos y jarras que nos recordaban a los días anteriores al alcantarillado, y nunca olvidaré la mirada de incredulidad que le sobrevino cuando vimos un juego parecido en una tienda de antigüedades, con un precio superior a los cien dólares.

En los últimos años se ha renovado el interés por destapar nuestras raíces. La generación del *yo* decidió que el yo no bastaba y volvió al *ellos*. La obra *Raíces* llegó a ser todo un éxito sirviendo como catalizador para la investigación de los parientes. Los genealogistas brotaron y los árboles genealógicos empezaron a florecer.

Los barrios étnicos se atrevieron a ponerse rótulos; a vestirse como si se hubiera vuelto elegante estar de líder en un grupo folklórico ruso. La cocina continental fue cortada en trozos y un buffet podía incluir, fácilmente, melón turco, albóndigas suecas, tostadas armenias, pan francés, endivias belgas, frijoles mexicanos, papas irlandesas, paella española y gulash húngaro, seguidos por helados italianos, dulces ingleses, pastelería danesa y galletitas orientales de la suerte, cuyo mensaje oculto podía muy bien decir: «Comerse esta comida podría ser un tremendo error».

La comida estilo cajún, mezcla Nueva Orleans con francés, oriental y americana, hace furor actualmente, dando a los cocineros circunstanciales una nueva hilera de disculpas por los errores. La próxima vez que te olvides del pobre pollo en el horno, sírvelo orgullosamente como «Pollo carbonizado», y tendrás todo un éxito en tus manos.

Con todo este interés por nuestras raíces bien puede que ya te hayas hecho tu árbol genealógico, o quizás hayas contratado a un genealogista certificado para que haga «frotis del sepulcro» de tus reales antepasados. Durante los últimos veinte años he tenido un árbol genealógico pintado en una pared de mi casa. Junté fotografías de cada familiar y las colgué de las ramas, enmarcándolos en dorado. Un antepasado adecuadamente enmarcado es como una manzana de oro.

Recuerdo que al comienzo la mamá de Fred no tenía tiempo para andar buscando retratos de algunos de los parientes difuntos, así que seguí adelante con la obra de arte y creé un árbol pesadamente inclinado en el porche, lleno de Chapman y MacDougall. Al ver por primera vez este árbol con sus ramas desnudas del lado de Fred, la señora Littauer exclamó: «¡No me dijiste que aquello iba terminar siendo algo!»

A los pocos días había juntado todo un verdadero legado, que incluía a Ludwig y Louisa von Littauer, lo cual significa «de Lituania». Estos nuevos antepasados equilibraron el árbol que aún tengo. Mis hijos han crecido sabiendo de dónde vinieron y cómo lucía cada antepasado.

¿Cuál es la diferencia entre un árbol genealógico y uno de la personalidad? El primero tiene retratos e investigación biográfica, mientras que el segundo agrega los rasgos de temperamento con lo mejor que puedas saber y suponer.

Primero se me ocurrió esta idea cuando la colérica madre de Fred hizo el *Perfil de la personalidad* resultando flemática. ¿Cómo podía una mujer dinámica y dominante, que constantemente estaba buscando afirmación de lo mucho que había hecho por uno, verse como flemática? Yo me confundí. ¿Cómo una colérica competente, superhacedora, graduada de la universidad de Cornell a los diecinueve años, mujer de negocios cuya manera de caminar y hablar mostraba confianza y fuerza, podía resultar flemática?

Ella había ido varias veces a oírnos a Fred y a mí enseñando Personality Plus, y cada vez sus puntajes daban flemática. Una vez en que dividimos al público en cuatro secciones, ella escogió al grupo flemático. Fred se acercó diciendo:

—Madre, tú eres una colérica. No perteneces a este grupo.

Ella golpeó el respaldo del asiento frente a ella replicando con vehemencia

—¡Estoy aquí porque soy flemática, y aquí es donde me voy a quedar y tú no vas a moverme!

¿Suena eso a flemático, acaso?

Recuerdo haber dicho a Fred :

—Tu madre tiene menos idea de quién es, en realidad, que todos los que he conocido.

Una vez ella se fue de casa para ir a la graduación de un nieto, cuyos padres estaban divorciados. Los padres habían determinado que no habría controversia pero estaban preocupados de que mamá «revolviera las cosas». Ella asistió convencida de que era necesitada como pacificadora, «en caso que haya problemas».

¿Cómo podía una colérica que, por el solo hecho de entrar en una sala con gente relajada los haría saltar, pensar que era una pacificadora?

Este contraste de su conducta y su percepción de sí misma me llevaron a pensar cuando la conocí por primera vez. Recuerdo que yo estaba de pie en la biblioteca de los Littauer, con mi vestido tejido color púrpura, zapatos al tono, violetas de papel color púrpura detrás de una oreja, y una capa de cabrito gris que había comprado por diecinueve dólares en el subterráneo de Filene. Para los estándares de Haverhill estaba bien, pero di un paso atrás cuando la señora Littauer entró por la puerta principal, barriendo el piso con su largo abrigo de visón. ¿Sabes lo que le pasa a una capa de cabrito gris cuando está al lado de un visón largo? Se vuelve lo que es en realidad: cabra muerta. Me quedé ahí, tratando de lucir elegante y dándome cuenta de que tenía, como decía Mamá, «algo más que la horma de mi zapato».

Desde ese momento en adelante puede ver que esta elegante señora estaba dominando firmemente toda situación. El flemático padre de Fred había muerto hacía pocos años y ella llevaba la casa con autoridad y estilo. Sus hijos se pusieron de pie cuando ella entró a la sala, la ayudaron con la silla cuando se sentó y comieron solamente después que ella había levantado su tenedor. Ella mantuvo a todos motivados para portarse bien. Arreglaba los cojines en cuanto uno se paraba del sofá y nos mandaba a todos como si fuéramos todos niños de primero básico.

En una de mis visitas iba a pasar el día sola en el club de la playa Oriental, mientras que todos los demás se fueron a trabajar. Yo había estado ahí varias veces así que conocía bien el lugar. «Para asegurarse» -una de sus frases coléricas preferidas- la señora Littauer me dibujó un mapa explicando detalladamente qué edificio y de qué color estaba en la esquina donde tenía que virar, y me enseñó la diferencia entre norte y sur. La escuché con paciencia mientras me preguntaba cuán tonta pensaba ella que yo era. Cuando iba saliendo, me recordó:

—¡Acuérdate de virar a la izquierda en Post Road, no a la

derecha, o te pasarás del club! —para entonces agregar, como pronto aprendería yo que ella siempre lo hacía, —Anoté mi teléfono abajo, en el mapa, para cuando te pierdas.

Cuando uno de sus hijos iba a Nueva York, ella les decía cómo ir una y otra vez, aunque lo habían estado haciendo desde que tenían dieciséis. Un día Fred y yo llevábamos al abuelo a la ciudad y Mamá Littauer dijo muy claramente que debíamos «ir por Cross Country, no por Hutchinson River». Como Fred tiene una parte colérica, decidió tomar por el parque de Hutchinson River a pesar de lo que ella había dicho. Mientras seguíamos manejando por ahí, desafiantes, un patrullero nos detuvo por exceso de velocidad, y fuimos llevados a la policía donde el abuelo pagó la multa. Cuando volvimos esa noche, el abuelo le contó a la madre de Fred nuestros problemas en el parque de Hutchinson River. Ella miró de inmediato a Fred, diciendo:

—¿Qué andaban haciendo en Hutchinson River? Yo les dije que tomaran por Cross Country. Si hubieran ido por donde les dije que fueran, esto no habría pasado.

Aunque entonces yo no sabía de las diferentes personalidades, supe que si la madre de Fred decía: «Vira a la izquierda», yo tenía que virar a la izquierda. Los coléricos constantemente dan órdenes a «los tontos» y habitualmente tienen la razón.

Después que Fred y yo nos casamos, y la Mamá Littauer venía de visita, me sentí golpeada y herida de que ella se tomara el aseo de mi casa como venganza. Una vez se pasó un día entero con la cocina, fregando con Brasso cada fierrito de las parrillas del horno. Un mes de febrero, en que había limpiado todo lo imaginable, llegué a casa para encontrar que había entrado las piscinas inflables que estaban desinfladas y dobladas en el patio durante el invierno, poniéndolas en los mostradores de la cocina, donde estaba dándole duro al fregado.

Yo acostumbraba a aplastarme tanto con sus campañas de aseo que fregaba durante semanas antes de que llegara para que no hubiera nada que ella pudiera encontrar para hacer. Ella no parecía darse cuenta de esto y volvía a fregar las puertas de la ducha ya brillantes. Yo me iba insultada. Una vez que empecé a comprender las diferentes personalidades, luego de quince años de matrimonio, vi a Mamá Littauer bajo una nueva luz: una persona colérica cuyo valor propio estaba envuelto en el cumplimiento de tareas y que no podía relajarse. Al darme cuenta de que para ella trabajar era divertido y que hacer nada era un horrible desperdicio de fuerza de trabajo disponible, pude aceptar su constante aseo como su manera de ser, y verla como una invitada positiva en la casa y no como crítica de mi manera de mantener la casa. Dejé de temerle como rival y dejé que el suelo de la cocina necesitara una buena encerada.

La última vez que limpió la cocina la recompensé abriendo las puertas de arriba del horno que prenden la luz automáticamente, lo cual mostraba las resplandecientes parrillas del horno, y puse un macetero con un filodendro en la de más arriba para atraer la atención al horno más limpio de la ciudad.

¡Qué diferencia significa para nuestra actitud cuando entendemos la personalidad de la otra persona y sabemos por qué se comportan como lo hacen.

Ahora puedo ver cómo Mamá Littauer podía ir al Howard Johnson en un día lluvioso, atrayendo la atención de todo el restaurante. Nancy, mi tímida cuñada flemática/melancólica, recuerda cómo entraban juntas al restaurante. Mamá veía que había dos asientos vacíos en el mostrador, uno en una punta y el otro en la otra. Sin vacilar un momento, tomaba un cuchillo de un hombre que ya estaba comiendo y golpeaba fuerte el vaso de la mesa de este buen hombre. Cuando todos los ojos se volvían a ella, asombrados, Mamá Littauer anunciaba:

—¡Mi nuera está un poco débil y necesita que yo esté a su lado! ¿Se pararían todos ustedes corriéndose un puesto para que nosotras podamos sentarnos juntas en esta punta del mostrador?

Nancy observaba humillada cómo cada cliente se paraba cumplidamente, corría un puesto los platos, vajilla y vasos; juntaba impermeables y paraguas, reubicándose sin objetar.

Al dejarse caer Nancy en el asiento nuevamente desocupado, Mamá la tocaba en su espalda y decía:

—Lo hice por ti, queridita.

Al reflexionar en esta mujer colérica, me preguntaba, verdaderamente, ¿qué le dio la idea de que era una pacificadora?

Esta pregunta me condujo a un nuevo estudio de las cuatro personalidades, tomando en cuenta a nuestros antepasados. ¿Cómo somos en realidad? ¿Algunos actuamos un papel escrito temprano en la vida por otros autores?

¿Algunos hemos estado usando una máscara tanto tiempo que pensamos que así somos en realidad? ¿Qué pasa contigo?

¿Tienes una duda latente respecto de quién eres? ¿Tiene tu madre un concepto de sí misma confuso? ¿Está tu cónyuge pasando por una crisis de identidad? Empieza a contestarte estas preguntas remontando a tu familia y viendo en qué punto tu personalidad natural se volvió en dirección diferente.

El árbol de personalidad de los Littauer

Al reflexionar en los abuelos de Fred y reunir información de ellos, llegué a un perfil fascinante. Richard Oelker era un melancólico/colérico autodidacta. Sus padres eran inmigrantes de Alemania a Nueva York, y su padre, un sastre, murió cuando el joven Dick tenía catorce años. Como el mayor de la familia, se fue a trabajar para mantener a los demás. Con largas horas de trabajo y extrema diligencia, él cumplió el sueño norteamericano de ir desde los harapos a la riqueza, y nunca dejó de predicar la ética laboral. Se casó con Maria Louisa Schissel, y juntos edificaron una exitosa cadena de tiendas de paquetería y sombrerería en Nueva York. Maria Louisa era sanguínea/colérica –quería que todo se hiciera a su manera, pero quería divertirse haciéndolo. El abuelo quería que todo se hiciera a su manera, pero debía ser serio, intencionado y sin tomarlo a la ligera.

He aprendido que cuando dos coléricos se casan, hacen una de dos cosas: uno se pone una máscara flemática y actúa un papel de sumisión o eligen pelear. El abuelo y la abuela optaron por pelear. Ellos se arañaban por dominar constantemente, pero parecían florecer en la controversia, como es tan característico de los coléricos.

El abuelo sería hoy considerado adicto al trabajo, y la abuela una pionera de la liberación femenina. Ella «iba al negocio cada día, y se interesaba poco por las cosas domésticas». Un chiste familiar era que el logro culinario más complicado de la abuela era una gelatina en tres capas. El gusto de la abuela por el *glamour* la llevó a cambiarse el nombre para encajar con la imagen hollywoodense de su época. Entonces fue del alemán Maria Louisa a la versión francesa de Marie Louise. Después le puso el guión Mari-Luise.

La madre de Fred nació en esta exuberante familia, recibiendo el nombre de Pearl Louise, nombre de compromiso que no le gustaba a ninguno de sus padres en realidad. Poco después el abuelo ganó dinero con un caballo de nombre Marita y cambió el certificado de nacimiento para que reflejara su buena suerte. A la abuela le gustó más este nombre pero no podía dejar que nadie pensara que ella se había rendido al abuelo, así que siempre decía que había encontrado «Marita» en una novela romántica que había estado leyendo.

Más tarde, cuando Marita, la madre de Fred, dio a luz a su primer hijo, lo nombró Frederick Jerome Littauer Jr., por su marido. Los abuelos se enzarzaron en una pelea de coléricos insistiendo que el nombre fuera cambiado a Richard Oelker Littauer, por el abuelo. Amenazados con ser desheredados los nuevos padres se apresuraron a efectuar el cambio, y no fue sino hasta que nació el segundo hijo, mi marido, que el padre flemático fue autorizado a darle un nombre por él.

Desde que la madre de Fred tenía once años manejaba la casa. Su innato colérico natural le dio la habilidad de encargarse de eso y criar a su hermano menor, pero cuando estaba en la presencia de sus padres, ella desempeñaba un rol de sumisión. Era pelear o cambiar. Lo que ellos decían era la ley, y ellos fueron lo más cerca de la realeza que yo haya visto.

Cuando conocí por primera vez a la familia Littauer-Oelker me asombró el dominio que los abuelos ejercían sobre los demás. Todos nos sentábamos en la sala de estar y Mamá miraba para ver la espectacular aparición de la abuela bajando la escala circular. Mamá se paraba, gesticulaba señalando la escala, y entonaba «¡Aquí está la reina!» Todos nos poníamos de pie aplaudiendo, mientras ella entraba. Hasta sus vestidos diarios estaban adornados de perlas o piedras. La línea del escote rebajaba por un broche de diamantes y sus dedos estaban tan enjoyados que le costaba levantarlos para hacer sus grandes gestos.

Lo que hacía aceptable el teatro de la abuela era su humor sanguíneo y un guiño ocasional que nos dejaba entrever que hasta *ella* sabía que esto era una actuación, pero ¡era tan divertido! Mientras la abuela ocupaba el centro de la escena, el abuelo alienaba a los nietos y, con un breve mensaje sobre el valor del dinero, pasaba veinticinco centavos a cada niño que lo besara. Sin beso no había dinero. Cuando mi Lauren era chiquita se rehusaba besar al abuelo porque «su cara pincha». Él no sólo se rehusaba darle su moneda sino que caía en una insólita depresión por el resto del día.

Pensé de nuevo cómo debe haber sido la infancia de Mamá Littauer. La abuela diciendo: «lo harás a mi manera y te gustará». El abuelo diciendo: «lo harás a mi manera, sin reírte».

Ella tuvo que trabajar mucho y obedecer callada, tuvo que ser el colchón entre sus temperamentos coléricos, tuvo que ser seria y profunda para el abuelo, e imitar el humor sanguíneo para tener contenta a su mamá.

Recuerdo una visita al departamento de los Oelker, cuando ambos tenían noventa. La abuela sentada a la cabecera de la mesa, moviendo sus manos cuajadas de diamantes en dirección a su hija (la mamá de Fred) que respondía rápidamente con actitud de sirvienta. La abuela, ya un poco senil, seguía mandando al mítico chofer para que la llevara al baile. El abuelo, disgustado con su histrionismo, trataba de tranquilizarla, esfuerzo que sólo la ponía más ansiosa por irse al baile.

Mi marido, fingiendo un acento francés, empezaba a encantar a la abuela pretendiendo ser el chofer. Besaba la mano de la abuela mientras le decía cosas lindas en un seudofrancés. La abuela se reía como una escolar y se enamoraba rápidamente del «chofer francés».

La memoria de la abuela a esta altura de sus noventa años duraba unos dos minutos, por lo cual nos preguntaba constantemente quiénes éramos. Debido a su incapacidad de conocer a sus propios hijos, la abuela nos sorprendió a todos en la siguiente mañana, cuando Fred entró a desayunar y la abuela lo miró con una radiante sonrisa de reconocimiento, exclamando:

—¡Ha vuelto el chofer francés!

Mientras que la abuela fue siempre dramática y la reina de su autoerigido castillo hasta el mismo fin, el abuelo fue el duro pragmático que mandaba constantemente a la gente que lo rodeaba. Un día, cuando la madre de Fred tenía setenta y dos, le preguntó al abuelo si estaba bien si ella iba al banco. Él dijo:

—No, te quedas aquí.

Ella replicó:

—Ciertamente, querido Papá —y no fue.

Ahora analicemos esta situación familiar. Tenemos una hija colérica nacida de dos progenitores coléricos. ¿Cuáles son las opciones que tienen dos o más coléricos? Pelear o someterse. El abuelo y la abuela pelearon; su hija se rindió y jugó a la flemática. Ella llegó a ser todo para ambos: la sirvienta feliz de la abuela, el serio socio de negocios del abuelo y un colchón entre ambos, mientras ellos fluctuaban entre la novela y la realidad.

No es de asombrarse que ella se analizara resultando flemática. Ella era la pacificadora, la mediadora, la administradora. Ella tenía que tener paciencia, mantener escondidos sus verdaderos sentimientos y ser una persona multipropósito. Cuando hizo el *Perfil de la personalidad*, se percibió como había sido entrenada para ser de niña. Ella miró las palabras y reasumió el rol de hija que desempeñó en las vidas de sus padres, hasta que ellos murieron, de noventa y siete años cada uno.

¿Qué le pasa a un niña colérica que tiene que suprimir sus verdaderos sentimientos? ¿Qué clase de cónyuge elige? ¿Su rol de flemática la hizo casarse con un colérico?

Como lo hemos observado junto con Lana Bateman, hallamos que la gente suele buscar el opuesto de su verdadero temperamento, aun si este ha permanecido exitosamente enmascarado por años. Si el individuo es un «colérico de armario», probablemente se case con una amable flemática, y luego domine por vengarse. La ceremonia de bodas es como descorchar la botella. La verdadera personalidad sale para afuera, dominando al extremo de compensar todos esos años antinaturales de estar presionada.

La madre de Fred se casó con un callado flemático despreocupado, hijo de un rico comerciante en seda. Al cabo de poco tiempo, él entró al negocio Oelker, el «Bazar de las ofertas», donde sirvió debidamente, mandado por los tres coléricos. Fred se acuerda poco de su padre, salvo que rara vez decía palabra y no asistía a los eventos atléticos en que participaba Fred.

El temperamento natural de Fred es melancólico/colérico como su abuelo, y la parte sensible de él era herida con frecuencia, porque siendo el niño del medio, de cinco años, era demasiado joven para obtener los privilegios y demasiado mayor para obtener atención. Las películas de la infancia a menudo lo muestran llorando, y le decían «Lala», por sus muchas lágrimas.

Cada vez que su parte colérica trataba de ganar, él era ignorado –y así se deprimía– o era contrariado –y se enojaba. Dado que su familia estaba profundamente inmersa en un culto que adora la felicidad, tanto la depresión como la rabia fueron emociones totalmente inaceptables en su infancia.

Su madre y él no concordaban a menudo, y ella siempre ganaba. Sus padres siempre se la ganaron a ella; ¿no era ahora su turno, acaso?

Fred trataba de ser él mismo, pero eso no funcionaba. Así que cuando era adolescente se puso una máscara sanguínea. Se volvió el muchacho más ruidoso de todo grupo y probaba con chistes sucios a ver si resultaban, esfuerzo que le valió el apodo de Fred el Sucio. Practicaba zambullidas fantásticas para que cada vez que caminaba por el trampolín todos miraran para arriba y lo observaran zambullirse en la piscina.

¿Qué pasa cuando alguien trata de ser quien no es?. Cuando un serio melancólico trata de ser el alma de la fiesta, la gente mira y dice: «¿Quién se cree que es?» La respuesta es: «¡No tiene idea!». ¡Cuántos son los adolescentes confundidos con que converso hoy que no tienen idea de quiénes son, quiénes han tratado de ser lo que sus padres querían, aunque sus padres no estuvieran de acuerdo respecto de una meta mutua!

¡Cuánto ayuda entender estas personalidades básicas y saber quienes somos! Solamente entonces hay esperanza de poder ayudar a nuestros hijos en sus inseguridades.

Como Fred se sentía emocionalmente rechazado en su casa, aunque físicamente era bien atendido, estaba constantemente buscando atención. Probó con las lágrimas, la destreza atlética y la máscara sanguínea, pero nada le trajo el amor y la sensación de ser aprobado que tanto anhelaba. Cuando le pregunté por qué se sacó su máscara sanguínea, pensó un momento y luego replicó:

—Cuando me di cuenta que no iba a funcionar bien.

Nada salió bien en sus relaciones con su madre, salvo la obediencia debida. Dado que él la quería entrañablemente y quería complacerla, aprendió al final de su adolescencia a ponerse de acuerdo con ella y guardarse sus opiniones para sí mismo. Él guardó su deseo colérico de dominar y jugó al flemático con su madre, que respondió bien a su nuevo espíritu de sumisión.

Su padre murió cuando Fred estaba yendo a la Universidad de Miami, y Fred fue el hijo a disposición para regresar y encargarse de las responsabilidades masculinas de la casa.

Para mostrarle compasión a su madre y evitar el conflicto, siguió en el rol de mantener la paz durante la universidad y un breve período en el ejército. Cuando yo aparecí en escena, justo antes que le dieran la baja, lo vi como del tipo fuerte y callado.

Era extremadamente respetuoso con su madre, llamándola siempre «querida Mamá», y me impresionó la manera en que él anteponía las necesidades de ella a las suyas propias.

Recuerdo el fin de semana que fui a visitarlo en que habíamos planeado ir a la ciudad de Nueva York. Su mamá anunció en el desayuno

—Fred; hoy tendrás que arreglar dos sillas de esterilla.

Yo no tenía idea qué significaba arreglar dos sillas de caña, pero lo aprendía sentada todo el día mirando a Fred tirar cuerdas a través de los asientos de las sillas. El deseo de la madre de Fred parecía ser una orden para él.

Esperé que este espíritu de deber siguiera en el matrimonio. Si entonces hubiera sabido de los cuatro temperamentos básicos, hubiera supuesto que Fred era flemático (agradable pacificador) y melancólico (profundo, reflexivo e introspeccionador) y que yo era sanguínea (el alma de la fiesta) y colérica (hagamos partir este espectáculo).

¡Ciertamente un matrimonio hecho en el cielo!

Para el estudio, pensamiento y acción:

En la página siguiente está la mitad Littauer de nuestro árbol genealógico. Cuando registres la mitad de tu marido en tu árbol, primero escribe los nombres bajo cada hoja, luego inserta la combinación de personalidad en cada hoja. Si no sabes qué era cada antepasado, pregunta:

- ¿Era optimista o pesimista?
- ¿Era dominante o pasivo?
- ¿Era amante de la diversión o serio?
- Al considerar cualquier proyecto dado ¿quería hablar de eso? ¿Ponerse a trabajar en eso? ¿Pensar en eso? ¿Observar qué hacían los demás?

Al plantear preguntas como esas podrás al menos suponer lo que hubiera debido ser la personalidad de cada persona. Copia este árbol en el cuaderno que estás llevando.

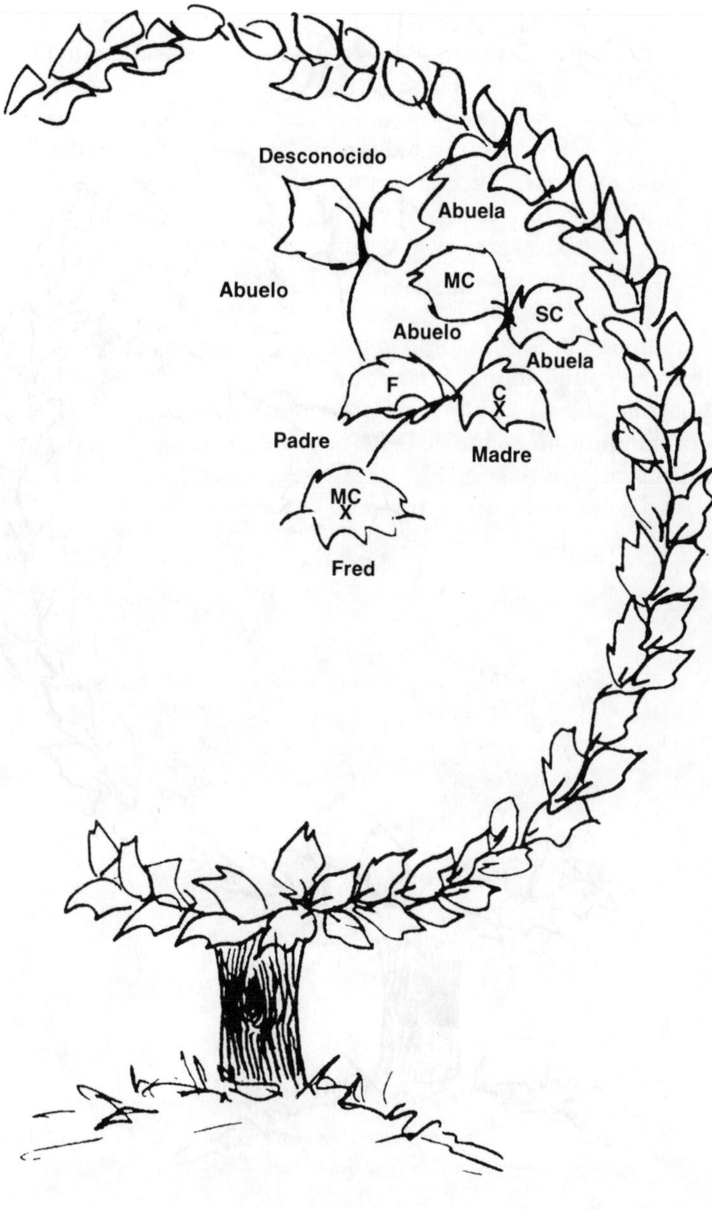
Desconocido
Abuela
MC
Abuelo
SC
Abuelo
Abuela
F
C
X
Padre
Madre
MC
X
Fred

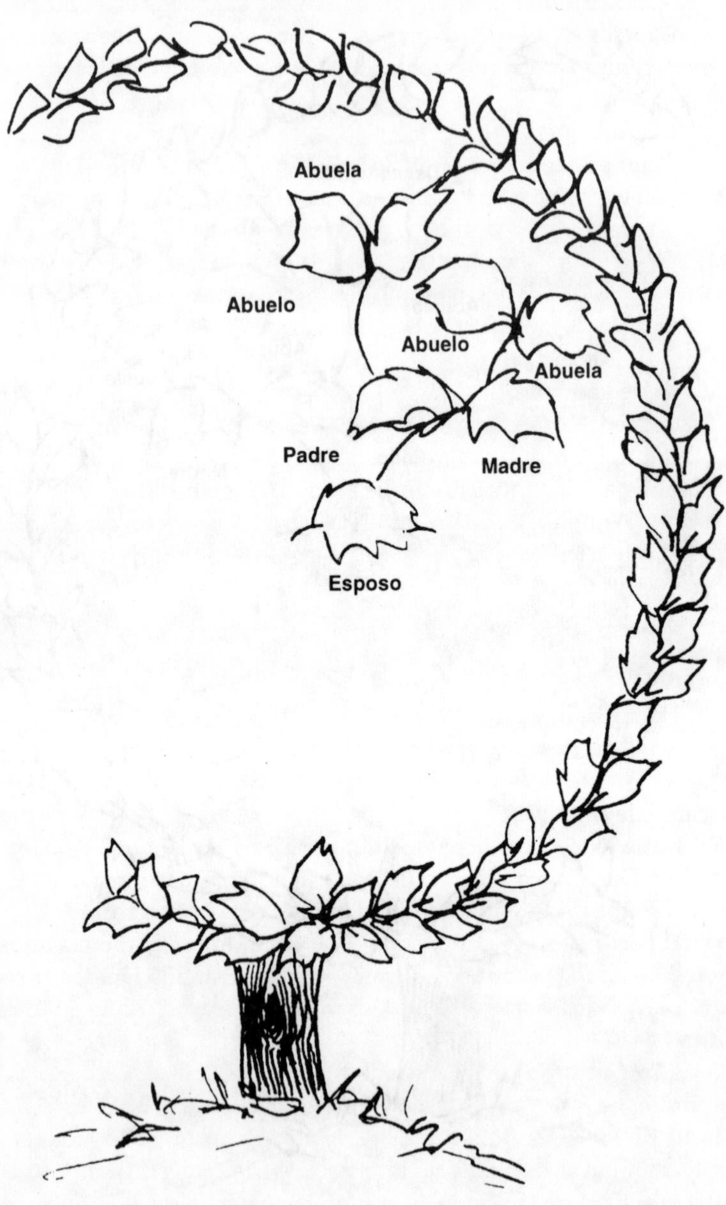
Abuela
Abuelo
Abuelo
Abuela
Padre
Madre
Esposo

Hoy oímos a menudo esta expresión: «Yo vengo desde aquí». Tomada literalmente, todos seremos capaces de comprendernos mejor si nos damos el tiempo para regresar y averiguar de dónde venimos, efectivamente. Mi padre, Walter Chapman, nació en Inglaterra, hijo de Thomas, el fabricante de arneses, y Mariah, que murió cuando Walter tenía catorce y su hermano Arthur era un pequeñuelo. Thomas trasladó a la familia que quedó a Exter, New Hampshire, y mi padre fue la madre de su hermano. Su temperamento sanguíneo/colérico le dio la habilidad de encargarse de eso y el humor para aprovechar lo mejor de la difícil situación. Su educación formal se terminó cuando tenía dieciséis, pero su amor por el idioma e historia ingleses y su agudo sentido de la política y la oratoria lo mantuvieron siempre siendo un estudioso de la mente.

Recuerdo que cuando yo era niña me sentaba cerca de la radio Zenith, en forma de arco, junto con mi padre, y ambos escuchábamos a Winston Churchill, Franklin Delano Roosevelt, Alf Landon, Wendell Wilkie y James Michael Curley (el alcalde de Boston que fue acusado de fraude y se presentó para la elección de gobernador estando en la cárcel. Ganó la elección y se perdonó a sí mismo). Aunque la honestidad de Curley era cuestionada con frecuencia, Papá decía: «Escúchalo siempre, pero nunca votes por él».

De mi lado materno recuerdo a mi abuela Florence Ann Conrad, una sombrerera flemática/melancólica que suspiraba mucho. Ella se casó con James Ellis MacDougall, un colérico fabricante de carruajes.

Katie Florence MacDougall, mi madre y tercera hija de ellos, nació en Dartmouth, Nueva Escocia, siendo prematura, con dientes y sin uñas, y fue mantenida con vida en la puerta del horno, lo cual hacía las veces de incubadora. Cuando tenía apenas unos meses de edad, la familia se trasladó a los Estados Unidos y siguió creciendo hasta que estuvieron Annie, Sadie, Katie, Willie, Ruthie, Jeanie y Donnie.

Aunque la abuela amasaba el pan, hacía conservas de pepinillos, cosía toda la ropa a mano y fabricaba bonetes para Pascua de Resurrección, Papá ejercía un rígido control de toda su prole, similar al del líder de la obra *Life with Father*. Cuando sonaba el silbato de las cinco de la tarde en el techo de la Fábrica de Carruajes Judson, de Merrimac, Massachusetts, los niños

MacDougall corrían, de toda la ciudad, para llegar a casa antes de que llegara Papá, de lo contrario conseguirían una paliza.

La música era el núcleo que centraba el interés de la familia. Annie escribía poesía que Sadie, la pianista y organista, musicalizaba. Katie tocaba violín y chelo; Willie la trompeta, Ruthie y Jeanie el violín, y Donnie cantaba «Asleep in the Deep» y «The Lost Chord». Ellos tenían su propio conjunto de música de cámara. Sadie y Katie realizaron estudios avanzados en Boston y, más tarde, abrieron un estudio juntas, donde enseñaban música. Sus recitales incluían una orquesta de alumnas, con mi madre, Katie, de directora.

Annie, Sadie y Katie se casaron todas con hombres unos veinte años mayores que ellas –imágenes del padre, hombres que tenían casi la misma edad que la diminuta madre de las niñas.

Katie se enfermaba a menudo y era tan frágil y consumida cuando se casó que se programó la luna de miel en las Montañas Blancas, donde ella pudiera respirar el aire claro y fresco. Walter, que había sido un adulto dominante desde sus catorce años, fue su nuevo padre y disfrutó protegiendo a su delicada esposa flemática/melancólica.

Cuando yo tenía cuatro años y mi hermano James era un bebé, la Depresión estaba instalada escaseando el dinero. Cuatro años después, cuando llegó Ron, oí a mamá que preguntaba

—¿Habrá suficiente dinero para alimentarlo?

Cada noche, cuando Papá contaba el dinero efectivo procedente de las ventas del día de nuestra pequeña tienda de variedades Riverside, mi madre suspiraba y se preocupaba.

Cada mañana, al desayuno, ella empezaba con «Otro día; otro dólar». Siempre hubo otro dólar cuando se necesitó, pero crecí con el miedo latente de que no hubiera dinero suficiente en la próxima semana.

Otra preocupación que tuve fue la salud de mi madre. Cuando ella tenía que ir al médico, yo la acompañaba en el autobús. Las últimas palabras de Papá eran: «Cuida a tu madre, ¿oíste?» Oía lo que él decía y lo que decía el médico cuando me daba las instrucciones. «Ella debe beber media pinta de crema espesa diariamente para que engorde algo. Preocúpate de que ella tome tres píldoras de estas diariamente para sus nervios. Asegúrate de que lo haga. ¿Oíste?»

Mamá hacía arcadas con la espesa crema, así que la batía

poniéndola encima de todo lo imaginable. Llevaba un registro mental de cuándo tomaba sus píldoras y de la frecuencia con que comía, pues me sentía responsable de su salud.

Dotada con mis hermanitos, los protegía y ayudaba con sus tareas escolares, y representé a mi madre en la Asociación de Padres y Profesores. Cuando cursé la secundaria estuve en la lista de honor y quería, desesperadamente, ir a la universidad, pero no había dinero, y Papá sentía que lo poco que hubiera debía usarse para mi hermano James. «Los muchachos necesitan la educación más que las niñas». Yo lo convencía de que tenía que irme, de que conseguiría una beca. Trabajaría para mantenerme y después me ocuparía de que James estudiara en la universidad. Mi parte colérica amaba las metas y los desafíos, y el rebote sanguíneo me impedía ver como abrumador este proyecto de pagar la universidad para mí y mi hermano. ¡Yo lo lograría! Me divertiría haciéndolo ¡Y así fue!

Tuve suficientes méritos para graduarme con tres títulos mayores completos y uno menor. No sólo eso sino que estuve siempre en la lista del decano y recibí honores por las tesis. Al mismo tiempo actué o dirigí muchas obras y comedias musicales, estuve en el equipo de debates y hablé para llegar ser la «Mejor Conferencista Femenina de las Universidades de Nueva Inglaterra», en 1948.

Mi británico padre, que me había mandado a lecciones de elocuencia de cincuenta centavos la hora desde que estaba en cuarto grado primario y que me había enseñado a recitar poesía para los espectáculos de los músicos, estaba emocionado de que me hubiera destacado en la única cosa en que él tuvo gran interés. Meses antes de graduarme, Papá murió de un ataque al corazón y se fue mi «barra» que me alentaba. Este hombre animoso y alentador, con su sentido inglés del humor, este almacenero cuyo carisma personal había hecho que los clientes siguieran comprando durante la Depresión, este padre que me golpeaba la espalda diciendo: «Puedes hacerlo», se había ido. Súbitamente no hubo para quién actuar: mi auditorio estaba vacío.

Había planeado enseñar lo más lejos posible de Haverhill, pero ahora mi madre me necesitaba con ella, en casa. Si mi padre era la luz para mí, él fue la vida para ella. Durante meses languideció, mientras que un amigo de la familia manejaba el almacén. El 1° de junio volví a esos tres cuartitos detrás de la tienda. A los veintiún años asumí el manto de la responsabilidad por mi madre y dos hermanos. Con treinta y tres dólares semanales ayudé a James a estudiar en la universidad y me volví la madre-hermana-amiga-tutor-mentor-profesora de Ron, el pequeño. Con el permiso de Mamá, tomé el control de la familia, y como mis hermanos son sanguíneos los dos, me divertí haciéndolo.

Mamá se recuperó lentamente, a pesar de las duras realidades de su vida. Siguió manejando la pequeña tienda mientras que Ron y yo nos íbamos juntos a la Escuela Secundaria de Haverhill cada día.

Cuando conocí a Fred me atrajo su apostura totalmente norteamericana y su profunda y sensible naturaleza. Él me vio como un rayo de sol que agregaba brillo a su estilo serio. Aunque no sabíamos nada de nuestras personalidades en esa época, fuimos atraídos por nuestras virtudes opuestas; buscábamos innatamente aquellas cualidades positivas que nos faltaban.

Fred nos describió a su madre como «dos engranajes irregulares que, cuando giran uno hacia el otro, se encajan perfectamente». Sonaba casi poético.

Si hubiéramos conocido los cuatro temperamentos básicos en ese momento, esto es lo que hubiéramos visto en el Árbol de la personalidad Chapman (ver página 153).

Para el estudio, pensamiento y acción:

Siguiendo las instrucciones dadas para el árbol de los Littauer, llena la mitad femenina de tu *Árbol de la personalidad*. Copia esto en tu cuaderno y agrega los retratos.

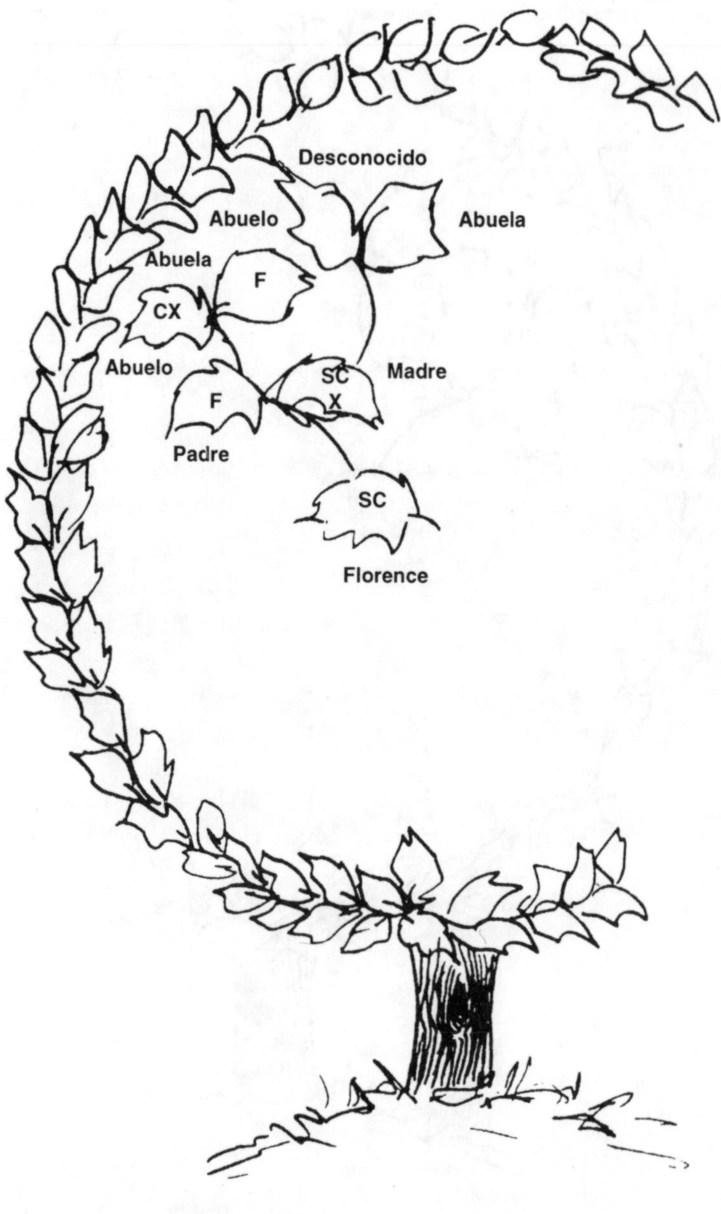
Desconocido
Abuelo
Abuela
Abuela
F
CX
Abuelo
SC
X
Madre
F
Padre
SC
Florence

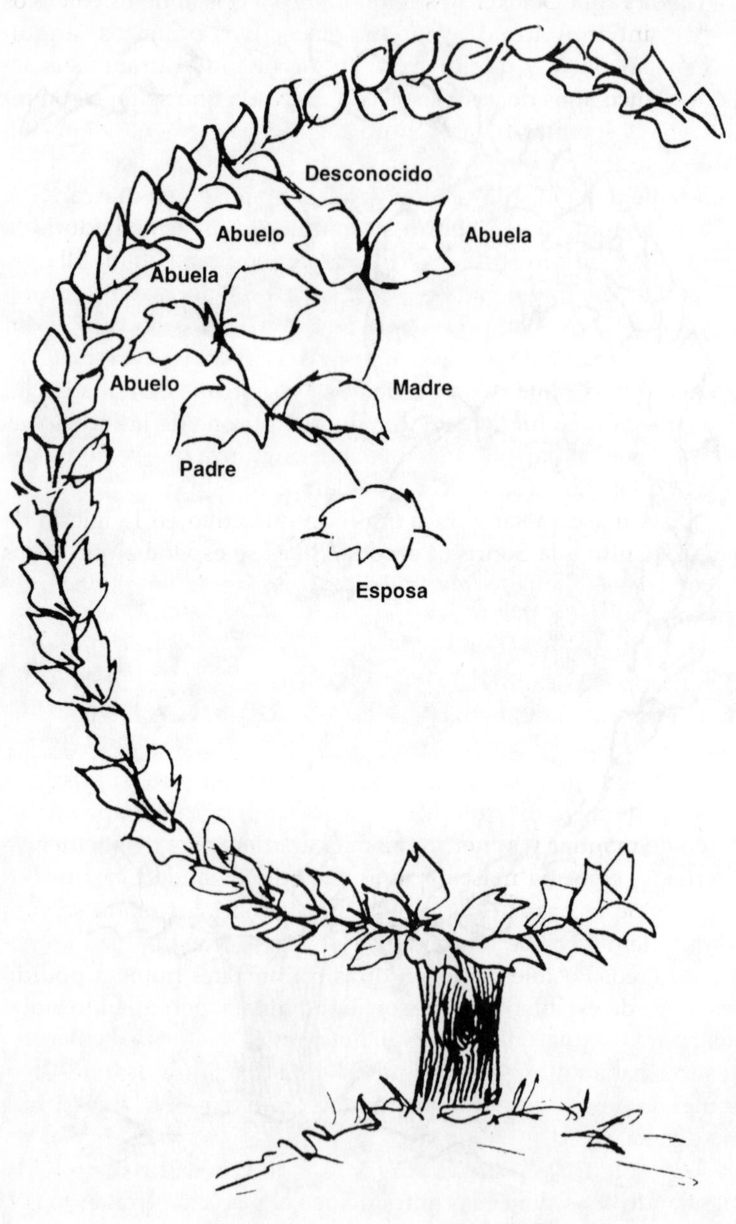
Desconocido
Abuelo
Abuela
Abuela
Abuelo
Madre
Padre
Esposa

En la rama Oelcker nos remontamos a dos abuelos coléricos que se sintieron atraídos por sus respectivos opuestos sanguíneo/melancólico, y que disfrutaron discutiendo durante sus setenta y cinco años de casados. Dado que cada uno se topó con resistencia al intentar rehacer al otro, inconscientemente depositaron su poder y dominio coléricos en su hija colérica. Con esa aplastante presión, ella se vio forzada a ponerse una máscara flemática llegando a ser, contra su naturaleza, una mediadora de perfil bajo y administradora de la casa a temprana edad. Ella pedía permiso para dar cada paso de la vida cuando estaba en presencia de ellos, y siempre asentía con un «Sí, querido Papá» y siguió procurando complacer a su perfeccionista padre hasta el momento de su muerte, a los noventa y siete años. Su madre insistía que la niña fuera la encantadora anfitriona de las ocasiones sociales, y así desarrolló una máscara sanguínea que se ponía para las visitas y para satisfacer a su mamá.

Esta máscara sanguínea era todo un activo en la iglesia de ellos, el Culto a la Sonrisa Perpetua, pues se esperaba que todos fueran universalmente felices. Todos sonreían de igual manera y hablaban alegres del clima. Nunca llovía en sus desfiles. Los domingo se ponían una cara feliz, prendían sus «mentes infinitas» y eliminaban el pecado y el error mortal de la tierra. El tema de su canto era: «Empaqueta tus problemas en una vieja valija y sonríe, sonríe, sonríe».

He aquí una señora de confusa identidad para sí misma y para los demás, una colérica natural que tuvo que suprimir su deseo de mandar y ponerse una máscara flemática de obediencia alternada, con una máscara sanguínea de jovialidad casi turbulenta. ¿Qué le pasa a una «colérica de armario» cuando se casa con un flemático? Se impone para vengarse, y así lo hizo la madre de Fred. Posiblemente, en otras condiciones hubiera podido ser capaz de establecer su personalidad innata, pero debido a que sus padres siguieron siendo sumamente influyentes –y como todos trabajaban juntos– ella siguió siendo una bolsa de gatos, con la mezcla de trucos y roles cambiantes rápidamente, aun en medio de una frase.

Su colérica reprimida surgió cuando crió a sus cinco hijos, mandando a las doncellas antes de irse al negocio y tratando con gente de un nivel inferior de sus brillantes habilidades. La melancolía de Fred lo hizo alejarse del poder de ella y, cuando se atrevía a plantear un pensamiento colérico propio, causaba conflicto. Su tendencia melancólica a la depresión le hizo usar una máscara sanguínea durante sus años de adolescente, por su búsqueda de popularidad. Posteriormente usó una máscara flemática para llevarse bien con su madre.

Repito, ¿qué le pasa a un «colérico de armario» que se casa? Él se impone por vengarse, y así lo hizo Fred. Yo estaba acostumbrada a la diversión y juegos sanguíneos, y mi colérica había estado funcionando a toda vela por pastorear a mi madre, mantener a mis hermanos, estimular a mis alumnos. No pensé en las realidades del matrimonio pues esperaba vivir feliz para siempre, así que me esperaba un impacto cuando Fred anunció que me pondría en un programa de entrenamiento. Se trataba de un enfoque de «o te portas bien o te vas», y me sometí instantáneamente por fuera, mientras que hervía por dentro.

Fred se sacó su máscara flemática en la boda (aunque la guardó en un cajón para las visitas de su madre) y su fuerte dominio colérico salió para unirse a su melancolía perfeccionista. Llegó a ser duplicado temperamental de su abuelo y me forzó a un enfoque de «Sí, querido Fred». Yo me puse una máscara flemática por primera vez en mi vida. Mi sentido sanguíneo del humor dejó de ser considerado divertido y toda señal de decisiones coléricas fueron vistas como pelear por mandar.

A medida que fueron naciendo nuestros hijos, Fred asumió la dirección completa. Nada quedó al azar. Antes de que naciera nuestro primogénito, Fred escribió páginas de nombres, estimando su valor por la manera en que se verían en un diploma de secundaria. Lauren Luise Littauer ganó. Cuando ella nació, Fred estaba algo decepcionado de entrenarme. Mi máscara flemática se salía a menudo, revelando un espíritu rebelde que Fred hallaba frustrante.

Lauren representó una página en blanco, una vida nueva sin manchar por el pasado, la oportunidad para que él creara una niña perfecta. Su dedicación al entrenamiento de ella hizo superfluos mis aportes y, a menudo, me sentía como un cero a la izquierda. Como ellos dos se volvieron crecientes dedicados uno al otro, a veces me sentía interpuesta en el camino, y cuando Fred y yo nos íbamos a nuestro dormitorio, Lauren se sentaba tristemente en la puerta esperando el regreso de Fred. En retrospectiva, yo era un poco «la otra mujer».

Tanto Lauren como yo jugábamos a la flemática para Fred. Cuando salía de la casa volvía a ser yo misma y alcanzaba la presidencia de cada organización en que participé. Cuando Lauren empezó a salir con sus iguales se puso dominante y trató de dirigir el jardín infantil. Cuando los coléricos son reprimidos en la casa, encontrarán algo o alguien que dominar sin siquiera saber qué están haciendo. Puede que usen una máscara flemática en la casa pero está la voluntad colérica acechando por debajo, a la espera de cualquier oportunidad para imponerse.

Cuando nació Marita, la Lauren de cuatro años que esperaba tener un proyecto, se la acaparó. Lauren era una niña madura y competente, que siempre asumía responsabilidades más allá de su edad. Lauren había aprendido que las «buenas obras» intencionales impresionaban a su padre y me liberaban para divertirme, así que se convirtió en una madre joven.

Marita era burbujeante y feliz desde el comienzo y se convirtió en mi juguete, mi bebé «Paquete». Ahora cada uno teníamos una niña que servía a nuestras necesidades, aunque ninguno de nosotros hubiera admitido esta división, si se nos la hubiera señalado en ese momento.

Los años que siguieron nos arrojaron a todos nosotros hacia una situación antinatural, al dar a luz, uno tras otro, a dos hijos que tuvieron, ambos, un daño cerebral fatal.

Lauren dedicó su personita a ser la madre-enfermera de ellos y se le rompió el corazón cuando murió el primero. El segundo fue a un hospital infantil para no regresar más. En aquellos días uno no hablaba de depresión, no había libros ni seminarios sobre cómo manejar el duelo, y nosotros éramos de la escuela «mientras menos digas, mejor», agregada al estereotipo preferido de mi madre: «La ropa sucia se lava en casa».

La melancolía de Fred no le permitía pensar que él pudiera ser responsable por dos hijos imperfectos. Su colérico decía: «Deja esto atrás y sigue viviendo», mientras que su religión enseñaba: «Niega todo pecado, enfermedad o muerte y sonríe, sonríe, sonríe».

Al ir ampliando Fred su negocio, y viniendo menos a casa, Lauren se vio privada de la atención de su padre y de la presencia de sus hermanos. Mi respuesta a la depresión era escaparme de ella en producciones de teatro en que podía crear cuentos de hadas en un escenario donde todos vivían felices para siempre.

Ni Fred ni yo dedicamos tiempo a autoanalizarnos, la consejería no se nombraba a menos que uno estuviera loco y ambos tratábamos de sacar lo mejor de dos pérdidas terriblemente dolorosas. Buscando cosas qué hacer para no estar llorando las veinticuatro horas, no nos dábamos cuenta de que el corazón de Lauren se estaba rompiendo. Tampoco hablábamos de los incurables problemas de los bebés ni explicábamos dónde había ido cada uno. «Ella es sólo una niña. Ella se recuperará de eso».

Ella nunca «se recuperó de eso» en realidad y ha escrito un impresionante capítulo: «El deudo olvidado» en su útil libro *Qué puedes decir cuando no sabes qué decir.*

Durante ese período de duelo todos estábamos deprimidos en formas diferentes. La sanguínea mía no podía ver esperanzas de diversión en casa, así que me fui en busca de entretenimientos. La melancolía de Fred no veía esperanzas en una familia que nunca sería perfecta, así que se quedaba en la oficina donde podía dirigir todos los detalles. La colérica de Lauren habían aprendido que, sin que importara cuánto se esforzara su joven ser, no controlaba sus circunstancias. Ella no tenía donde ir y se puso, por deber, una máscara flemática. Marita era demasiado niña para estar metida en las trágicas circunstancias, así que siguió feliz, por encima de todo y se convirtió en nuestra dosis del tan necesario rayo de sol.

Lauren creció seria, obediente, sin rebeliones. Ella siempre fue más madura que su edad, siguió cerca de sus padres en los negocios y fue la roca familiar confiable. ¿Qué le pasa a una «colérica de armario» cuando se casa? Elige a un flemático y se impone rápidamente.

Debido a que Lauren y Randy, su delicioso marido fácil de llevar, habían estudiado las diferentes personalidades antes de casarse y sabían qué podían esperar uno del otro en materia de virtudes y defectos, han sido capaces de aceptarse en forma real tal como son, sin tratar de transformarse uno al otro.

Ahora tienen dos hijos, Randy Jr., un melancólico/colérico y Jonathan, una personalidad sanguínea/colérica, copia de su tía Marita y, quizá, ¡un poco como yo! Con el recién agregado de Bryan Frederick, qué reto tienen Lauren y Randy para criar a estos tres, tal como fueron creados para ser, sin tratar de moldearlos en los niños «perfectos» que ellos podrían querer. Es hora de romper el ciclo de los coléricos obligados a usar máscaras flemáticas y educar a estos niños en la manera en que cada uno debe ser.

Detectando mis raíces

Mientras escribía este libro, Fred y yo volvimos a la zona de mi casa en Massachusetts. Nuestra primera parada del viaje de las raíces fue la casa MacDougall en Merrimac, donde llegó mi madre cuando tenía menos de un año de edad. Aunque se le han agregado piezas nuevas por la parte de atrás, la estructura de la casa estaba tal como era cuando me casé ahí, en 1953. Mientras Fred tomaba fotografías, parado al pie del quebrado camino de cemento del frente, yo daba vueltas alrededor de la gran planta donde había cortado uvas *blue concords* cuando era niña. Los dueños actuales, los Lavelle, que compraron la casa a Mamá en 1959, estaban en casa y amablemente nos invitaron a pasar.

Arriba me quedé en el dormitorio del frente, donde la abuela Mac había dado a luz a sus últimos cuatro bebés. Me los imaginé a cada una en la cuna hecha a mano que el abuelo Mac había hecho, y que hoy está en mi salón. Al bajar por la angosta escalera hacia el vestíbulo del frente, vi el fulgor de la ventana cuadrada cubierta del vidrio colorido donde, de niña, me había sentado en las gradas junto con mis hermanitos tratando de capturar los rayos de color con nuestras manos.

La garganta se me cerró mientras el sol que se ponía bailaba arcoiris de recuerdos en mi vida.

Nos fuimos al salón donde se había casado mi madre, cerca de la ventana panorámica, y donde más tarde yo había tocado en el piano la marcha nupcial, acompañada con el violín tocado por mi madre, cuando la tía Sadie Beatrice MacDougall, ya en los cincuenta, se había casado con Charlie Porter, el tapicero.

La señora Lavelle me recordó que la abuela Mac había sido «entregada» frente a esa misma ventana, donde las hermanas habían formulado sus votos antes la suaves sílabas del reverendo Loud.

Al mirar en torno a esa sala, donde de niños sólo podíamos entrar si nos portábamos bien, me pareció extrañamente vacía sin el enorme retrato de la reina Victoria que nos había mirado severamente.

El comedor era el mismo, salvo que faltaba el piano de la tía Sadie, donde nos había enseñado sus escalas de notas a mí y a muchos otros pequeñuelos. No me cuesta recordar aquellas Navidades alrededor de la que podía haber sido la misma mesa, especialmente después que la tía Sadie se casó con Charlie y él traía a su hermana Carrie Bacon para las vacaciones. Ella era podóloga y peinadora a la vez, y aún puedo oír que mi padre decía:

—...Ella trata de hacer que duren las dos puntas....

Al mirar la mesa me acordé cuánto se enfadaba Mamá cuando Papá animaba a Carrie a que hiciera su infame imitación de una gaviota durante la comida navideña, haciendo que mi hermanito Ron se riera tan fuerte que escupía su leche por toda la mesa.

¡Ohhh, qué recuerdos nos inundan cuando estamos en las huellas de tiempos pasados!

Una visita al cementerio de Locust Grove fue una procesión personal al pasado. La abuela y el abuelo MacDougall, los fundadores de nuestro clan, con sus nombres cincelados en la misma lápida que tía Sadie. Tras ellos yacían la tía Annie, con su marido Benjamin Franklin Sargent y su hijo James, que había muerto en la batalla del Bulge, cuando yo estaba en la secundaria. Al otro lado estaba el tío Willie y su hijo bebé William Jr., y una marca por el bebé nieto del tío Donald. Le dije a Fred que podía acordarme de cada persona y él supo de los de mi familia que nunca conoció.

Una nota de tristeza agregada nos impactó a ambos al arro dillarnos al lado de la lápida de mi padre, «Walter Chapman, 1878-1948» y las frescas marcas de «Katie F. Chapman, 1898-1984».

Ese mismo día regresamos al «Almacén de departamentos Mitchell», donde tuve mi primer trabajo, vendiendo chocolates, a la fábrica de la defensa donde trabajé un verano haciendo un noble esfuerzo por ayudar a ganar la guerra, a la escuela secundaria Haverhill donde asistí y enseñé hace tantos años, y a la Tienda de Variedades Riverside, ahora convertida en departamentos. Al alejarnos de Haverhill, Fred dijo:

—Este ha sido uno de los días más bellos que hayamos pasado juntos...

Árbol de la personalidad de la Familia Littauer

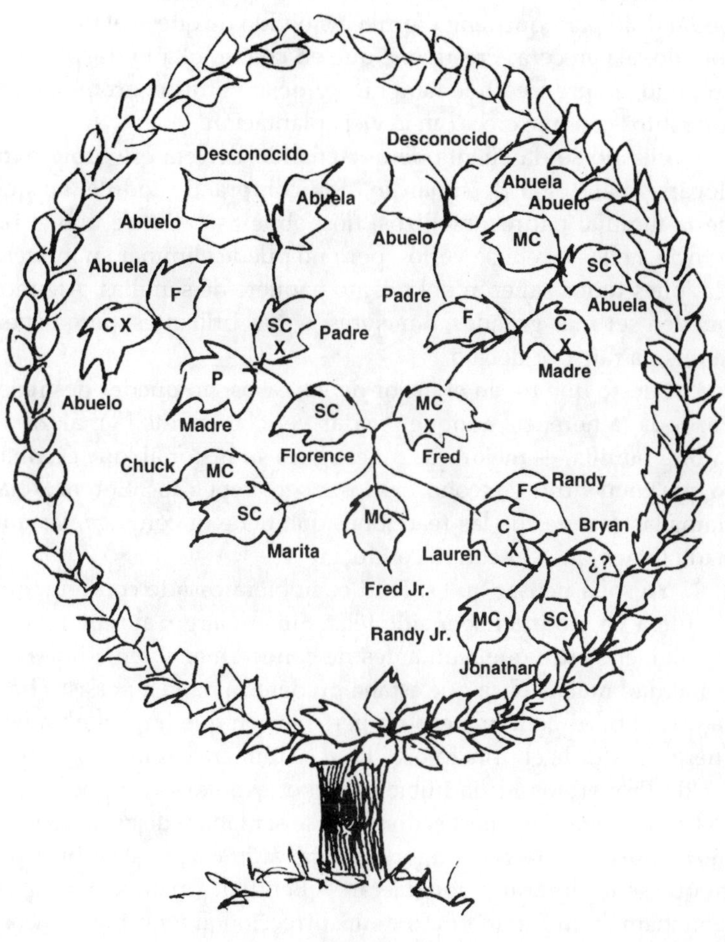

TU ÁRBOL DE PERSONALIDAD

Muy a menudo las jóvenes parejas que se casan suponen que, como se aman y son cristianos, todo andará bien con sus almas. Ellos citan: «El amor cubrirá multitud de pecados» (1ª Pedro 4:8), y «El perfecto amor echa fuera el temor» (1ª Juan 4:18)

La doncella se casa con un robusto brote, esperando que crezca como potente encina. Lo fertilizará en cuanto a la fuerza, podándolo para que tenga forma. Se olvida de que si el brote está torcido, así crecerá. Presupone que en cuanto ella lo trasplante a su patio, el aire fresco le hará bien y dejará atrás el aroma de los arbustitos con que creció en la vieja plantación.

Ella no se da cuenta de que cuando detecta ese brote para llevárselo al hogar de su jardín, está comprando todo el bosque de la familia: padres, mellizos, tíos, abuelos... Puede que él renuncie a ellos o rehuse verlos, pero no puede eliminar su influencia, pues todos salieron del mismo paquete de semillas. Algunos pueden ser más grandes, o mejores, o más brillantes, pero tienen la misma raíz por debajo.

Puesto que tú, en el mejor de los casos, no puedes desmalezar toda la herencia aunque puedas ver claramente la maleza de la otra familia, es mejor que investigues su historial, que escribas lo que encuentres y reconozcas los rasgos repetidos. Entonces hallarás las razones de las reacciones que tiene tu cónyuge, las que nada tienen que ver con tu conducta.

Yo solía pensar que si Fred se hubiera casado con otra, que no fuera yo, podría haber sido feliz. Sin embargo, al remontar su familia, encontré que, aun antes de conocerme, él tenía una personalidad melancólica que estaba predeterminada a persistir hasta que él produjera una esposa perfecta, sin que importara quién fuera ella desde el principio. Si Fred se hubiera casado con la mujer de Proverbios 31, la hubiera hecho levantarse un poco antes del alba, fregar las puertas donde él se sentaba y dejar de usar telas de púrpura. Yo acostumbraba a dar ánimo a nuestras hijas para que se levantaran y me dijeran: «¡Bendita!», pero sólo así presentábamos un frente unido de insurrección al amotinarnos contra nuestro amo.

Ahora que he dedicado tiempo a mirar a los predecesores de Fred y lo veo como un duplicado de su abuelo, puedo aceptar que llegó a mí envasado previamente, como pura progenie de su pasado, y que yo no soy su problema. ¡Qué alivio!

A medida que he apreciado a los «coléricos de armario», aquellos forzados a desempeñar un papel flemático en su pasado, he visto que se imponen a sus cónyuges con la pasión de producir una perfección. Puedo ver por qué él me puso en un programa de entrenamiento. Puedo dejarlo que ordene por orden alfabético los condimentos, sin pensar que es un defecto mío el haber puesto la albahaca al lado de la sal.

A medida que Fred ha examinado mi trasfondo de encargarme de todos, desde que era niña, ahora puede aceptar una orden mía sin pensar que estoy luchando por sacarle el control de su vida. Ahora que él entiende la manera en que mi madre plantó en mi mente, sin intenciones, las semillas de la pobreza, puede ver por qué parezco preocupada por el dinero fácil.

Hay dos razones principales para tomarse el tiempo para trazar los árboles de tu personalidad: verás de dónde han venido todos los tuyos y por qué eres de la manera que eres; entonces tomarás conciencia de lo que estás traspasando a tus hijos cuando no entiendes sus necesidades individuales o perfiles de personalidad.

En el proceso de investigar los antepasados, puedes familiarizarte con algunos rostros fascinantes del pasado que se meten en la realidad del presente.

Al mirar nuestro árbol terminado, ¿ves cómo la abuela y abuelo Oelker tenían el mismo patrón de personalidad que Fred y yo? ¿Ves cómo la madre de Fred, Fred y Lauren tenían los mismos rasgos y, como coléricos, se vieron obligados a roles sumisos antinaturales? ¿Ves cómo los tres, antes de casarse, y yo después de casarme, tuvimos que usar máscaras flemáticas para sobrevivir? ¿Ves lo fácil que es caer en criar a nuestros hijos como queremos que sean, de acuerdo a nuestras personalidades, en lugar de ayudarlos a desarrollar las propias habilidades únicas que Dios les da?

La madre de Fred no tuvo la oportunidad de ser ella. Era una colérica natural con un matiz de melancolía profunda, forzada a llevar una máscara flemática para su padre y una sanguínea para su madre. Yo había sentido personalmente que había poca esperanza de llegar a entenderla alguna vez, pero eso fue antes que pasaran dos cosas. Fred y yo entregamos nuestras vidas al

Señor Jesús y nos zambullimos a estudiar nuestras personalidades, tratando de restaurar nuestros años perdidos que se habían comido las langostas.

Dejamos de asistir al «Culto de la Sonrisa Perpetua», donde toda la iglesia era una gran mascarada. Habíamos quedado muy desilusionados cuando nuestros hijos no fueron curados por sus prácticas religiosas, mientras que me decían que todo era por mi culpa. «Estos bebés están perfectamente sanos, pero el error está en tu mente. Cuando puedas verlos íntegros, ellos serán íntegros», afirmaban.

Había sido difícil pretender que mis bebés con convulsiones eran normales y forzar la sonrisa en los domingos, así que fui liberada al ir a una iglesia donde no tenía que jugar charadas, y donde se predicaba claramente la Palabra de Dios.

Un domingo por la noche, cuando la madre de Fred estaba de visita, el pastor hizo una llamada a pasar al altar. Nuestra familia se quedó atónita cuando Mamá Littauer pasó por delante de nosotros, caminó por el pasillo y entregó su vida al Señor Jesús. A medida que el Señor empezó a trabajar en su corazón, ella fue necesitando menos y menos las máscaras, permitiéndose revelar las realidades que había ocultado hasta de sí misma.

Yo hallé que teníamos algo sincero de qué hablar ,y a medida que ambos íbamos cambiando para mejor, fuimos llevados juntos a una mutua «cirugía a corazón abierto».

¡Qué bendita oportunidad tienes ahora mismo para examinar los trasfondos de tu familia, a fin de obtener un conocimiento, y luego en oración buscar la sabiduría de Dios! Abre tus ojos y mira la visión que Él tiene para tus hijos, a fin de que no seas culpable de cambiar sus planes.

¿Qué pasa cuando tratamos de cambiar a otras personas? Aunque tengamos éxito y sometamos tanto a un colérico que parezca flemático, o forcemos a un melancólico a sonreír mucho para parecer sanguíneo, o agotemos a un flemático tratando de que suba montañas corriendo, o que un sanguíneo siga mapas tan de cerca que deje de divertirse, ¿qué pasa si triunfamos en esto? ¿Qué tendremos entre manos? Una persona que no tiene idea de quién es, en realidad.

Es como cruzar un perro caniche con un schnauzer. El cachorro es simpático, pero ¿qué es?

Para el estudio, pensamiento y acción:

Dios nos creó a cada uno como individuos, con diferente personalidad, virtudes y defectos. Si Él hubiera querido que fuéramos iguales, podría habernos creado de esa manera. Dado que Él no quería, nuestra tarea es: (1) averiguar cómo es nuestra personalidad natural y quiénes somos, en realidad, para poder funcionar a nuestra máxima capacidad; y (2) cerciorarnos de que no estamos cambiando a nuestros hijos en mestizos confundidos.

Antes de seguir leyendo, detente y piensa en el trasfondo de tu familia. Une tus dos mitades y llena tu Árbol de la personalidad. ¡Cuánto deseo haber hecho esto años antes que mi padre y el de Fred hubieran fallecido, obteniendo de ellos lo que sabían de sus padres. Te asombrarás lo mucho que aprenderás de las personalidades de tu familia al preguntar a tus abuelos y tías y tíos viejos, ¡y cuánto te querrán por preocuparte bastante como para preguntarles!

Mientras completas las diferentes combinaciones de temperamentos, puede que se te abran los ojos respecto del por qué tu cónyuge es de una manera contigo y una personalidad diferente con su madre, o de una manera en la casa y de otra en el trabajo. Puede ser que veas las repeticiones en las sucesivas generaciones y te vuelvas consciente de las máscaras que algunos han usado, basadas en las personalidades de los padres o circunstancias externas. Trata de encontrar el patrón de temperamento original que Dios te dio, pues sólo podemos funcionar a plena capacidad cuando sabemos quienes somos en realidad.

Anota tu árbol completo en tu cuaderno de personalidad.

En el proceso de excavar información para tu Árbol, puede convenirte que viajes a tu pueblo natal, como hicimos Fred y yo cuando estaba escribiendo este libro. Toma fotografías de los hitos significantes e inclúyelos en tu cuaderno para que lo disfrute tu familia. Quizá hasta desees organizar una reunión familiar. Sé creativo. Mi cuñada Katie diseñó camisetas para su Reunión de la Familia Tharp. En el frente de cada camiseta puso el nombre de la persona, y en la espalda puso una copia en seda del árbol genealógico completo. La primera noche de la reunión le dio a cada familiar su propia camiseta personalizada, con el árbol genealógico.

Cada uno de nosotros tiene un trasfondo fascinante, un elenco de personajes que desafiarían a la ficción. Cuán a menudo dejamos que todo se vaya sin compartirlo con nuestros cónyuges y descendencia. Cuánto aprenderíamos de la personalidad de unos y otros si nos diéramos el tiempo para averiguar de dónde venimos en realidad.

Oí a Alex Haley en un programa de televisión en que el anfitrión preguntaba:

—¿De dónde sacaste el material para Raíces, así como tu habilidad para narrarlo?

Alex contestó:

—De sentarme en el café con mi papá y escuchar a todos los hombres que contaban cómo era la vida antes.

El narró esta rica tradición en que los hombres traspasaban las historias familiares a los niños en el almacén de ramos generales, mientras que las mujeres hacían lo mismo con sus niñas, sentadas en mecedoras en el porche del frente.

¡Qué vergüenza que hoy miremos tanto las versiones televisivas de la vida de otras personas, en lugar de pasar nuestro propio legado mientras nos mecemos en el porche del frente.

Empieza hoy a fabricar el Árbol de la Personalidad con tu trasfondo. Cada vez que encuentres un antepasado que conoces, pregúntale a algún pariente de él, siéntate en el café y prepárate para oír un relato que puede ser un desafío para los autores de las telenovelas.

«Nunca te asuste cuando Dios trae el pasado de vuelta.
Deja que la memoria haga lo suyo.
Es un ministro de Dios... que convertirá el "podría haber sido"
en una cultura maravillosa para el futuro.»[2]

Tu árbol de la personalidad

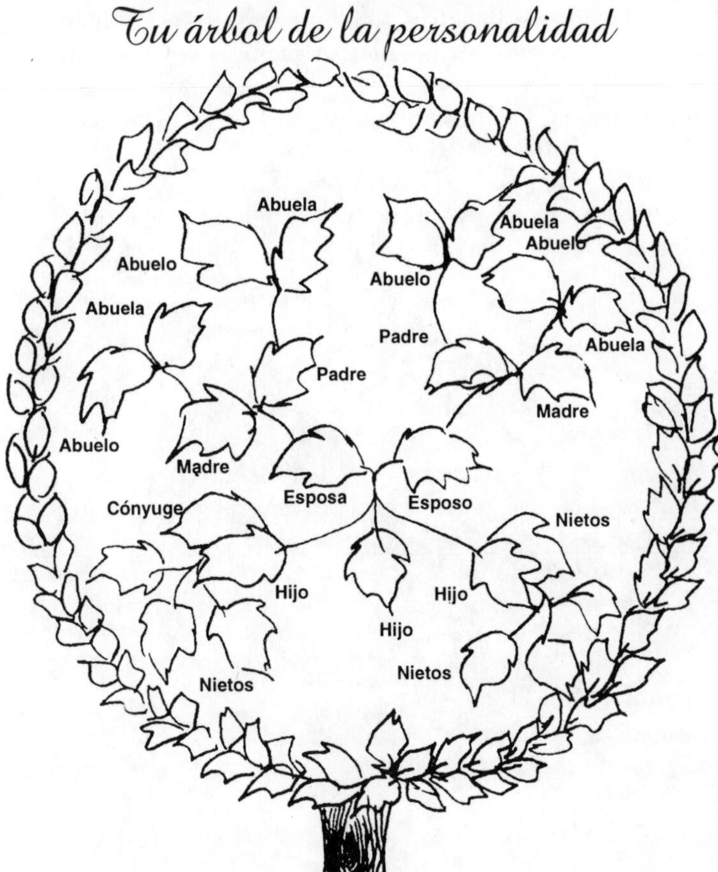

INSTRUCCIONES GENERALES

1. Con la ayuda del cónyuge completa con lápiz el Árbol Genealógico de Tu Personalidad.
2. Empezando con ustedes mismos, marca en cada hoja, los rasgos primarios y secundarios de personalidad de cada persona (por ejemplo, SC = Sanguíneo/Colérico)
3. Pon una X en la hoja del cónyuge de un matrimonio que está en el árbol a quien percibas siendo la personalidad dominante.
4. Llena ahora los rasgos de personalidad de todas las otras personas tal como se ha indicado.
5. Considera cuales pueden estar usando, o han usado, una máscara.

Capítulo 8

¿Cuáles son las personalidades de tus hijos?

«La educación es lo que forma la mente común; así como el brote se tuerce se inclina el árbol.»[1]

A MEDIDA QUE he enseñado *Personality Plus* en el transcurso del tiempo, algunos de los resultados más gratificantes llegan cuando los padres se dan cuenta súbitamente del por qué no han podido entender a cierto hijo. Una pareja vino a decirme:

—Usted acaba de salvar la vida de nuestro hijo. —El padre, un colérico, explicó entonces su problema con lo que era obviamente un niño flemático. —Sencillamente no logro hacer que se mueva. No importa cómo lo recompense o amenace, ¡él no salta! Esta mañana, camino al seminario, le dije a mi esposa: «Ese niño se va a portar bien, o lo voy a matar». Yo siempre he tenido ánimo y ambición, pero este muchachito nunca va llegar.

La madre melancólica agregó:

—Realmente es un muchachito dulce; nunca nos da un momento de problemas y todos lo quieren, salvo nosotros. Ahora que entiendo qué es un flemático y que hemos estado tratando de hacerlo colérico como su padre, y que eso no funcionará, ¡me siento tan culpable…!

El padre agregó:

—Pensé realmente que tenía algo malo, pero ahora veo que sencillamente es diferente de mí, y que eso está bien. Usted le ha salvado la vida al niño.

¡Cuántos padres hay como este hombre, que supuso que su hijo sería como él y cuando este no se comportó así, le hicieron saber lo desilusionado que estaban! Sin entender los temperamentos, suponemos que todos deben funcionar como nosotros, y cuando no lo hacen los abandonamos emocionalmente, dirigiendo nuestra atención al que satisface la imagen que tenemos de lo que debe ser un niño.

Otra pareja vino a discutir conmigo acerca de sus hijos mellizos de doce años. Uno era melancólico y el otro sanguíneo. Habían compartido el mismo dormitorio desde que nacieron y habían estado en el mismo curso cada año. El melancólico era serio, buen estudiante, se portaba bien y mantenía en orden su mitad del cuarto. Sus padres lo felicitaban frente al hermano. Entonces amonestaban al sanguíneo diciendo: «¿Por qué no eres como tu hermano?» El niño recibía los mismos comentarios de parte de los profesores, pues rara vez hacía su tarea escolar a tiempo, y hablaba cuando se suponía que debía estar callado. Sus padres consideraban negativa su popularidad, porque se ataba al teléfono y los profesores no encontraban divertido su humor espontáneo, sino como una distracción para el curso. Como nadie entendía el temperamento del niño, era constantemente «el malo». Un día volvió a casa de la escuela y se puso como loco. Sacó las sábanas de la cama de su hermano, vació todos los cajones en el suelo y sacó las cortinas, los aparatos y todo de las paredes. Cuando su madre le gritó que dejara de romper la pieza, se tiró sobre ella arrojándola al suelo. Corrió salvajemente por la casa mientras ella llamaba a la policía, la cual vino y lo ató, con sus manos tras la espalda y lo llevó al hospital siquiátrico.

Cuando la madre me contaba esta triste historia, el niño seguía en el hospital donde estaba siendo tranquilizado y aconsejado por un terapeuta melancólico, que estaba tratando de hacerlo perfecto como su hermano. La madre lloró al darse cuenta de lo que le habían hecho a este niño sanguíneo, quien sólo quería divertirse. En cambio, fue cargado de culpas porque nunca iba a ser lo bastante bueno para que sus padres lo aprobaran.

Desafortunadamente, este niño no es un caso aislado. De acuerdo a los datos recopilados por el grupo del Congreso Norteamericano que se ocupa de los temas relacionados a niños, juventud y familias, las internaciones de niños menores de dieciocho años de edad en servicios siquiátricos se duplicaron en exceso entre 1970 y 1980. Las internaciones de adolescentes en hospitales siquiátricos privados aumentaron en más del 350%[2] entre 1980 y 1984.

El uso de drogas a temprana edad y la promiscuidad sexual precoz responden por muchos problemas de los adolescentes, siendo situaciones que no se conocían hace veinte años. La mayoría de los jóvenes pacientes están en tratamiento por depresión general. Ralph Alsopp, un sicólogo de Atlanta, informa que los adolescentes que él ve «se sienten indefensos, y que no controlan sus vidas. Sus estructuras de apoyo se están desmoronando».[3]

Cuando he conversado con adolescentes deprimidos, algunos de los cuales han intentado suicidarse, todos indican un vago sentimiento de no saber qué hay realmente mal en ellos; parecen no tener idea de quienes son.

Aunque no soy tan ingenua para pensar que conocer los temperamentos es algo que solucionaría los problemas de la perturbada juventud de hoy, sé por mi propia experiencia familiar y por los cientos de otras familias que he aconsejado en el transcurso de los años, que cuando ellos se toman el tiempo para sentarse juntos, como familia, y verificar el perfil juntos, habrá resultados positivos. Posiblemente, si nos sentáramos a jugar un juego nacional de Monopoly la vida familiar también mejoraría, pero sé que si pudiéramos discutir, sin juzgar, las virtudes y defectos de cada miembro de la familia y dejarles ver su cualidad de únicos, no tendríamos a tantos jóvenes vagando por ahí preguntándose quiénes son y tratando de hallarse a sí mismos.

¿Por qué nosotros, las familias cristianas, no nos dedicamos a desarrollar a cada niño de acuerdo a sus talentos y temperamentos? ¿No nos dice Proverbios 22:6, acaso, «Instruye al niño en *su* camino...» y no en la forma en que *nosotros* soñamos? ¿Qué guía tenemos a disposición para medir sus habilidades? ¿Tenemos que llevarlos al siquiatra?

La doctora Judith Wallerstein, hablando en el programa de televisión «Buenos Días, América» acerca de las inseguridades del adolescente, dijo:

> «Ellos están en tantos cambios físicos y emocionales que necesitan desesperadamente reglas coherentes y estabilidad familiar.»[4]

Cuando Fred y yo preguntamos a nuestros hijos qué era significativo para ellos de nuestra crianza, ellos mencionan las reuniones familiares en que establecimos las reglas de operación para la familia. Admitirán que estaban un poco aprensivos por cuales serían los nuevos estándares que se establecerían en cada ocasión, pero había una sensación de seguridad al saber que había algunos estándares aceptados. Entender sus habilidades y temperamentos personales era el otro punto importante que recuerdan.

Siempre supuse que, como la educación era una prioridad tan alta para Fred y para mí, todos mis hijos irían a la universidad. Como en mi caso debí trabajar literalmente día y noche para estudiar en la universidad, cuando no había dinero disponible, entonces supe que mis hijos se entusiasmarían por poder ir, sin tener esa lucha cotidiana. Lauren siguió lo que yo sentí era un programa normal. Obtuvo excelentes notas en la secundaria y se licenció en empresas y sicología en la universidad estatal de California, San Bernardino. Ella se casó con un brillante numismático y está criando tres niños, los tres pequeños Briggs. Su naturaleza colérica con un melancólico secundario la ha hecho capaz y sensible a los demás. Ella le ayuda a su marido con su galería de estampillas y monedas, y ha estado en escena desde que la puse en una obra navideña a los cuatro años. Es, a la vez, conferencista y autora de un libro muy útil *What Can You Say When You Don't Know What To Say* (Qué puedes decir cuando no sabes qué decir).

Si hubiéramos tenido sólo a Lauren, podría haberme enorgullecido un poco de mis habilidades de madre, pero tener a la sanguínea/colérica Marita, que iba a hacer las cosas a su manera desde el comienzo, me enseñó otra cosa. Mientras que Lauren quería que yo fuera una madre de escuela, Marita trataba de mantenerme lejos de la escuela. *Maliciosa* hubiera sido un calificativo liviano para Marita.

Una noche en que estaba preparada para ir a la reunión de padres con los profesores, cuando ella estaba aun en los primeros años de la enseñanza secundaria, sugirió que me quedara en casa pues me veía muy cansada y necesitada de descanso. Como tenía razón, casi caí en su trampa, pero el sentido común me inundó, me sobrepuse y fui. Cuando llegué, la profesora de álgebra dijo que Marita hacía todo bien cuando estaba, pero que de alguna manera, su clase interfería frecuentemente con su almuerzo en McDonald's. La profesora de dactilografía me sugirió que dejara el curso, mientras que la de francés dijo que no podía mantenerla callada en clase. Sólo en buceo, donde era la única niña de un curso de muchachos, el profesor estaba contento con ella. Sin embargo, yo no estaba muy segura de que fuera lo bastante buena como para ganarse la vida buceando.

Si no hubiera conocido su patrón de temperamento y no hubiera tenido la seguridad de su inteligencia básica, hubiera sido un desastre tratando de hacer que terminara los estudios, pero dado que sabía que ella podía cumplir todo lo que quisiera hacer, y que podía encantar a los demás abriéndose camino en el resto, no gasté mucho tiempo en preocuparme. Me sorprendió cuando el consejero de orientación me llamó por teléfono, cuando Marita estaba por terminar la secundaria. Supuse que iba a ser reprendida por faltar a demasiadas clases, pero, en cambio, el consejero dijo que Marita estaba tan adelantada respecto de los demás que iban a graduarla antes. Entonces supe que todo el sistema educacional estaba en problemas.

En lugar de ir a Vassar, o Radclife, o Westmont, o Biola, Marita fue a la universidad local, empezó su propia empresa a los dieciocho, viajó conmigo aprendiendo a ser conferencista, y ahora es una conferencista cristiana de jornada completa, miembro de equipo de CLASS. Estoy muy agradecida de no haber tratado de meterla en el molde de una «niña perfecta». En cambio, animé los talentos que tenía en sus habilidades verbales y no me preocupé por las notas del colegio.

EL joven Fred nunca amó la escuela, y aunque fue a la universidad por un año, la dejó para regresar y meterse en el negocio de automóviles de su padre. Le gustan los automóviles y poco se interesa por los libros. Él es un melancólico profundamente sensible y nunca se ha movido tan rápido como Fred y yo quisiéramos, pero hemos aceptado sus opciones, animado sus fortalezas y elogiado su dulce espíritu.

Hace dos años, cuando fui a una gira de conferencias por Europa, llevé a Fred hijo conmigo. Había una muchacha que me seguía, tomándome fotografías cada vez que yo estaba en una postura algo inconveniente. Un día me dijo:

—Ciertamente su hijo la quiere mucho.

Luego me contó que el día antes, en el autobús, me había quedado dormida apoyando mi cabeza contra la ventana. Ella había pensado que una fotografía así sería humorística, por lo que me había enfocado desde el pasillo. Mientras miraba por los lentes, una sombra negra llenó el cuadrado del visor y ella miró para ver al joven Fred, inclinándose para taparme. Él preguntó:

—¿Qué piensa hacer?

Ella replicó:

—Voy a tomar una fotografía de su madre durmiendo.

Él dijo:

—No; no lo hará. *Nunca* tomará una fotografía de mi madre sin pedirle permiso primero.

La muchacha había sido frenada, y Fred no se movió hasta que ella guardó la cámara. Nunca mencionó lo que había hecho, pero ella no me tomó más fotografías sin preguntarme primero.

Puede ser que haya algunas madres con hijos que hayan ido a Harvard, o Stanford, o Yale, pero dudo que alguna vez hayan sido tan profundamente tocadas por la amante protección de su joven hombre como lo fui por Fred Jr.

En nuestra familia hemos aprendido a educar a nuestros hijos en la forma en cada uno debe desarrollarse de acuerdo a sus habilidades y temperamento, aunque no fuera siempre lo que nosotros teníamos originalmente en mente.

Muchos de los jóvenes con que hablo han sido empujados a escuelas o carreras que no querían, han frecuentado la gente correcta en el club preciso y hasta se han casado con el partido del lugar, sin embargo nunca han tenido un pensamiento independiente, propio, y se sienten miserables.

En el otro extremo, ¿cuántos son los padres que han dejado que sus hijos e hijas hagan lo que quieran, con tan poca guía y ánimo que ellos aún siguen vagando, sin objetivos, por la vida, sin haberse establecido en algo?

Tenemos que entrenarlos: guiarlos, amarlos, disciplinarlos, pero en la forma en que *ellos* deben ser, de acuerdo a sus propios rasgos de personalidad. Nunca lamentaremos el tiempo que pasamos con cada niño mostrándole sus fortalezas únicas, que pueden no parecerse en nada a las de su hermano, y haciendo que tome conciencia de sus defectos para que sepa qué debe superar para ser su propia marca de éxito en la vida.

Lana Bateman recuerda la primera vez que oyó a Haddon Robinson, Decano de Homilética del Seminario Teológico de Dallas, explicar el versículo de Proverbios 22.6:

> «Dijo que el hebreo original se traducía más literalmente así: "Entrena a un niño de acuerdo a su modo..." No fue sino cuando entendí los temperamentos que empecé a darme cuenta qué quería decir este versículo en realidad. ¿Tenía cada niño un modo particular para ser criado? ¿Significaba eso que todos los niños no deben ser tratados de la misma manera?
>
> »Dentro de los confines de mi familia de la niñez había cierto orgullo por el hecho de que los tres niños, todos, eran tratados y criados de la misma manera. Temo que la mayoría de los padres sienten que esta actitud es la justa y correcta para criar a más de un hijo. ¡Qué tragedia, pues si lo dicho por el proverbio es verdad, entonces cada niño tiene cierta inclinación que lo hace diferente de todos los otros niños de la familia! Este ser único requeriría una comprensión especial para llevar a cada yo a su mayor potencial de vivir sabia y plenamente. Como padres, nosotros tenemos la obligación y el deber ante Dios de discernir el modo de cada niño y dedicarnos a maximizar las virtudes y disminuir los defectos en la forma más amorosa posible. Entendiendo los temperamentos, tenemos herramientas de fácil disponibilidad.»

Cathye Stout, de Austin, Texas, me escribió lo que sigue, después de oírme enseñar sobre los temperamentos:

> «..cada uno de mis tres adolescentes y mi marido (¡sólo uno!) se evaluaron a sí mismos y, luego, unos a otros.
>
> »Esto se usó como una gran herramienta para una conversación familiar (realmente se apagó el televisor antes de las 10.30 de la noche) en que miramos nuestras virtudes *y* defectos.
>
> »Esto nos dirigió a nuestras devociones y oraciones nocturnas de familia. Por nuestras virtudes pudimos alabar y agradecer al Señor por los dones y capacidades con que nos creó. Reafirmamos nuestro compromiso de devolverle lo que nos ha dado para *su* honor y gloria, y para su uso.
>
> »Y de nuestros defectos pudimos ver donde necesitábamos mejoras en cada uno de nosotros...»

Debby Laurie, de El Toro, California, me escribió acerca de los resultados de enseñar a sus dos hijos, de once y catorce años, a entender los temperamentos.

> «Nunca dejan de ser una ayuda diaria. Un día nuestros chicos averiguaron cómo era "la primer familia bíblica". Eva fue una decidida sanguínea. Ella hablaba con todos, hasta con una serpiente. Adán era flemático. Cuando llegó el momento de tomar la importante decisión de si comer o no comer, dejó que Eva lo influyera. Ella era, de todos modos, mucho mejor para decidir. Abel era melancólico. Él hizo los sacrificios perfectos y ese jardín estaba muy cuidado y precioso. Caín, el colérico, se enojó tanto con su hermano que decidió tomar el toro por las astas. Sintió que el fin justificaba los medios. Y ahí lo tenemos: ¡el nacimiento de los cuatro tipos de personalidad!»

¡Quién sabe que clase de conversación puede sostener tu familia, pero seguramente será mejor que la televisión!

El temperamento de tu hijo

Aunque es probable que a esta altura entiendas lo básico de los temperamentos, apliquemos los principios relacionados a los niños y veamos qué podemos aprender sobre educación de los nuestros en el modo debido de cada uno. Primero debemos darnos cuenta de que los pequeñuelos comprenden el amor en dos formas. Una es la de caricias físicas, abrazos, besos y afirmación; la otra es la comunicación verbal dada por los padres que se dan el tiempo para conocer a sus hijos, escuchando lo que dicen. Recuerdo cuando Marita empezó a leer libros y quería contarme el libro. Ella me seguía por toda la casa, y revisar el libro era más largo que leerlo. Cuando me paraba, me sentaba y escuchaba, el recuento era mucho más corto, pero en la medida en que yo seguía moviéndome, el recuento seguía. ¡Ella podía hacer que *El gato del sombrero* fuera como *Lo que el viento se llevó*!

Un niño que no tiene el cálido toque físico de un padre amante, ni la comunicación abierta que desea, crecerá con un anhelo profundo e insatisfecho de amor, y puede terminar «buscando amor en todos los lugares malos».

Más allá de esta necesidad universal de amor de cada niño, está la necesidad de la personalidad. Entender los temperamentos nos da una comprensión especial del «modo» particular o necesidad de cada niño.

Según la inclinación del brote, así crecerá el árbol. ¿Es verdad esto? Miremos algunos «torcedores» del brote y decide por ti mismo.

Sanguíneo

Tu niño sanguíneo vivaz y de ojos brillantes está lleno de curiosidad y risa. Puede que no siempre tenga público, pero eso nunca parece detener la constante cháchara que es el primer paso hacia esa personalidad del centro del escenario. Este niño está lleno de maravillosas ideas creativas, pero suele ser derrotado en la ejecución por una atención corta que impide que ese niño ande académicamente tan bien como los otros. Sin embargo, luchará entusiasmado por estar en cualquier producción que ofrezca el curso, desde cantar a tocar el silbato en la banda rítmica. La educación queda en segundo plano respecto de cosas más importantes, cosas tales como porrista, clases de actuación, consejo de alumnos, lecciones de baile o cualquier otra cosa que le de un escape de los libros.

Espera que este niño dé interminables disculpas cuando sea

confrontado, y no por necesidad de paz, la razón flemática para evitar el conflicto, sino debido a su profunda necesidad de ser aceptado. Tu desencanto o enojo significan rechazo para este temperamento, y debe evitarse sin que importe cuántas excusas formule.

La popularidad es una necesidad abrumadora para este niño o niña. La falta de ella puede causar gran dolor y frustración, pues no hay otro temperamento que necesite tanto la aceptación social como éste. Debido a esta necesidad, el niño sanguíneo probablemente «vaya con la corriente», o sea llevado a una situación imprudente. Si es un sanguíneo/colérico será más mandón y organizado; si es sanguíneo/flemático se divertirá, pero nunca terminará lo que hace y ni siquiera le importará.

Herramientas para ayudar[5]

1. Haz que el niño sea controlado en un centro de aprendizaje infantil, o por un sicólogo infantil para determinar los aspectos de creatividad y aptitudes.
2. Alienta a este niño en los aspectos de actuación, tales como cantar, bailar, actuar, hablar, artes, diseño, deportes o juegos de grupo. Este niño es muy activo y necesita algo excitante cada minuto. Debido a que su atención es corta, este niño tendrá cierta dificultad con logros tales como tocar el piano –que exige práctica disciplinada y necesitará que un adulto se siente junto a él o ella en el banco para darle constante aliento y aprobación. Desafortunadamente, este niño andará bien solamente si el deber puede transformarse en juego, pues el niño sanguíneo sigue a la meta solamente por un premio puesto por delante. En algunos casos bastará la sencilla aprobación de sus iguales, pero si los padres desean un logro final, probablemente tendrán que estar con él para obtener resultados.
3. El padre/madre de un niño sanguíneo debe sopesar cuidadosamente la sabiduría de permitir la actividad, teniendo presente la profunda necesidad de este niño de ser aceptado, y sabiendo que siempre querrán hacer lo que «todos» hacen. Anímate sabiendo que, si no los dejas ir a algún espectáculo, pronto se olvidarán y no guardarán

rencores ni se acomplejarán por mucho tiempo.

4. Este niño tiene una gran necesidad de afecto físico, mayor que cualquiera de los otros temperamentos, así que los padres tienen que darle muchos abrazos, apoyo y acariciarlos.
5. Empieza temprano a enseñarle la disciplina de una pieza limpia y la importancia de manejar sabiamente el dinero. Entiende que tendrás que persistir para que haya alguna clase de resultados. Sin ese compromiso de los padres, este niño puede caer fácilmente en irresponsabilidades y nunca crecer del todo.
6. Entiende que cuando tu niño sanguíneo cuenta una mentira, lo hace por necesitar profundamente aprobación. Encuentra otras maneras sanas de darle esa aprobación mientras tratas este problema y lo elogias por decir la verdad. Algunas de sus coloridas historias obtienen tanta atención que ellos empiezan a creer lo que están diciendo.
7. Encuentra por lo menos una cosa que tu niño sanguíneo pueda hacer bien, y luego anímalo, anímalo, anímalo. Los sanguíneos tiene mucho potencial pero suelen no dar en el blanco cuando los padres no entienden sus necesidades.
8. Recuerda que un niño sanguíneo hará más por medio de una palabra de aliento de lo que cumplirá por medio de gritos, críticas o palizas constantes.
9. No fomentes la conducta negativa diciendo a todos cuán encantadora lucía cuando lo estaba haciendo. Marita acostumbraba a sacar dinero de mi cartera y luego iba colina abajo, por detrás de la casa, y me compraba una planta en la florería. Ella era tan adorable trayendo regalos para mí que la elogiaba por haber pensado en mí. De repente me di cuenta que estaba fomentando el robo en la medida que ella gastara el dinero en mí.

Recuerda

Virtualmente, cada movimiento que ese niño haga se basa en un deseo de *divertirse* y una necesidad impulsora de *aprobación*, con una profunda sensibilidad a la más mínima posibilidad de rechazo. El niño sanguíneo debe ser parte del grupo, cualquiera sea hoy el grupo.

Melancolía

Tu bebé melancólico vino al mundo con la intensidad escrita en toda su cara. Cuando adoptamos a Fred Jr., la funcionaria encargada del caso dijo: «Él yace tranquilamente en la cuna, analizando a todos los que pasan. Este es ese bebé especial del cual todos dicen: "¿No parece inteligente?" "¿Están seguros que no es una persona grande dentro del cuerpo de una personita?"»

Intensidad es la palabra que no puede ser sobreelaborada respecto de este pequeño que siente, piensa, reacciona, responde y reflexiona todo profundamente. En *Parade Magazine* salió un artículo: «When Your Baby Seems Depressed» (Cuando tu bebé luce deprimido). La autora, Susan Lapinski, describía un bebé perfectamente melancólico y señalaba que los padres de lo que aparenta ser un bebé deprimido, sienten que deben haber hecho algo malo. Suponen que no le gustan al bebé y no saben qué hacer. «La meta de los terapeutas es ayudar a los padres a evitar construir problemas que pueden llevar a toda la familia a preocuparse y desesperarse. Estos problemas suelen surgir de la inhabilidad para entender y manejarse con el temperamento del bebé que deja perplejo».[6]

En todo el artículo los profesionales de la salud describen al bebé melancólico, pero sin siquiera usar la palabra ni explicar por qué algunos niños son tan diferentes. Sugieren que los padres no se culpen sino que «se concentren en respetar la personalidad individual del bebé y que reaccionen apropiadamente a las respuestas del bebé».[7] Aunque los bebés deprimidos que describen no son comparados con el sanguíneo (burbujeante), el colérico (exigente) o el flemático (pasivo), el doctor T. Berry Brazelton del Hospital de Niños de Boston, concluye: «Los bebés son personitas competentes. Pueden decirte mucho. Cuando puedas detectar las diferencias de tu bebé y valorarlas, ser padre/madre se vuelve mucho más gratificante y divertido».[8] Él tiene razón, y por eso es tan importante que sepamos todos los tipos para que no pensemos que tenemos el único bebé insólito de la ciudad.

De todos los temperamentos, el melancólico es el más profundamente creativo y proclive a la genialidad. Algunos padres pueden sentirse realmente amenazados por las capacidades mentales innatas de un niño así. Infelizmente, el niño melancólico no puede entender por qué nadie más parece experimentar tal profundidad de emoción y entendimiento, por qué nadie más parece interesarse.

En la temprana infancia, tu niño o niña melancólico se aferrará más estrechamente a ti y tendrá la mayor necesidad de tener a sus padres físicamente presentes. Este temperamento puede ser dañado por la indiferencia o el maltrato en la infancia, más que cualquier otra personalidad, debido a su profunda sensibilidad y propensión a meterse en sí mismo cuando realmente quiere llegar.

Lana Bateman advierte, por medio de su consejería en los Ministerios Filipenses, que muchos alcohólicos, adictos a drogas y homosexuales parecen ser de temperamento melancólico. No cuesta entender por qué si pensamos en la facilidad con que se hiere o lesiona a niños tan sensibles y gentiles y en la manera en que sus inseguridades los vuelven vulnerables a las sustancias externas que ofrecen darle confianza o aliviar sus depresiones.

La descendencia melancólica inteligente rara vez necesitará que lo pinchen, pues será un buen alumno con estándares muy elevados. Si tu niño es marcadamente melancólico verás que tiene una profunda necesidad de perfección en muchos aspectos de su vida. Si es melancólico con colérico, será meticuloso con su escritorio y con los trabajos en papel, y será más extrovertido y osado que un melancólico puro. Una niña colérica/melancólica de cuatro años de edad estaba enloqueciendo a su madre, que dijo exasperada: «¡No seas tan perfeccionista!»

La niña respondió rápidamente: «Yo no soy perfeccionista. Sólo quiero que las cosas se hagan bien».

Si es melancólico/flemático no le importará tanto si las cosas están en orden, y será menos compulsivo respecto de armar perfectamente la vida.

Una de las grandes luchas de ese niño se dará en la zona de los patrones de pensamiento negativo y el rechazo a comunicar necesidades, antes que le hieran en sus sentimientos. Esta falta de comunicación hace que el niño melancólico internalice su profunda necesidad de aprobación, más que buscar abiertamente esa aprobación a la manera del niño sanguíneo. Él siente que si tú lo amaras realmente, serías sensible a sus necesidades y no tendría que decírtelas.

Herramientas para ayudar

1. Verifica en la escuela de tu hijo si hay exámenes disponibles para determinar la inclinación creativa y educacional de tu hijo o hija. Si no los hay, acude a un hospital de niños local o a un sicólogo. Busca maneras de afirmar y alentar a tu hijo en esas zonas de su propia pericia personal, sabiendo que, probablemente, tenga algún talento especial que espera ser descubierto. Algunos niños pueden estar dotados para la música, las artes, el diseño, o pueden mostrar un intenso interés por un pasatiempo preferido, tal como fotografías o construir modelos.
2. Protege a tu niño de meterse demasiado en libros, música o programas de televisión que sean tristes. Como este niño tiene una memoria visual vívida y una tendencia a la reacción intensa, manténlo alejado de los entretenimientos perturbadores como las películas de horror o las que retratan la violencia o conducta macabra. No son buenas para ningún niño, pero el melancólico puede verse afectado gravemente por los dramas traumáticos.
3. Empieza temprano en su infancia a enfocar las mentes melancólicas en aquellos que tienen qué agradecer. Dedica un tiempo, por lo menos una o dos veces por semana, a que estos niños o niñas hagan listas de todas las cosas buenas que Dios ha hecho por ellos o les ha dado. Importa dirigir constantemente sus pensamientos a lo positivo en lugar de lo negativo. Una madre que conozco hace que su hijo melancólico efectivamente diga una lista de alabanzas cada mañana junto con ella, antes de llevarlo a la escuela, y ella ha estado muy contenta con los resultados.
4. Una de las cosas más importantes que puedes hacer por este temperamento es enseñarle a comunicar sus necesidades y sentimientos, sin que tengas que probar con veinte preguntas cada vez que se pone melancólico. Usa toda herramienta que puedas para sacarle pensamientos y emociones a este niño. Recuerda, él se ensimismará rápidamente sin siquiera decir qué le causó dolor, así que dispónte a ayudarlo rápidamente a hallar las palabras para expresar lo que siente. Ejemplo: «Querido, se que hay

ocasiones en que los demás hacen o dicen cosas que realmente hieren tus sentimientos. Trata de ayudarme a entender cuando yo te hago eso. Si sencillamente me dices, justo cuando sientes ese dolor: "Mamá, probablemente no querías, pero heriste mis sentimientos cuando dijiste o hiciste eso", será mucho mejor. Entonces no tenemos que guardar ese dolor adentro porque podemos eliminar con amor el dolor con un "lo lamento" especial y un gran abrazo. Quiero que entiendas, cuando estás herido, que te amo y sé que hablar de estas cosas puede impedir que te quiten tu felicidad.»

6. Importa empezar pronto a enseñar al niño melancólico que tanto el éxito como el fracaso son parte de lo que nuestro Señor permite en cada vida, a fin de prepararnos para el cielo. Este niño están tan aterrorizado de fracasar que le costará mucho probar otra cosa, a menos que el éxito esté garantizado. A menudo dedicará un tiempo excesivo a prepararse para hacer un proyecto dudoso. Explícale que cada falla de la vida nos da compasión por los demás que están dolidos. ¿Cómo podríamos, siquiera, saber cómo se sienten ellos si nunca hemos conocido el fracaso nosotros mismos?

Recuerda

Este niño melancólico está impulsado no sólo por la necesidad de perfección sino también por el deseo de que tú sientas y respondas a sus necesidades y sentimientos, sin que ellos nunca tengan que ser dichos. Enseñar a este niño a comunicar sus necesidades y sentimientos es una poderosa clave para cortar la infelicidad crónica, y puede ser la salvación de un futuro matrimonio.

El colérico

Tu niño colérico es el niño voluntarioso original, lleno de energía, aventurero e impaciente. Esta maravilla sin dientes nace para mandar. Cuesta creerlo, ¿verdad? El liderazgo empieza exigiendo comer y dormir solamente cuando lo prefiere, y sigue con el ejercicio del control por medio de rabietas. Una señora me dijo que lo primero que dijo su niño colérico fue un fuerte: «¡Comer, ahora!»

Estos despliegues de rabia parecen expresarse en una de dos maneras, dependiendo de la combinación de temperamentos. Los colérico/sanguíneos tienden a hacer demostraciones de rabietas verbales, la rabia colérica y la acción sanguínea, que pueden abarcar pataleos, gritos, patear el suelo, la pared o lo que esté cerca. Romper uno o dos platos es un agregado espectacular.

Sin embargo, el colérico/melancólico tiende a una rabieta más digna. No queriendo llamar indebida atención sobre sí mismo, el niño colérico/melancólico más probablemente contendrá la respiración hasta ponerse azul y, luego, calladamente desmayarse cayendo al suelo. Este aparente desmayo es una llamada de atención y le dice a la madre que no deje pasar esto otra vez.

Dominio es la palabra colérica clave aquí y seguirá a la tumba a este niño. Sea por medio del liderazgo o de la rabia, el colérico debe dominar. Una rabieta le da ¡precisamente eso!

Con cuánto entusiasmo abrí un número de *USA Today* de diciembre y vi un titular a toda página: «El temperamento enciende las rabietas, no la mala educación». Hablaba de la pequeña Jillian que lloraba toda la noche, tenía rabietas diarias y no comía. Su padre, un siquiatra infantil, no podía creer que estaba metido en una lucha de poder con una niña de dos años. Mientras más peleaba, peor se ponía la cosa, pero el doctor Stanley Turecki hizo lo que haría todo siquiatra en su situación; escribió un libro sobre Jillian y otros como ella. El libro se llama *The Difficult Child* (El niño difícil) y dice ahí que «estos niños no son consentidos. Tienen rasgos difíciles pero su conducta es el resultado de sus temperamentos, cosa que no pueden evitar. Estos niños no están dedicados a enervar a sus padres».[9]

El doctor Saul Brown, del hospital Cedars-Sinai de Los Angeles, advierte a los padres que no hagan un chivo expiatorio de este niño; hacer eso podría llevar a un posible maltrato infantil. Él también les dice que sólo den las batallas que deban ganar, que no hagan una escena de todo y que no busquen una fuente que culpar por la difícil conducta del niño. «Algunas personas sencillamente nacen con personalidades diferentes».[10]

Esta pequeña usina colérica es muy productiva, capaz de tomar decisiones rápidas y competentes y, a menudo, puede superar en inteligencia a sus padres. Esta lleno de confianza y orgullo, y suele ser mandón y sin tacto.

Herramientas para ayudar

1. Tienes en tus manos el mayor potencial para el futuro liderazgo, positivo o negativo. La profesora de Marita dijo una vez: «Espero que Marita nunca se meta en lo malo, porque dirigiría a toda la escuela a desbarrancarse junto con ella». Recuerda que este aventurero niño necesita desafíos y cambio. Debido a una lógica innata, este niño florecerá con juguetes educativos, rompecabezas y horas de juego que permitan expresar el liderazgo.
2. Importa «andar de puntillas» con este voluntarioso niño para romper la voluntad y no el espíritu. La flemática Lana Bateman dice: «Cuando mi hijo colérico cumplió dieciocho meses, nos cuadramos para dominar la casa. Peleamos durante tres meses. Nunca lo dejé ganar, ni siquiera la batalla por la hora de acostarse. Debido a que me mantuve ahí, se alcanzó la victoria y nunca contendimos nuevamente por el liderazgo. Dispóngase a resistir contra la voluntad de este niño sin que importe cuál sea el costo. No se lamentará. ¡Las recompensas son grandes!» Si uno no persiste y si no es consistente con la disciplina y el seguimiento, pronto el niño se encargará de ti.
3. Mantiene ocupado a este niño y dale responsabilidades, pues este temperamento tiene una gran necesidad de ser productivo. Si no está dominando algo, su pieza, el perro o el patio, se las tomará con sus amigos de la escuela. Los coléricos suelen tener malas relaciones con sus iguales.
4. Asegúrate de razonar sensatamente con tu niño colérico, pues tenderá a rebelarse cuando la disciplina o las exigencias carecen de una explicación lógica. Querrá saber «por qué», antes de hacer lo que le dicen.
5. Respeta la innata necesidad de este niño de justicia y equidad, y ábrete siendo honesto con él o él te agarrará en tus incoherencias.
6. Usa las situaciones en que tu niño colérico sea herido o desilusionado para señalar que, a veces, nuestro Señor permite que experimentemos estas luchas, para darnos un corazón compasivo con la gente dolida que pueda llegar a nuestra vida. Puesto que el niño colérico escasea en misericordia y ternura, importa usar cada una de estas luchas

suyas como herramienta didáctica para esos mismos aspectos. No dejes que desarrollen la actitud de «desprecia a los tontos». Muéstrales que aunque las metas son buenas, el fracaso ocasional es parte de vivir y que no significa que la persona que no triunfó sea estúpida.

Recuerda

La mayor necesidad del niño colérico es dominar. Con esa necesidad viene la rabia basada en la impaciencia cuando las cosas no salen a su modo. Como el colérico piensa por adelantado a sus padres, complotando por el dominio, sentirá cuando estás más vulnerable y atacará. Cuando tengas señoras invitadas en tu salón, él se sentirá libre para comerse una docena de galletitas, oportunidad que no tendría si tú estuvieras sola. Una joven vino a verme después que yo hablé de los niños:

—Pienso que mi niña de tres años me domina.

Entonces me contó cómo la niña seguía comiendo galletitas cuando ella visitaba a una amiga. Le dijo tranquilamente que no comiera otra, pero lo hizo. Luego de varias advertencias suaves e infructuosas, le dijo severamente: «Si sacas una galletita más te pegaré cuando volvamos a casa». La niña la miró de frente y sacó una.

Le pregunté:

—¿Qué hizo usted?

Ella replicó:

—Bueno, no podía hacer nada ahí, frente a mis amigas.

—¿Qué hizo cuando llegó a casa? ¿Le pegó?

—Me olvidé.

Esta pequeña bandida tenía firmemente dominada a su madre. Ella sabe cual es la primera regla de la batalla, por lo que ataca cuando el enemigo está débil. No dejes que esto te pase a ti. A la primera desobediencia, arrastra al niño al baño y explica que hablas en serio. Si saca otra galletita más, la vuelves a llevar al baño y le pegas. No te preocupes por la reacción de tus amigas. Probablemente están deleitadas de ver que eres tan fuerte como la niña, y que puedes tener oportunidad de impedir que sea el niño que nadie quiere que venga a su casa.

Es sumamente importante que un padre/madre colérico provea zonas sanas en que el niño pueda ejercer su dominio, mientras que al mismo tiempo permanece firme e inconmovible cuando esa necesidad de dominar excede los límites del equilibrio para la vida y relaciones de ese niño. Por ejemplo, puede permitirse que el niño colérico construya un circo en el patio e invite a sus amigos a participar en el espectáculo. Puede alentársele a dirigir las actividades delegando trabajos a los niños que quieran participar. Un niño colérico puede desear empezar un boletín de los niños del barrio, con notas de información sobre cada niño que vive en las cercanías. Estás son actividades constructivas que permiten al niño un dominio sano, expresando su liderazgo; sin embargo, cuando esa necesidad de dominar se amplia a desafío –como rehusar volver a casa cuando le dicen u obedecer una hora de acostarse– entonces el padre/madre debe ponerse firme de modo consistente. La inconsistencia puede ser fatal con este temperamento en particular pues él/ella está para ganar y se enorgullecerá mucho de ser más inteligente que tú.

Hace años, cuando Lauren estaba en la secundaria, una amiga de la iglesia vino a visitarme trayendo consigo a su hijo de cuatro años. Cuando llegó la hora de irse, ella dijo a Bobby que saliera de la piscina. Él pretendió no haberla escuchado y siguió jugando. Ella suspiró diciendo:

—Nunca hace nada de lo que yo le diga.

Luego de unos cuantos intentos débiles que fallaron, se sentó diciendo:

—Tendré que sentarme aquí hasta que él decida salir de la piscina.

Ese comentario fue todo lo que Lauren tenía que oír. Se acercó al borde de la piscina y aulló:

—¡Bobby! ¡Sal de la piscina ahora!

Instantáneamente Bobby nadó hacia el borde y salió. Mientras Lauren enrollaba una toalla en torno del niño, su madre dijo:

—No puedo creerlo. Él nunca haría eso conmigo.

Él lo haría si supiera que ella hablaba en serio, pero este niño colérico ya tenía firmemente dominada a su madre. ¡Imagina lo que será este niño indisciplinado cuando tenga catorce!

El flemático

Tu niño flemático es fácil de llevar con sus sencillas metas de dormir y comer; rara vez constituye problema. Los flemáticos parecen entretenerse tan fácilmente, que se necesita poco para hacerlos felices. Parecen requerir mínima atención y cuidado. Son niños permanentemente planchados. De todos los infantes, este es el más calmado, agradable y menos exigente.

A medida que tu niño flemático empieza a crecer, podrás darte cuenta de que parece estar mirando cómo marcha el mundo. Eso se debe a que mirar requiere mucho menos energía que meterse. Como virtualmente toda acción flemática es subconscientemente evaluada en términos del monto de energía requerido, este niño encuentra pocas actividades que valgan la pena. La televisión fue indudablemente inventada por un flemático que recordó su infancia anhelante de una película que no exigiera tener que caminar para ir a verla. ¡Qué regalo mayor podría dar la humanidad que una caja que fuera entretenida y que permitiera estar acostado sin hacer nada, sino mirar! Este es el cielo flemático, pero también un caldo de cultivo para la pereza.

El niño flemático no es abiertamente rebelde sino que sabe que posee una callada voluntad de hierro. Este niño puede sonreír y acordar hacer lo que tú le pidas, mientras que por dentro sabe que no tiene intenciones de cumplir con lo que pides. Puede hasta mentir para evitar cualquier forma de conflicto o contención. No está dedicado a ser deshonesto, pero si echar la culpa a terceros es algo que elimina la responsabilidad, está dispuesto a probar.

Aunque tu niño flemático es bueno para escuchar y un pacificador, su falta de decisión y desmotivación pueden paralizarlo con la postergación e inactividad. Un padre colérico no puede entender por qué este niño no tiene ambiciones y no quiere seguir adelante con la vida.

Herramientas para ayudar

1. Este temperamento es el que más necesita ser examinado para discernir intereses, creatividad o motivación. Este es el niño que más cuesta dirigir a una vida de trabajo, pues hay poco por lo que el flemático se entusiasme bastante como para persistir, llegando a un final concluyente. Busca un centro local de aprendizaje infantil o un hospital de niños para llevarlo a examen, y no te rindas hasta que

tengas un cuadro claro de las virtudes especiales de tu niño, tanto educativa como creativamente.

2. Este niño tiene, de todos los temperamentos, la imaginación menos natural, así que empieza temprano en su infancia a leerle y estimular la creatividad por medio de juegos de desafío mental.
3. Procura que participe en deportes, rodar dentro de toneles o bailar para estimular la actividad física. Puede que no funcione bien en deportes de equipo pues no tiene mucho impulso y puede molestar a los otros niños cuando se pone a soñar en el campo izquierdo.
4. Cuando los padres de un niño flemático tratan de eliminar el problema de la mentira, deben tratar primero el problema de raíz, que no es la mentira misma sino el miedo al conflicto. Debido a este miedo paralizante, el niño dirá cualquier cosa que los padres quieran oír para evitar la rabia o el castigo, y eso no siempre es la verdad. El conflicto le roba la paz al flemático, así que el padre/madre debe controlar primero su propia rabia y luego enfrentar al niño con la razón tranquila. Una vez que el flemático aprende a tratar con el conflicto en forma sana y se asegura de que no le gritarás, desaparece la necesidad de mentir. Necesitas mano dura para controlar al colérico y, a veces, al sanguíneo, pero el mismo lenguaje fuerte deprime al melancólico y abruma al flemático.
5. Empieza a edad muy temprana a presentar simples elecciones al niño flemático. Ayúdalo a tomar decisiones propias y elógialo cálidamente por cada una, aunque no sea la que tú seleccionarías. Recuerda que el problema del flemático con la postergación se basa no en la inactividad sino en la indecisión también. Literalmente no sabe qué camino seguir. El proceso de decidir está muy bajo y lento en este temperamento, y sencillamente debe enseñarse, sobre la marcha, con amor y paciencia, y mucha afirmación. Deja que él escoja el menú de la comida una vez por semana, o elija las galletitas antes de que su colérica hermana agarre las que ella prefiere.
6. Tu niño flemático es el más subdesarrollado respecto del tema de expresar enojo. Como la rabia debe hallar alguna forma de expresión, burbujea como sarcasmo en esta

personalidad. El sarcasmo siempre hiere a alguna víctima vulnerable. El niño flemático puede ejercer una retorcida forma de control sobre los demás por medio del uso del humor sarcástico, y tiene la habilidad de hacer que otro parezca muy ridículo en el proceso. Empieza a edad muy temprana a explicar el lazo entre el sarcasmo y el enojo, y la manera en que este tipo de humor puede destruir amistades y enajenar a los demás. Ayuda a este niño a encontrar una salida creativa para su rabia reprimida, hablando sus respuestas al conflicto en un ambiente no amenazador. Nunca le digas «¡No llores; eso es para debiluchos. Crece y pórtate como hombre!» Esta represión de sus sentimientos internos acentuará lo negativo y, de almacenarse, estas heridas se descargarán más tarde en los demás.

Recuerda

Tu hijo flemático está impelido por la necesidad de paz y puede enfermarse físicamente frente al conflicto o contención. Cuando se ve forzado a manejarse con la rabia de terceros, el flemático pierde efectivamente todo proceso de pensar y se pone en blanco. Este niño tiene una profunda necesidad de sentirse especial para alguien, así que no lo ignores sólo porque no es exigente. Valora a tu hijo flemático y ¡díselo!

Hemos hablado de las necesidades más básicas de amor de cada niño y hemos mirado los temperamentos en relación a las personalidades infantiles. Hasta hemos discutido la necesidad de entender a cada uno de e nuestros hijos y las virtudes y los defectos particulares que lo hacen merecedores de atención y crianza únicas. La Escritura nos ha mostrado que criar niños usando la técnica de grupo de tratar a todos en igual forma no satisface las necesidades de nuestros hijos, si es que deseamos criar un niño en la forma en que debe ser.

Para el estudio, pensamiento y acción:

Dedica un tiempo familiar a enseñar a tus hijos sobre las diferentes personalidades. Ayúdalos a averiguar quiénes son realmente y no les digas que están mal. Toda negativa cortará la comunicación y hará que lo que debiera ser divertido sea un sermón de padre/madre, el terror de todos los niños.

Agrega los tipos de personalidad de tus hijos a tu árbol genealógico y muéstrales a qué parientes se parecen en temperamento. Deja que escojan una fotografía de ellos para agregar a tu cuaderno de personalidad.

Vuelve a estudiar este capítulo, marcando todas las sugerencias que se adapten a cierto niño y usa sus iniciales. Verifica de nuevo con frecuencia para ver cómo estás actuando en entrenar a cada niño en la forma que debe ser.

En un estudio de grupo, comparte lo que has hecho con esta información en tu casa. Haz una rápida encuesta de los tipos de personalidad de los niños del grupo. Aquellos que encuentren que tienen hijos que se parecen podrán compartir las herramientas útiles en el futuro

El tiempo que hoy pases en reflexivo entrenamiento y en oración respecto de tus hijos, puede muy bien impedirles ser adolescentes rebeldes. Entender quiénes son realmente, en base a las herramientas del temperamento, les dará algo para compartir con sus amigos que están buscando algún sentido de identidad.

En esta época en que la permisividad suele llevar a la confusión, no te asustes de enseñar, entrenar y disciplinar a tus hijos.

«La vara y la corrección dan sabiduría;
mas el muchacho consentido avergonzará a su madre»
(Proverbios 29:15).

Capítulo 9

¿Cómo puedes enderezar los brotes, tal como deben ser?

NADIE SE DEDICA a ser mal padre/madre; nadie desea fracasar. En ese caso, ¿cómo entonces tantos terminamos sintiendo que fracasamos, que no hay esperanza?

Cuando estábamos creciendo podíamos ver fácilmente donde estaban equivocados nuestros padres. Uno era demasiado blando, el otro era demasiado duro; uno divertido, el otro serio. En nuestra sabiduría infantil nos prometimos que nunca seríamos como ellos; nunca cometeríamos sus errores. Sin embargo, he aquí que estamos haciendo exactamente lo que ellos hicieron. Aunque no tuvimos la intención subconsciente, tomamos las formas de reaccionar a situaciones de tensión. Estuve en un hogar donde el joven padre tomó por la oreja al ruidoso niño sanguíneo y lo sacó de la sala, gritando. Cuando me atreví a preguntar por esta manera de disciplinar fuera de lugar, él replicó:

—Bueno, eso es lo que hacía mi padre.

—¿Te gustaba? —aventuré.

—No; lo odiaba, pero no se supone que a uno le guste la disciplina.

Este hombre no había pensado racionalmente ni orado con fervor sobre los métodos apropiados para disciplinar. Él reaccionó conforme al pasado, e hizo justamente lo que había hecho su padre.

El doctor Harold Bloomfield, autor de *Making Peace with Your Parents* (Haciendo las paces con tus padres) escribe:

> «La relación con nuestros padres afecta virtualmente todas las relaciones, por ser tan fundamental, incluyendo las relaciones con nuestros hijos. Los padres repiten a menudo la misma conducta objetable que resintieron cuando ellos eran niños.»[1]

Las estadísticas demuestran que una gran mayoría de quienes fueron golpeados cuando niños, por más que lo detestaran, hacen lo mismo a sus hijos. Marilyn Murray, terapeuta de CLASS y especialista en terapia del maltrato, dice sobre los jóvenes violadores con que trabaja en las cárceles:

> «Casi todos fueron maltratados en alguna forma física cuando eran niños, y subconscientemente están atacando a sus padres al molestar o atacar a terceros.»

El doctor Bloomfield dice también que el 90% de la gente que aconseja tiene «una relación incompleta con, por lo menos, uno de sus padres».[2]

Considerando que las posibilidades no nos favorecen para ser padres inspirados, que mezclan apropiadamente el amor y la disciplina, ¿no debiéramos aceptar cualquier ayuda que podamos encontrar? No hay respuestas sencillas, o Pablo hubiera escrito más específicamente que «...vosotros, padres, no provoquéis a ira a vuestros hijos, sino criadlos en disciplina y amonestación del Señor» (Efesios 6:4).

Aunque estas son ciertamente palabras de sabiduría, puede que tú necesites consejo más específico.

Al mirar las diferentes personalidades y relacionarlas a la realidad de ser padres, tendrás que armonizar la mezcla que tienen tú y tu cónyuge, pues probablemente no es la misma. Puesto que el objetivo de la Biblia es la unidad de espíritu, puedes entender fácilmente que con dos padres que ven las cosas desde un punto de vista totalmente diferente, la armonía dista mucho de ser automática. Un niño no tiene que haber estudiado los temperamentos para saber cómo poner a sus padres uno en contra del otro. Él tiene un sentido innato que dice:

> «Ve a tu madre sanguínea cuando quieras divertirte, pero no te sorprenda que ella se olvide de ir a buscarte a la escuela.
>
> »El padre melancólico llegará a tiempo, pero te hará sentir culpable por necesitar que te lleven.
>
> »No trates de manipular a la madre colérica o ella te lo hará saber. Prueba su ánimo antes de pedir algo.
>
> »Trata de pedir primero al papá flemático, pues él te dejará hacer cualquier cosa, siempre que sea calladamente y fuera de la vista.»

¿No son similares a los pensamientos que pueden tener tus hijos? Para ser «de una sola mente», los padres deben entender primero quiénes son por separado, y luego conversar acerca de su mezcla en lo referente a la manera en que afecta el entrenamiento de los niños. El pensar en armar un trabajo de la crianza de niños suena «demasiado parecido a trabajar» para la mayoría de los padres. Es mucho más fácil tratar con cada emergencia a medida que se plantean. Eso puede ser cierto, pero piensa en las señales confusas que estás enviando a tus hijos. No hay consistencia, y los alientas a ponerlos a ustedes uno en contra del otro, volviendo la vida familiar en un evento deportivo con equipos rivales.

Por favor, dense el tiempo para examinar los temperamentos de ustedes en lo referido a ser padres, pues si cometen los tremendos errores de la indiferencia, la indulgencia o el maltrato, están afectando otras vidas y no sólo la de ustedes dos.

Los padres sanguíneos

Los padres sanguíneos son los más divertidos, evidentemente. El sanguíneo ama contar cuentos, luchar en el suelo los años de la vida del niño; de todos los padres es el más libre para jugar con los niños. Los padres sanguíneos producen risa y chillidos de deleite cuando leen o cuentan cuentos infantiles, y a menudo los actúan. Yo aprendí de memoria *Los huevos verdes con jamón*, y luego se lo enseñé a los niños para que pudiéramos actuarlo a coro, hablando al ritmo de «Un gato en el sombrero». No sorprenda que este padre/madre sea más agradable a los amigos de los niños. ¿Qué otro padre/madre puede convertir la casa en un circo, y un desastre en un cuento que hace reír?

Paula Lively, de Dallas, es la sanguínea más perfecta que haya conocido. Es adorable, tiene grandes ojos expresivos y captura esa mirada juvenil inocente sin edad, propia de los sanguíneos. Su marido Fred es un clásico colérico/melancólico que, por vivir con ella, ha desarrollado un sentido del humor reflejo. Ella me escribió para contarme cómo la ha ayudado entender los temperamentos, tanto como esposa y madre:

> «Cuando llegó la tarde del lunes yo estaba cansada de lavar 16 cargas de ropa (en realidad habían sido sólo 4). Fred tenía una reunión y no vendría a comer, así que yo no quería cocinar. Carrie y Jim me rogaban que hiciera pizza, así que decidí que la forma más rápida de salir de este trabajo era hacer que ellos la hicieran. Mis hijos, aun a los 10 años, son totalmente autosuficientes; hacen sus camas, pueden lavar su ropa, preparar recetas, etc. Dándome cuenta de que estarían mucho más dispuestos a hacerse la pizza si eso fuera divertido, ¡¡¡decidí armar un concurso de hacer pizza!!! El ganador (el más creativo y más limpio –a quien le preocupa el sabor) ganaría $ 2.50 para ir de compras a la tienda. Jim, mi precioso y reflexivo hijo melancólico/colérico, hizo una de peperoni con hongos, perfectamente alineados. Digo *perfectamente*, cuidadosamente dispuestos con todos los tallos hacia el centro, como para lograr ese efecto rayos de sol. ¿Estás lista para esta? Nuestra Carrie, la hija sanguínea/colérica, cubrió la pizza de peperoni, haciendo una

pizza de salchichas con la cabeza de un pato en el centro. ¡Nosotros coleccionamos patos, así que sabía que eso inclinaría al juez! Cortó un pimiento verde y, de alguna manera, muy creativamente, rellenó el pato-salchicha con pimienta campana, para un toque de color. El pico lo hizo con "Doritos" aplastados (en algunos países: "Chizitos") y las plumas del pecho eran tiras de tocino. Cuando fui a la cocina para juzgar, me puse histérica de inmediato con mi propio caso sanguíneo de convertir el trabajo en diversión, y los casos de mis niños, quienes son tan clásicos que parecen salir de las páginas de *Personality Plus.* Invitamos a los vecinos japoneses del frente y a los judíos ortodoxos de al lado (ellos no comieron pero disfrutaron la compañía). Fred llegó a la casa y estaba tan molesto por haberse perdido la fiesta ¡que se deprimió! (Aunque no realmente). ¡Oh, qué divertido!»

¿No desearías que Paula hubiera sido tu mamá? Sin embargo, hay aspectos problemáticos del ser padre, aun para la personalidad «Santa Claus».

Debido a que no es divertido ser consistente, el sanguíneo suele ser un padre/madre permisivo. Establecer normas de conducta y ponerlas en vigencia no es algo que el papá o mamá sanguíneos hagan fácilmente. Igualmente penosa es la perspectiva de enfrentar el rechazo de parte de la propia prole. Sí, los sanguíneos necesitan ser aceptados hasta por sus hijos y, encaremos esto, estructurar una sana conducta y disciplina en los propios hijos no pone al padre/madre en la posición más aceptada.

Cuando los niños llegan a la adolescencia, el padre/madre sanguíneo puede buscar vías de escape ante las incrementadas exigencias y responsabilidad. Los deportes, las funciones sociales, el club de campo, hasta un trabajo divertido pueden volverse excusas para no estar en la casa. Cuando el sanguíneo desordenado, amante de la diversión, no puede ser molestado por los detalles de cumplir las citas o de llevar a tiempo a los niños donde tienen que estar, el padre/madre más responsable, a menudo un melancólico, tiene que ser el administrador familiar, suspirando martirizado, mientras lo hace: «¡Tu mamá perdería hasta la cabeza si no la tuviera pegada!, o: «Tu padre nunca sabe cuál punta va para arriba». Esta lucha puede no ser tan radical si el temperamento secundario del sanguíneo es colérico, trayendo un equilibrio más responsable y organizado a la personalidad.

Sorprende verdaderamente la rapidez con que el padre/madre sanguíneo desaparece cuando los niños se vuelven más exigentes o dejan de ser divertidos. Esta «desaparición» puede hacer que un cónyuge se sienta como que está criando la familia solo o sola, con la cuestionable ayuda de un compañero o compañera de juego que aparece cada tanto a entretener.

Un aspecto problemático para el hijo de un sanguíneo es el de la competencia que involucra a los amigos. A menudo hay cierto celo cuando los amigos del niño parecen más atraídos por el padre/madre sanguíneo, pasando más tiempo con el niño ajeno que con el propio. Este tipo de competencia de personalidad puede volverse más grave al pasar los años, y llegan los novios a la puerta para ser encantados por una madre sanguínea.

La combinación colérico/sanguíneo parece ser el padre/madre mejor disfrutado y aceptado por los niños que crecen, pues tienen el magnetismo sanguíneo y, de todos modos, saben cómo dirigir efectivamente cumpliendo algo cuando están apropiadamente motivados por el elogio potencial.

A menudo la madre sanguínea/colérica que tiene problemas en poner una comida sencilla en la mesa a una hora coherente, puede armar banquetes instantáneos para multitudes de adolescentes que dan vivas. Mientras esta excitada madre está aceptando las alabanzas de la juventud, su marido melancólico llega a casa para encontrar un circo, con su esposa como directora del espectáculo culinario. En lugar de unirse a la diversión, él tiende a tomar sus talentos como afrenta personal, preguntándose por qué ella no puede entusiasmarse así cocinando para él, sin entender que si él le diera una ovación de pie por cada bife, ella podría usar la parrilla con más frecuencia. Él no puede tolerar el ruido de la multitud, así que se retira a su habitación, esperando que ella venga a calmar sus sentimientos heridos. Dado que ella es insensible a sus necesidades y, de todos modos, no se iría de la fiesta, se encoge de hombros y pregunta: «Me pregunto: ¿qué anda mal esta noche con tu padre?» Esperar solo una simpatía que no llega es algo que muestra al marido que su evaluación era la correcta. «En realidad ella no me ama: efectivamente se interesa más por ese lote de extraños que por su propio marido». Se hunde en una profunda depresión, no le habla a ella por dos semanas y ella no tiene idea del por qué.

¡Cuánta molestia nos podríamos evitar al entender por qué nos conducimos de la manera en que lo hacemos! El padre de este caso puede ahorrarse un dolor si supiera que el hecho que ella cocine para la multitud no tiene nada que ver con su amor por él. Aun si él le dijera cuán dolido estaba, ella no tendría la sensibilidad para entender, y consideraría ridícula toda la idea. Él debiera incorporarse al grupo, obligándose a pasarlo bien o saludar a todos y retirarse con una actitud positiva.

Si el melancólico no tiene la autoridad para manejar esta situación, esperaríamos que la esposa sanguínea tome conciencia de sus necesidades y le lleve amorosamente una bandeja con comida a su habitación. Una mejora de cada lado marcaría la diferencia en la armonía del hogar.

Como los sanguíneo/coléricos son capaces de combinar metas con la diversión, se constituyen en excelentes líderes de jóvenes y pueden influir a los adolescentes cuestionadores en un sentido bueno y positivo.

Estuve en una iglesia cuyo pastor de jóvenes era un sanguíneo de pié a cabeza, encantador sin disciplina. Él había llevado a cincuenta jóvenes para un paseo por las montañas, debiendo volver a las 5.30 de la tarde a la iglesia. Los padres esperaban sentados en sus automóviles y nadie venía. Se llamó al pastor, y dos horas después a la policía. El grupo llegó cantando feliz a las 8.00 de la noche. Lo habían pasado muy bien y ¡nadie, incluyendo al pastor de jóvenes, tenía idea de la hora que era!

Los padres melancólicos

El melancólico es un padre/madre cumplidor, responsable, que a menudo tratará de exponer a los niños al piano, trompeta, baile, arte u otros aspectos culturales. Como los melancólicos se ponen estándares muy altos, suelen presionar en pos del logro intelectual como también para que el niño aprecie las cosas más profundas de la vida. Ellos les leen poesía, escuchan música clásica y los llevan a horario a sus lecciones.

Fred y yo fuimos invitados recientemente por el doctor Diehl y su esposa. La señora Diehl tiene un doctorado en artes musicales y es una consumada concertista en piano, con presentaciones por todo el país; Hans es a la vez médico y conferencista sobre nutrición. El gran piano llenaba una gran parte de su salón y, cerca, había dos sillas bajo un foco, cada una con un violín apoyado en ellas. La señora Diehl explicó que siempre se dejaban fuera los instrumentos para animar a sus dos hijos, Byron (de diez) y Carmen (de ocho) a tocar sus violines cada vez que lo quisieran.

—Sus violines deben ser sus amigos —agregó.

Después de cenar supimos que estos dos precoces niños talentosos eran muy amigos de los violines, al darnos un asombroso concierto. Byron también tocó dúos con su madre al piano, no números livianos como «Rema, rema, rema tu bote», sino sonatas de Schubert y Mozart.

Me quedé tan sobrecogida con la profundidad del talento y el evidente cuidado amoroso que los padres habían dado a estos dos brillantes niños que, súbitamente, me sentí como una retardada. Mi madre había sido profesora de violín y chelo. ¿Dónde me había equivocado? Recuerdo que mi madre trató de enseñar violín a Marita, de diez años. De alguna manera, el solo verla sostener el instrumento en su mano provocaba risa. Cada vez que lo tomaba para practicar todos nos reíamos tanto que llorábamos. Ella era una especie de versión infantil de Jack Benny.

Al escuchar a Byron y Carmen tocar sin esfuerzo, me pregunté si Marita hubiera sido una violinista hoy si yo hubiera sido una madre melancólica.

Desafortunadamente, el niño de la melancólica puede ser abrumado y desilusionarse si el padre/madre establece normas muy elevadas; más aun si pone esas metas fuera del alcance del pequeño. Tal niño se sentiría como si nunca pudiera hacer lo suficiente para complacer al padre/madre melancólico, pues, sin duda nada es bastante bueno. Reviste importancia capital que el padre/madre melancólico aprenda a establecer esos estándares a un nivel alcanzable para que el niño tenga sentimientos de logro, y se dé cuenta de que, a menos que el niño sea también un melancólico, puede no ser capaz de lograr lo que el padre/madre desea. Esta sola comprensión puede ser un instrumento de sanidad de las relaciones de esos padre/madre-hijo.

Algunos padres con temperamento melancólico elegirán subconscientemente a un niño del sexo opuesto para que sea una compañía especial. Por lo general, el melancólico se ha desilusionado mucho de la incapacidad de conformar a su cónyuge a la imagen que tenga de una esposa perfecta y, entonces, procederá a ir al material más flexible del niño. Este padre tenderá a sacar al pequeño del mundo infantil, metiéndolo en el mundo adulto precoz al compartir todo, desde las luchas o desilusiones emocionales hasta los problemas o fracasos de los negocios. Sin darse cuenta de lo que está pasando, el padre le roba la infancia al niño y lo lleva al mundo adulto de problemas, presiones y emociones. El padre siente que está dando especial atención a este niño y no logra ver que eso que hace le causará problemas emocionales futuros.

Llegará el momento en que el niño llegue a la adultez, pero no sin una engañosa raíz de amargura y enojo debido a esa infancia perdida. Esos sentimientos saldrán a la superficie en su momento en forma negativa y resentida, y el padre/madre culpará al niño. «No puedo imaginar por qué se volvió en mi contra después de todo el amor que le he dado». Lana Bateman cuenta una situación así que le fue presentada para consejería en oración.

> «Terry, una encantadora señora colérico/melancólica, vino a verme quejándose de problemas matrimoniales. Ella no creía que su marido la amara, pero cuando le pedí que explicar sus acciones hacia ella, me contó una historia diferente. Él sonaba como un marido amable y preocupado, que anhelaba que su esposa fuera ella misma, sin depositar un insalubre valor en él.
>
> »Al ir conversando supe que esta joven creció con un padre melancólico que la hizo su compañera desde su primer aliento. Él le contaba sus esperanzas, sueños, inventos, decepciones y luchas. Él la trajo a su mundo de negocios y emociones, por lo que ella perdió su identidad real y llegó a ser la extensión de un gran hombre. Ella también perdió su infancia al abrirle él su mundo con todas sus tensiones.
>
> »Como su padre no sabía cómo dar amor sano, Terry tuvo que redefinir el amor en términos de lo que *él era* capaz de dar. El amor se volvió una aspiración a ejecutar su grandeza. El amor se volvió en el anexo de un hombre que constantemente empuja a logros mayores y mejores.
>
> »No sorprende, pues, que esta joven no pudiera aceptar el amor sano de su marido. Él sólo quería que fuera ella misma y no una extensión de su padre. Ella nunca había experimentado una actitud tan extraña ¡Él no debía amarla!

Su idea de lo que era realmente el amor había sido tan distorsionada por el padre melancólico que la hizo un sustituto de su esposa, y ella no podía percibir el amor genuino cuando le era presentado. Esta distorsión casi destruyó su matrimonio, y llevó varios años para dejarla atrás exitosamente.

»Aunque este problema de relaciones no existe, por cierto, para todos los melancólicos, ocurre con cierta frecuencia entre los que han sufrido infancias dolorosas. Esta es una zona de oración preventiva si un padre con este temperamento se halla favoreciendo seriamente y pasando tiempo con un niño en particular.»

La madre melancólica con hijos sanguíneos tiene dificultades para darse cuenta del valor que tiene la risa para estos pequeños. Ellos trabajarán para «tener contenta a la madre», y si ella responde, ellos se regocijarán mucho. Puedo recordar cómo mi padre, dos hermanos y yo hacíamos todo lo posible por divertir a mi madre flemática/melancólica, que se limitaba a suspirar y decir a mi padre:

—Si no dejas de enseñarles todas esas tonterías, nunca valdrán un alfiler.

Cada tanto llegábamos a Mamá y ella se reía realmente. Estos fueron puntos altos de nuestra infancia. Así que madres melancólicas, dense cuenta de que la vida puede ser difícil, pero una risa aquí y otra allá ayuda.

Una mujer de Texas me escribió la siguiente carta:

> «Acabo de terminar de leer su libro *Personality Plus* y quería decirle cuánto lo disfruté y cuán útil encuentro que es. Satisface el *verdadero* examen de "disfrutable", pues mi temperamento, principalmente melancólico (con mucho de flemático), rara vez se conmueve para ¡reír fuerte! Sus deliciosas ilustraciones fueron tan *verdaderas* de la vida .... que repetidamente me encuentro riendo con profundas carcajadas. Mi preciosa hija sanguínea, de cuatro años, no tenía idea de qué me estaba riendo, pero deleitada por la oportunidad de reírse y divertirse un poco, se reía a todo volumen al unísono. Una vez hasta me trajo el libro diciendo: "Aquí, mamá..., leamos tu libro y riamos juntas".
>
> »Pero la risa fue una "regalía .... lo principal que le

agradezco es la comprensión que este libro me ha dado. Mi marido siempre ha creído .... que "todo estaría muy bien si ella se soltara", mientras que yo, por otro lado, he tenido problemas hasta para *creer* que alguien pueda colgar un cuadro sin "medir toda la pared".

»Ayer, leyendo a mi hija *The Best Nest*, de P. D. Eastman, un delicioso libro infantil, me encontré sonriendo al descubrir por qué el señor y la señora pájaro seguían reubicando su nido... pobre señor pájaro, flemático, contenido, impulsado por su colérica señora pájaro. Hasta las ilustraciones prueban la teoría: ¡ella *luce* mandona!

»Linda Klatt.»

Algunos melancólicos son estorbados durante los años de ser padres por constantes brotes de depresión, mientras que otros batallan con el síndrome del martirio. Aunque es cierto que cualquier temperamento puede caer presa de la bestia del martirio, el melancólico es, de lejos, el más susceptible. Esto nos obliga a mirar más de cerca al temperamento más autosacrificado para entender su vulnerabilidad. El melancólico puede sufrir de uno de dos tipos de «martiriomanía».

El primero se llama *el mártir franco*. Este tipo de mártir está hablando constantemente de todo lo que ha hecho por los niños. El mártir franco puede sonar como esto: «¿No te importa cuanto tengo que trabajar para darte lo que tienes?», o «Nunca tengo tiempo para mí. Todo lo que hago es trabajar hasta gastarme los dedos, y estas son las gracias que obtengo». Evidentemente este tipo de descarga emocional produce una carga de culpa en el niño.

El segundo tipo de mártir melancólico es llamado *el mártir sutil*. Raramente habla de su autosacrificio, si lo hace, sino que sencillamente entrega su vida en el altar de las necesidades de los niños. Los niños del mártir sutil pueden pasarse toda una vida mirando al padre/madre que anda ordenando detrás de ellos, limpiando sus cuartos y, en algunos casos extremos, hasta haciendo sus tareas.

Este tipo de mártir dará todo al niño aunque sea extremadamente imprudente hacerlo. Tal clase de padre/madre sacrificará a menudo sus propias necesidades para comprar para el niño sin nunca decir siquiera el costo personal.

El niño del mártir sutil sentirá tremenda culpa, pero será a nivel subconsciente. Tal como el martirio del padre/madre es sutil u oculto del entendimiento abierto, así la culpa del niño está escondida en la mente subconsciente. El único roce que puede tener ese niño con esa presión engañosa podrá ser una sensación de tener que pasar toda una vida pagando al padre/madre por eso que nadie puede explicar. El niño puede decirlo así: «Nunca seré capaz de hacer lo necesario para compensar a mi madre o padre por todo lo que han hecho. Trato tanto y nunca parece suficiente. ¿Por qué siempre me siento culpable?»

Estamos empezando a ver que, aunque el melancólico es un padre/madre confiable y preocupado, hay zonas definidas de trastornos en la relación padre/madre-hijo.

El melancólico es una de las dos personalidades dominantes, segunda sólo al colérico. Quizá en forma callada el melancólico es la más controladora de todas. Este temperamento puede dañar más moviendo lo ojos, con miradas de desencanto y profundos suspiros, que todos los otros temperamentos con miles de palabras. Este es un dominio poderoso y sutil, y hace que el niño se sienta culpable, inadecuado y sofocado, todo al mismo tiempo.

Cuando el melancólico deja que estas tendencias se le escapen de las manos, el niño empujará mucho y rápido por irse de casa y en su adultez, muchos efectivamente se distancian de los padres melancólicos que le lloran a sus amigos por autocompasión.

Los padres coléricos

El padre/madre colérico es cumplidor y responsable, virtualmente nunca olvidará dónde tiene que estar el niño ni cuándo tiene que estar allí. Un colérico ejerce un sano liderazgo en casa e, invariablemente, tiene la respuesta correcta para toda pregunta que un niño pudiera formular.

No sólo se establece metas para sus hijos sino que el colérico no tiene problemas para poner en acción a toda la familia. Puede contarse con el colérico para organizar y ejecutar lo que sea necesario, para satisfacer las necesidades de sus hijos en casi todo aspecto salvo el de las emociones. Puesto que el colérico considera débil a la gente que llora, le transmite a sus hijos que ellos no deben dejar que se noten sus sentimientos.

EL colérico, como el melancólico, debe mantener absoluto control de sus hijos. Mientras que el melancólico domina emocionalmente, el colérico domina abiertamente y se conoce como el temperamento agresivo. Sus hijos aprenden que hay solamente una manera de comportarse y muchos se ponen máscaras flemáticas de sumisión, que ocultan sus personalidades reales aun de sí mismos.

Otra zona de combate en la relación padre-hijo del colérico es la de la calidad del tiempo que pasan juntos. El colérico suele ser un adicto al trabajo y supone que si gana buen dinero eso es todo lo que debe esperarse de él. Cuando el colérico *está* en casa, exige constante productividad de sus hijos, dándoles poco tiempo para relajarse. Una señora me contó que había sido criada en una finca, y que una vez por semana, todos iban al pueblo a un autocine. Su madre colérica no podía dejarles perder el tiempo, así que todos los niños se sentaban en la parte de atrás de la camioneta y pelaban maíz, limpiaban frijoles o pelaban arvejas mientras miraban *Blancanieves*. El lema colérico es: «Nunca los dejes descansar». La productividad está al lado de la santidad. Desgraciadamente, el colérico preferiría hacer algo por sí mismo que tolerar lo que concibe como mal desempeño de parte de un niño. Desafortunadamente no hay otra manera sino la del colérico y esto puede destrozar a un niño que necesita aprender de un maestro abierto y paciente, que le permitan cometer errores.

El padre/madre colérico sacará el proyecto de las manos del niño diciendo: «Sabía que tendría que hacer esto yo mismo». Un comentario así devasta al niño, señalándole que es inepto. Más tarde, cuando este padre/madre diga: «¿Qué te pasa, estúpido?», el niño confirma para sí que no vale.

Este tipo de conducta de los padres es tan frecuente en los coléricos que, a menudo, veo hombres de mucho éxito cuyos hijos han resultado, todos, ser un fracaso. Ellos no pueden entender cómo sucedió, cuando tenían todas las oportunidades del mundo para triunfar.

Un millonario vino a un seminario *Personality Plus* y después me llevó a ver su nuevo avión privado. Cuando estuvimos solos, me contó la típica historia de su hijo. El joven había recibido toda ventaja imaginable y tenía las puertas abiertas que la persona promedio nunca esperaría pasar. Había andado mal en la escuela y parecía inepto para la empresa familiar.

—¿Lo ha dejado ir por cuenta propia? —pregunté.

—Oh, sí, y eso fue un fiasco. Arruinó a una familia y un negocio mientras estuvo allá, y no tuve otra opción sino traerlo de vuelta a casa y mantenerlo. Él quiere ser rico pero no tiene idea de cómo trabajar. —Entonces el hombre bajó su cabeza y calmó su rabia —Después de escucharla a usted, hoy puedo entender que soy un colérico y supongo que hice todo mal como padre.

Es difícil, casi imposible, que un colérico entienda que su impulso y supuesta inspiración hacen que un niño se sienta sin valor. «¿De qué sirve? De todos modos nunca lo lograré», piensa el niño. A veces el niño colérico determinará darle una lección a su padre, pero en su rabiosa búsqueda yerra el blanco y falla. Entonces puede venir a casa sometido como el hijo pródigo, o hundirse en un estilo de vida que avergüence a sus padres. Este estilo de vida negativo parece ser la única forma en que puede ejercer dominio y ganar. Ya no compite más y ha hecho que su padre tenga un ataque al corazón.

Los adolescentes que han vivido con un padre/madre fuertemente colérico y que saben que nunca serán lo que Superpapá o Supermamá quieren que sean, tienden a deprimirse. Los padres siempre se asombran cuando los niños inteligentes de buenas familias súbitamente se suicidan «sin ninguna causa».

Si eres un padre/madre colérico, ten el valor suficiente para sentarte con tus hijos y preguntarles si eres en algo como estos padres que he descrito. Observa el lenguaje corporal de ellos, como también lo que dicen, pues pueden estar demasiado asustados para decir la verdad.

El padre/madre colérico se impacienta rápidamente con las inmaduras capacidades de tomar decisiones de los niños, así que decide todo por el niño. Este problema, junto con una personalidad exigente, nada emocional y dominante, pueden aplastar y herir el sensible espíritu de un niño, produciendo rebelión en un joven mayor e incapacitándolos para decidir algo en la vida.

Lana Bateman cuenta una experiencia con su hijo.

> «Rob, nuestro hijo flemático, estaba en casa de vuelta de la universidad. Había hecho algo sin pensar, y su papá respondió con la volátil rabia de la impaciencia colérica.

Esto hizo que Rob quedara avergonzado frente a un amigo suyo que estaba ahí. Después de que habían sido comunicados los instintos naturales de ese colérico, Dios empezó a oprimir el corazón de Marc, mostrándole que, si bien había manifestado un valioso principio a su hijo, el mensaje se iba a perder en la vergüenza de haberlo despreciado ante su amigo. Dios le mostró a Marc que si bien sus palabras eran sabias, su manera de expresarlas destruía su influencia.

»Marc se levantó de la cama esa noche, se vistió y fue abajo para disculparse con Rob, en presencia de su amigo. ¡Qué hermosa ilustración de lo que Dios puede hacer para vencer nuestros defectos temperamentales naturales si tan sólo nos abrimos a Él y deseamos complacerlo con nuestro ser padres! Dios anhela tratar las partes destructoras de nuestras personalidades, y para el colérico la rabia precipitada suele estar en el primer lugar de la lista.»

Un recuerdo que cuesta que un niño suelte es la sensación de la rabia de un padre/madre que parece tener un efecto profundo y duradero en la mente joven.

Si eres un padre/madre colérico, no te entregues al disgusto ni te califiques de fracaso. Probablemente no hayas hecho muchas de estas cosas, pero seguramente la tendencia está ahí y debes tener precaución para no arrasar la necesaria fuerza del yo de tu hijo. Tienes una fortaleza que otros padres codician: puedes hacer más en menos tiempo que cualquier otra persona. Pero relájate, quita la presión en la entrada de tu casa y déjalos que vean el encanto que exhibes cuando estás allá afuera, en el mundo. Si tu hijo nunca gana un partido de la Liga Menor, eso no importará si tú le dices que lo amas tal como es, ganando o perdiendo partidos. Pero si gana nueve de cada diez veces y le preguntas por qué no ganó la décima, toda su temporada puede convertirse en un desastre.

Motiva, alienta e inspira, pero no domines ni pongas tu familia en una infinita situación tipo rueda de molino.

Los padres flemáticos

La pacífica personalidad del flemático tiene una forma para estabilizar a los niños. Los pequeñuelos necesitan una rutina en sus vida y el flemático es una persona que florecerá precisamente en eso mismo, porque no les gusta el cambio y no sienten la necesidad de ser creativos innecesariamente. Esa cualidad despreocupada de este temperamento los hace ser padres calmados y aceptadores, que no se alteran fácilmente y que siempre parecen tener tiempo para los niños. La madre flemática pondrá el juego con los niños por encima de limpiar la casa. Sin embargo, hay ciertas desventajas en el padre/madre flemáticos tal como las hay en los otros tres temperamentos que hemos revisado.

El flemático tiende a ser un padre/madre permisivo, a fin de evitar el conflicto. El deber y la responsabilidad no son palabras del vocabulario flemático, el que a menudo se va por el camino fácil. Puesto que al flemático no le gusta que le digan qué hacer por esa vertiente de tozudez latente, las presiones de la responsabilidad son dejadas al colérico con quien suele casarse el flemático.

Los hijos de un flemático consideran a menudo que este progenitor es perezoso y débil, sintiendo que no está dispuesto a defenderse en momentos de conflicto. Es importante encarar esa actitud si el flemático es confrontado por un hijo que se acerca a la adultez.

Un joven colérico fue donde su madre a quejarse amargamente de que ella era débil y dejaba que «Papá» la llevara por delante. Era obvio que este muchacho estaba tomando la ofensiva por su madre, pero desafortunadamente para él, no había percibido apropiadamente la relación entre sus padres. Esta fue la respuesta de su madre.

> «Hijo, parece que no entiendes. Cuando algo verdaderamente me importa, lo manejo a través de tu papá. La mayoría de las cosas sencillamente no importan tanto. ¿Por qué debiera salirme con la mía cuando el resultado significa tan poco para mí, y por qué no debiéramos hacer las cosas a su modo, cuando eso significa tanto para él?»

Este joven empezó, por fin, a darse cuenta de una verdad del temperamento en lo que concernía a su madre. ¡En realidad, ella no se interesaba! Él desperdiciaba su enojo en una situación que realmente no existía. Por último pudo quitarse la responsabilidad emocional de proteger a su madre. Ella puede haber parecido vulnerable, pero no era tan indefensa como él había pensado.

Otro tipo de lucha familiar puede ocurrir debido a la tendencia del padre/madre flemático a ser algo lento o perezoso. Los niños pueden presenciar el conflicto entre sus padres por la falta de organización al cuidar la casa y los niños. El padre flemático puede olvidarse de pagar las cuentas o hacer las necesarias reparaciones de la casa. La madre flemática puede dejar sin guardar la decoración navideña hasta que la Pascua de Resurrección aparece en el horizonte. Aunque el flemático tiene la habilidad de realizar estas tareas, debemos recordar que esta personalidad evalúa casi todo subconscientemente en términos del gasto de energía que consumirá, incluyendo la crianza de los niños. Desafortunadamente, este padre/madre puede hallarse a menudo frente al televisor haciendo lo que le sale más naturalmente: ¡observando!

Aunque el padre/madre flemático es el más despreocupado y relajado, debe realizar el esfuerzo grande de terminar a tiempo lo que hay que hacer, pararse de la silla y disciplinar a los niños.

Para el estudio, pensamiento y acción:

Como el ser padres es un tema tan serio, debes tomarte el tiempo de sentarte con tu cónyuge a hacer una lista de sus virtudes y defectos como padres. Miren los diferentes enfoques que tienen para disciplinar dados los temperamentos de ustedes. Vean dónde residen sus conflictos. ¿Sus hijos los ponen a uno en contra del otro? ¿Uno de ustedes siempre cede? ¿Uno de ustedes es el blanco fácil?

Mientras Fred y yo criamos a nuestros hijos tuvimos una regla sencilla: cualquiera de nosotros dos a quien se le preguntara primero, daba la respuesta y eso era todo. No existía la opción de ir corriendo al otro padre a pedir una segunda opinión. Esto eliminó negociaciones y estableció la unidad.

Al hacer la lista de las diferencias que ustedes tengan como padres, anotándolas en tu cuaderno de personalidad, discutan cada una y empiecen a sentar algunas reglas básicas para continuar. Para triunfar como padres ambos deben estar en el mismo equipo, no en bandos rivales. Ustedes deben jugar el mismo juego, con la misma serie de instrucciones. Aun los niños pequeños saben cuando no hay unidad entre los padres y empiezan temprano a trabajar los estados de ánimo de sus madres, evitando la ira de sus padres.

En tu estudio de grupo trae artículos y casos sobre la depresión y el suicidio de adolescentes. Fíjate cuáles son las características en común de estos adolescentes descorazonados. Lee mis capítulos sobre la depresión del adolescente, uno en *Lives on the Mend* (Vidas en reparación) y otro en *Blow Away the Black Clouds* (Aleja los nubarrones) (edición revisada). Discute las causas de la depresión del adolescente mencionada en esa bibliografía y considera cuáles podrían aplicarse a alguno de tus hijos. ¿Ha habido un divorcio o muerte en la familia que los hiciera sentirse rechazados? ¿Ha habido mudanzas frecuentes que causen inestabilidad? ¿Ha habido enfermedades, privaciones o traumas que produzcan miedos?

¿Tus hijos han mirado programas de la televisión que asustan o que sean abiertamente sexuales? ¿Juegan a los calabozos y dragones? ¿Tienen amigos que toman drogas?

Al ir revisando estas y otras preguntas en tu estudio en grupo, formula algunas políticas básicas del ser padres con las que todos concuerden. Haz de esto un comienzo para que toda tu iglesia se interese nuevamente por criar a sus hijos con principios santos y prácticos.

Los padres están hoy desesperados por ayuda. ¿Por qué no ser el catalizador de un enfoque unificado para criar hijos en tu iglesia y comunidad? Si eres un padre/madre soltero o solo, es aún más importante que inicies un grupo con problemas similares para que puedan trabajar juntos en pos de soluciones positivas.

«Y vosotros, padres, no provoquéis a ira a vuestros hijos, sino criadlos en disciplina y amonestación del Señor» (Efesios 6:4).

Capítulo 10

¿Qué hay del fruto magullado?

AL APUNTAR A *recuperarnos* de los errores o enmascaramientos del pasado, queremos restaurarnos a nosotros mismos y a nuestros hijos a nuestra «forma original». ¿Cómo fuimos concebidos para ser?

El nacimiento de cada niño trae consigo una excitante oportunidad para el crecimiento creativo. Los abuelos detectan instantáneamente los rasgos físicos parecidos a los de alguien de su lado de la familia. Las madres esperan que la niña sea hermosa y los padres se preguntan cómo será el niño cuando crezca. El rango de potencial de cada vida nueva es ilimitado; de todos modos, no todos nosotros logramos la vida abundante que Dios ofrece.

En la parábola del Sembrador de Lucas 8 Jesús habla de cuatro tipos de crecimiento. Usando la semilla como Palabra de Dios, muestra cómo la semilla se desarrolla en forma diferente según dónde se planta y cómo se nutre. Apliquemos estas mismas verdades a nuestra semilla, nuestros hijos y nosotros mismos.

> «Una parte cayó junto al camino, y fue hollada, y las aves del cielo la comieron» (Lucas 8:5).

Algunos crecimos como semilla desparramada en el camino. Teníamos vida en nosotros, pero de alguna forma fue pisoteada, la gente pasó por encima nuestro y algunos nos patearon. Los pájaros volaron sobre nuestra cabeza y algunos nos picotearon y se rieron de nosotros. Después de estar un tiempo en el camino seco de la vida, nos retiramos, construimos un muro de protección en torno nuestro y dijimos: «No voy a dejar que nadie más me vuelva a herir».

> «Otra parte cayó sobre la piedra; y nacida, se secó, porque no tenía humedad» (Lucas 8:6).

Algunos crecimos sobre piedras sin humedad suficiente como para mantenernos ni nutrirnos, lo cual nos haría saber que éramos valiosos. No tuvimos el aliento que necesitábamos; nos preguntábamos quiénes éramos en realidad. Cuando clamábamos por atención, se nos dijo que nos calláramos como nuestra hermana o nos sentáramos quietos como nuestro hermano. Fuimos entrenados para ser *buenos*, pero no para ser *alguien* en particular. Probamos cambiando nuestras personalidades para ser lo que otros querían que fuéramos, y crecimos confundidos, con raíces que nunca se afirmaron del todo. Estábamos sedientos de amor de padres que tenían corazones encallecidos y que habían vivido en las piedras. Hicieron lo mejor que sabían, pero no fue suficiente para nosotros y nos marchitamos y nos secamos emocionalmente.

> «Otra parte cayó entre espinos, y los espinos que nacieron juntamente con ella, la ahogaron» (Lucas 8:7).

Algunos crecimos entre espinos, ahogados por las preocupaciones del mundo; tuvimos padres que eran temerosos de lo que podía pasar o que siempre pensaron lo peor de nosotros. Algunos nos dijeron lo malo de nosotros pero rara vez lo bueno.

Algunos de ellos buscaron riquezas, y otros los placeres, y nosotros parecíamos interponernos de alguna forma en el camino. Algunos nos abandonaron completamente y nuestros corazoncitos se rompieron mientras vagábamos por los malezales del mundo, escondiendo nuestros sentimientos y poniendo «al mal tiempo, buena cara». Sentimos que debíamos ser culpables de cada uno de sus fracasos y tratamos de librarlos de su pedazo de matorral, sin ser agarrados nosotros mismos.

Algunos de nosotros tuvimos hermanos que fueron nuestros espinos, que se burlaban de nosotros, que eran considerados mejores que nosotros, que hasta pueden habernos tratado mal: espinos que crecieron con nosotros y ahogaron nuestro crecimiento emocional.

> «Y otra parte cayó en buena tierra, y nació y llevó fruto a ciento por uno» (Lucas 8:8).

Algunos de nosotros, los afortunados, crecimos en buena tierra, con padres que eran emocionalmente maduros y estables, que nos dieron amor sano y para nada egoísta, y que nos trataron a cada uno como un precioso regalo de Dios. Estos padres conocían Proverbios 22:6, no sólo como un versículo sino como clara orden. Procuraron entender el temperamento individual de cada niño, sus talentos creadores y dones espirituales, y nos entrenaron tal como debíamos ser entrenados, para que al crecer supiéramos quiénes éramos y no tuviéramos que andar en una búsqueda incesante para encontrarnos a nosotros mismos.

¡Cuán gratificador es para un padre/madre mirar su cosecha y ver que ha madurado más allá de toda expectativa! Cada niño ha crecido a su propio potencial. La rosa no ha sido pintada para que parezca una cinia y la sonrisa no ha sido borrada de la cara de la margarita; no se ha dicho a la campanita azul que no repique.

En el Jardín de Dios hay mucha gente que está floreciendo para su gloria, pero, ¿qué hay del fruto magullado: aquellos que han crecido en suelos que distaban mucho del ideal, que han tenido que luchar para seguir vivos, y cuyas raíces no son lo bastante profundas para mantener recto a sus árboles; aquellos que han caído y han sido heridos cuando los golpean los vientos de la adversidad? ¿Qué hay del fruto magullado?

Si has leído cada capítulo de este libro, si has pensado introspectivamente en tu vida y aún quedan preguntas sin respuesta sobre tu identidad, quizá hayas crecido de semilla que fue hollada, que no fue regada ni fertilizada, que fue sofocada por las exigencias de los demás. Piensa de nuevo en tu infancia y pide al Señor que te revele los traumas que hayas podido guardar en las grietas de tu vida, las heridas o malezas amargas que no hayas arrancado y tratado en forma realista y espiritual. Los consejeros suelen concordar en que resulta difícil ayudar a una persona con un problema cuya existencia es firmemente negada.

A medida que he estado enseñando en los seminarios basados en mi libro *Lives on the Mend,* he ido conociendo cada vez más mujeres que han suprimido las heridas del pasado y que han negado que las privaciones o el maltrato sufrido en la infancia tengan algo que ver con sus dolores de cabeza crónicos o los desórdenes del comer.

A menudo, luego de escucharme repasar los síntomas de una víctima, se acerca una mujer diciendo, calladamente: «Nunca antes en mi vida le he contado esto a alguien». Entonces la llevo a un costado y escucho las heridas y dolores de corazón de toda una vida. Hoy sabemos que el abuso de todo tipo: físico, sexual y emocional predomina en el mundo, pero pocos nos damos cuenta de que hay víctimas con dolores del pasado, reprimidos, que se sientan en nuestras congregaciones, víctimas que nunca se han atrevido a contarle sus problemas al pastor, o a los demás feligreses aparentemente perfectos.

A algunos que han confesado sus heridas les han dicho de parte de cristianos bien intencionados que oren por eso, que piensen positivamente o que perdonen al causante: todas buenas ideas; sin embargo, algunos han seguido sinceramente todas estas sugerencias y siguen teniendo dolor emocional.

Por más que deseemos ignorar los hechos, el incesto y el maltrato están bien vivos en nuestras iglesias, y nosotros recién estamos tomando conciencia de sus devastadores efectos de largo plazo. Además del maltrato mismo, la gran tragedia es que estos niños crecen como inválidos emocionales. Ya adultos, siguen sufriendo por los dolores de su pasado, y a menudo han enterrado sus sentimientos magullados a tanta profundidad que tienen huecos en su memoria, lo que suele indicar un severo trauma infantil.

¿Responden todas las víctimas de la misma manera a los traumas infantiles? Evidentemente no, pues hay tantas variables, como la intensidad y la frecuencia del ataque, la relación de la víctima y el victimario, y el patrón básico de temperamento previo a la magulladura del fruto. Aunque este capítulo no pretende ser un tratado de sicología, he hallado que cuando muestro un cuadro general de las respuestas acordes a los tipos de personalidad, ayuda a que la gente se examine a sí misma, a sus amigos dolidos y aun a sus propios hijos.

Cuando se maltrata a un niño, ya sea física, sexual o emocionalmente, al comienzo queda en estado de estupor. Aunque el ataque o abuso emocional no es culpa del niño, la víctima se siente culpable, y de alguna forma, también se siente digno de que lo culpen. Muy por dentro el niño se siente sucio y de poco valor. Cualquiera sea el temperamento básico del pequeño, el «niño interior» acepta el veredicto: «Soy culpable». Sin embargo, la reacción al abuso varía conforme a la personalidad innata.

Para darnos una herramienta consistente en una sencilla serie de guías, dividámonos en dos categorías: la mezcla de (1) el melancólico/flemático: introvertido, absorbente de culpa, fácilmente deprimido y pasivo; y (2) el sanguíneo/colérico: extrovertido, optimista, realizador y resistente. ¿Cómo podría cada serie responder al trauma?

Los síntomas del melancólico/flemático empiezan por aceptarse a sí mismo como indigno de amor e incapaz de llegar a gran cosa en la vida. De niños normales se convierten en pesimistas, sin entusiasmo, cargados de culpa y a menudo ensimismados, después de haber sido maltratados o privados emocionalmente. Suelen tener depresiones precoces, rara vez parecen verdaderamente felices y pueden sufrir fobias. Algunos desarrollan dependencia de otras personas, y después lo hacen con el alcohol o las drogas para mantenerse o sentirse con algo de valor. Al crecer algunos desarrollan trastornos del comer o digestivos, y señales de problemas emocionales. Debido a la culpa que asumen por su pasada victimización, algunos pueden desarrollar profundos complejos de inferioridad o juntarse con gente de una clase inferior para elevar su imagen de sí mismos.

Enviarlos a entrenamiento en autoafirmación o a un seminario puede no hacer nada más que sacarlos a flote unos pocos centímetros, a menos que se exponga la causa subyacente y se la trate.

Ellos ven que los demás triunfan, mientras que todo lo que ellos tocan parece volverse cenizas. Aun sus logros les parecen fracasos. Cuando son mujeres buscan frecuente consejo de cada conferencista o evangelista visitante, pero nunca parecen beneficiarse del consejo lógico. Siguen esperando que el próximo consejero les de la fórmula del éxito, pero con demasiada frecuencia los consejeros ni siquiera preguntan por la posibilidad de privaciones o abusos en la infancia. Hasta que la víctima del maltrato que tiene este tipo de personalidad no busque consejo en amor, que trate su culpa profundamente asentada, seguirá deprimida sin entender realmente por qué.

La víctima sanguínea/colérica que es de personalidad más fuerte, siente la culpa pero rehusa rendirse a ella. Decide no dejar que este trauma o serie de hechos arruine su vida. Quiere lograr sin que importe el costo; tiene la necesidad compulsiva de demostrarse a sí misma, a Dios y a los demás que está bien. Cubre el abuso, se pone un gran parche sobre sus heridas y sigue adelante con la vida. En la escuela es muy autoexigente, activa y a menudo excesivamente cumplidora. Se torna en la persona que cuida de los que tienen problemas, habitualmente es un líder firme y suele salir con hombres mayores y exitosos. Como adulto puede llegar a ser un perfeccionista adicto al trabajo. Estas víctimas suelen entrar al servicio cristiano de jornada completa o convertirse en trabajadoras sociales, donde parecen llevar vidas sacrificadas. Pueden mostrar impulsos obsesivos –hasta neuróticos– que cubren las profundas heridas ocultas por dentro y los problemas físicos, que no dejan que nadie conozca, tales como alergias, jaquecas, úlceras, colitis y molestias inexplicables.

Mientras que los síntomas de las víctimas pasivas se muestran como problemas emocionales a quienes observan, la víctima activa engaña a la mayoría y hasta es elogiada en la iglesia por su dedicación completa a Dios y a las obras de caridad.

La víctima-hacedora sanguínea/colérica se enorgullece muchas veces de la manera en que ha manejado los abusos pasados, y sin darse cuenta de las diferencias de las personalidades desprecia a los que no pueden arreglar todo. Suelen ser las que hablan en contra de la consejería o de cualquier ayuda externa, porque ellas han sido capaces de controlarse a sí mismas a pesar de los problemas. «Si yo puedo hacerlo, ¿qué te pasa a ti?» A menudo tienen poca compasión por los «eslabones débiles» y les añaden culpa diciendo: «Si realmente fueras cristiano, a esta altura ya hubieras superado esto». Aunque tengo la seguridad de que tienen buenas intenciones y de que pueden ayudar a algunos hipocondríacos, su confianza y autoridad puede ser la proverbial gota que hace rebasar el vaso ajeno, diciendo: «Yo estoy bien pero tú das lástima, y seguramente no eres espiritual». Todos debemos tener mucho cuidado para evitar apilar culpa sobre la gente que no puede manejarse con la vida como nosotros. ¡Cuánto sirve que nos demos cuenta de las diferentes personalidades y sus reacciones a las circunstancias adversas, para que podamos tratar a los demás con sabiduría y sin ignorancia!

En CLASS hallamos muchas víctimas sanguíneo/coléricas que han estado por encima de sus emociones, aparentando un confiado dominio hasta que llegan a los cuarenta. No sabemos por qué ese es el punto de no retorno, pero, súbitamente, esta superhacedora empieza a desmoronarse. Se disculpa por llorar y se odia por ser débil. Algunas han estado tomando remedios para el dolor que repentinamente dejan de hacer bien, y se ven llevadas a una depresión que siempre habían podido controlar. El dolor es el gran nivelador de todas las personalidades, y a menudo obliga a que el más fuerte de nosotros busque ayuda.

No importa cuál sea la combinación de personalidades de una persona, pues el primer paso para superar los dolores del pasado es admitir que hay un problema y disponerse a tratarlo. La negación solamente profundiza la depresión.

Para el estudio, pensamiento y acción:

Lee la parábola del Sembrador en Lucas 8, referida a los diferentes tipos de semillas y suelos. ¿Alguna de estas situaciones te despierta ecos familiares de tu pasado? ¿Te sentiste empujado cuando eras niño? ¿Pisoteado? ¿Pasado por encima? ¿Alguna vez abusaron de ti? ¿Se pasó tu infancia en las piedras sin atención ni nutrición? ¿Rara vez recibiste amor no egoísta? ¿Tuviste que pelear por abrirte camino entre las malezas, sintiéndote rechazado, solo o culpable?

¿O fuiste el niño de padres amantes y emocionalmente estables, que te trataron con respeto y te instruyeron de acuerdo a tu propia personalidad y talentos?

Empieza pidiéndole a un amigo que escuche la historia de tu vida y que vea si puede discernir inconsistencias en ella. Si estás haciendo este estudio en grupo, no lo conviertas en un tiempo de confesión masiva que avergonzará a algunos miembros. En vez de eso, forma parejas para esta parte del análisis, haciendo que cada persona comparta sensiblemente con la otra lo que recuerde de los dolores de la infancia. A menudo la expresión verbal de heridas pasadas inicia el proceso de curación. Anima a la persona que nunca antes ha compartido esto con nadie, asegurando la confidencialidad. Algunos serán ayudados al conversar con el pastor aunque las mujeres me dicen a menudo que les asusta que el pastor «lo sepa todo» y entonces ellas dejen de gustarle. Las víctimas de abuso sexual frecuentemente no pueden relacionarse con un consejero del mismo sexo del abusador.

Si manejas inglés, lee el capítulo de *Incesto* (10) en *Lives on the Mend* y repasa los diez pasos a la recuperación más el capítulo sobre *Dolores emocionales del pasado* (15), que incluye el proceso de sanidad interior. Muchos son también los que han hallado que escribir sus pensamientos y sentimientos en un diario puede servir de mucho.

Haz un estudio de los consejeros y grupos de apoyo disponibles en tu zona. Averigua qué ministerio tiene tu iglesia, y luego averigua de las otras. A veces una iglesia de una zona tendrá una persona en su equipo que se especializa en casos de incesto, mientras que otra puede negar que tenga alguna víctima. Se precisa de personas que se interesen por los demás para dedicarles el tiempo necesario para darles una lista de recursos a los necesitados.

«...árboles otoñales, sin fruto,
dos veces muertos y desarraigados»
(Judas 12).

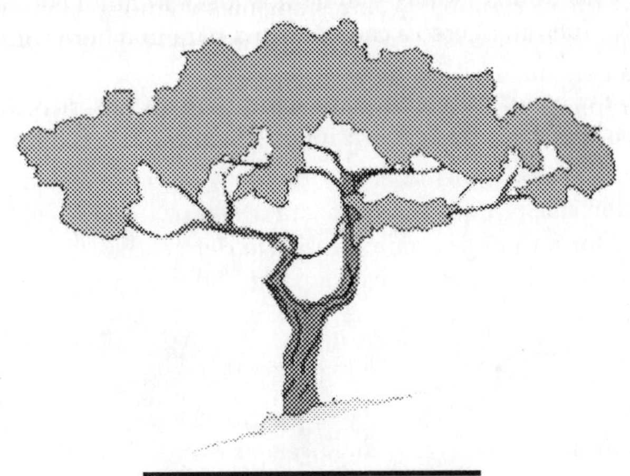

PARTE III

RECUPERA EL PASADO CON UN FUTURO QUE DURARÁ

RECUPERAR:
«Restaurar a su forma original»

AHORA QUE HAS MIRADO profundamente en tu vida, que te has sacado las máscaras que ocultan a tu genuino yo, y que has empezado a comprender a las otras personas bajo nueva luz, es hora de que recuperes el espíritu original que Dios tuvo en mente para ti, y que restaures tu salud emocional y tu paz interior. Si al examinar tus raíces encuentras algunos rasgos o acciones negativos que se repiten, decide detenerlos ahora, antes de pasar a tus hijos lo que puedan haberte transmitido a ti. Sé un exhortador de los demás y ayúdalos a ser lo que Dios concibió que ellos fueran. Él creó a cada persona para una hora como esta.

«Porque el Señor es bueno; para siempre es su misericordia, y su fidelidad por todas las generaciones» (Salmo 100:5, B.d.l.A.)

Capítulo 11

¿Cómo excavar tus viejas raíces?

«Pero salido el sol, se quemó;
y porque no tenía raíz, se secó»
(Mateo 13:6).

AL IR PENSANDO en tu pasado e investigado tus antepasados, puedes haber hallado algo más que rasgos positivos de personalidad; puedes haber desenterrado algunos patrones de abuso o algunas enfermedades repetidas. Las estadísticas prueban que aquellos que fueron maltratados suelen convertirse ellos mismos en abusadores, así como quienes tuvieron padres que eran temerosos, suelen volverse fóbicos. En ese orden, más de la mitad de aquellos que tuvieron uno de los padres alcohólico, se casan con un alcohólico o se alcoholizan ellos mismos.[1]

Una muchacha, a la que llamaremos Jan, realizó un estudio para ver los efectos del alcoholismo en su familia. Investigó su propio trasfondo y con su hermano y su esposo entrevistaron a muchos parientes, todos los cuales se encantaron al agregar sus opiniones y anécdotas. Al narrar lo que ella me escribió, quizá estos resúmenes te alienten a sacar a luz algunas historias de tu familia y detectar problemas repetitivos.

El abuelo paterno de Jan era un alcohólico, extremadamente abusador, que abandonó a su familia, rehusó mantenerlos. No obstante se dejaba ver con la frecuencia necesaria para dejar embarazada a su esposa y llegar así a los nueve hijos, a quienes golpeaba cada vez que venía a casa. Con este trasfondo de una infancia patéticamente mala y el aborrecimiento por su padre, los nueve llegaron a ser alcohólicos; uno de ellos fue el padre de Jan. El tuvo nueve accidentes automovilísticos en diez años, atropelló a un niño cuando estaba borracho y una vez lo declararon muerto e iba camino a la morgue antes de revivir.

La madre de Jan venía de una familia llena de abuso sexual, físico y emocional. Ella era una de seis hijos, dos de los cuales murieron en la infancia y uno en un accidente de caza. La abuela de Jan, en su angustia, se comprometió a no querer a ninguno de sus otros niños para que no le doliera cuando Dios se los llevara. La madre de Jan, una de los tres sobrevivientes, se sintió rechazada y, oportunamente, se casó para irse de la casa y encontrar alguien que realmente la amara.

Casada con un alcohólico, ella se volvió adicta a la comida y juntos tuvieron cinco niños que crecieron en este enfermo escenario. Jan describe y rotula a cada uno como elenco de un drama alcohólico.

- El hermano mayor: El Superhéroe - Colérico. Es adicto al trabajo y alcohólico; maltrata de palabra a su esposa y descuida a sus hijos, los cuales no se sienten amados. Niega totalmente tener un problema, está lleno de hostilidades ocultas y rabia reprimida, y siente que no es alcohólico porque conserva un trabajo.
- La hermana mayor: Derrotada de nacimiento - Flemática. A los treinta y nueve años no puede funcionar sin la ayuda de su madre, quien le cocina y alimenta a sus cuatro hijos, que van desde los catorce a uno recién nacido. Ella

ha estado casada dos veces con «derrotados» y maltrata de palabra y de hecho a sus hijos. Poca esperanza hay para alguno de ellos, pues ella es emocionalmente incapaz de toda relación sana.

- Yo: La niña buena - Colérica. Por la gracia de Dios pude ver a comienzos de la vida que no quería ser como los demás. Decidí no casarme con un derrotado ni saltar al matrimonio para irme de los problemas de casa. Yo era la niña buena que iba a la iglesia y hacía sus tareas. El amor de Dios me ayudó a tratar la indiferencia y abuso de parte de la familia en un nivel que podía soportar. Me casé con un pastor, cuyo amor incondicional me ha dado un sentimiento de valor. Su paternidad de nuestros hijos me ha dado un modelo del amor de Dios por nosotros.
- El hermano menor: El chivo expiatorio - Melancólico. Fue la oveja negra de una familia tenebrosa, un niño sensible y llorón, criado por mujeres (madre, abuela y hermanas). Tuvo una personalidad dependiente y se metió en las drogas y el sexo ya en la escuela secundaria. Por milagro del Señor, ha sido redimido y está en preparación para pastor.
- La hermana menor: La mascota - Sanguínea. Ella fue la última, llegó a ser la mascota de la familia y está malcriada y dependiente a la vez. Está divorciada y maltrata emocional, verbal y físicamente a sus hijos, pateándolos y abofeteándolos a menudo. Sigue buscando a alguien que se encargue de ella y lleva un estilo de vida que no la llevará a ningún final bueno.

Por el resumen que hace Jan de la historia de su familia podemos ver cuán asombroso es que ella saliera de los patrones repetitivos y se volviera en una prueba de que todas las cosas son posibles con Dios.

En un viaje desde Cleveland a Chicago me senté cerca de un ayudante de cabina que estaba de franco. Al irme contando la historia de su vida me dijo que su padre era un alcohólico que nunca iba a ninguna de sus funciones escolares.

—Todo lo que quería era un padre normal que anduviera sobrio —dijo.

Preguntándole, supe que el abuelo también fue alcohólico.

Cuando le expliqué lo importante que era que él rompiera esta cadena de debilidad adictiva, me dijo:

—Mis amigos me hacen bromas porque soy demasiado recto y no hago las cosas que ellos hacen, pero así no corro riesgos.

Los problemas alcohólicos no son los únicos transmitidos de generación en generación.

Una mujer que vino a CLASS me escribió después contándome que había hecho un estudio de su familia, encontrando que en cinco generaciones el primer hijo había sido concebido fuera del matrimonio. Otra persona contó que no podía entender por qué sentía una extraña compulsión a golpear a su hijo. Al ir controlando sus impulsos y orando fervientemente por liberación, recordó cómo la había golpeado su madre. Preguntándole a un tío, supo que su madre había sido maltratada por sus padres.

El padre de un amigo se enojó, después de mirar *The Burning Bed* en la televisión, con el marido abusador, y descubrió después cómo su padre había golpeado a su madre. Nunca le había dicho a nadie de la familia cómo había tomado una escoba y golpeado a su padre, cuando tenía seis años, en un intento de proteger a su madre. El padre lo había tirado a patadas al otro lado de la habitación, y el hijo había guardado una rabia ardiente contra él desde entonces. Esta revelación explicó por qué rara vez deseaba pasar tiempo con su padre, y la discusión sacó a la luz aquellos sentimientos ocultos que nunca había revelado. Al hablar la familia con él, se acordó del odio de su padre por su propio padre, y empezó a preguntarse si él también habría sido maltratado.

Una consejera me contó con cuánta frecuencia encuentra que el divorcio se repite en las sucesivas generaciones, a menudo con las mismas excusas dadas como razón del por qué no pueden seguir juntos.

Los dolores de cabeza jaquecosos, las alergias y otros problemas relacionados a la tensión parecen tejer una trama repetida a través de las familias.

Aun la manipulación colérica, el rehacer las generaciones sucesivas en niños sumisos, sin que importe cual era el temperamento original, constituye un patrón que debe romperse. La gente que tiene un elevado cociente intelectual nunca parece alcanzar su potencial y suelen parecerse a un padre o madre frente al miedo latente de su incapacidad para manejar el éxito.

Los problemas físicos se repiten. En mi familia han aparecido muchas veces la diabetes y la hipoglucemia en cada generación, tan remotas como las podemos trazar. La razón por la cual los médicos piden las historias familiares es para ayudarse a detectar problemas posibles e, idealmente, detenerlos en sus etapas precoces.

Al mirar el trasfondo de tu familia, ponte alerta a las señales de los patrones negativos que deben cambiarse para que pueda ponerse de pie tu genuino *yo*.

Uno de los comentarios que nos llegan al personal de CLASS es que somos reales, abiertos, honestos. La gente nos observa durante tres días enteros, viendo que es posible que la gente sea auténtica. ¡Cuán triste es que esta realidad cristiana sea también considerada como novedosa...! Lo que ellos ven en nosotros no es la falta de problemas o tensiones, sino que hemos tratado las penas de nuestro pasado. Hemos investigado nuestros trasfondos en busca de pecados repetidos llevándolos, conscientemente, ante el Señor. Cada uno de nosotros ha estado uno o dos días en consejería y oración con Lana Bateman, y hemos perdonado a quienes nos hicieron daño. Algunos hemos pasado tiempo con Marilyn Murray, en su Centro de Terapia Restauradora, y hemos recibido gracia para un viaje sanador.

Una muchacha de Ohio escribió sobre su evaluación de CLASS:

> «Alabo a Dios por traerme aquí (cosa que Él hizo muy claramente). Había estado anhelando mucho compartirle a Jesús mi mundo, pero sin sentirme confiada. Descubrí que tenía muchas penas transmitidas en mi familia con las que no había tratado, y ahora me doy cuenta de que no tengo un mensaje de sanidad para el mundo sino hasta que yo me cure primero a mí misma.
>
> »Durante estos tres días Dios me ha librado de máscaras que no sabía que llevaba, debido a la autenticidad del personal y a la abierta aceptación de las mujeres de mi pequeño grupo. Sé que seré sanada por el Gran Médico, para que un día yo también tenga un mensaje que compartir.»

En un artículo intitulado «Eliminate Your Pain by Knowing Its Cause» (Elimina tu dolor conociendo su causa) la doctora

Katherine LaGuardia desafía a las mujeres a que asuman la responsabilidad de conocer sus cuerpos y cómo es que estos funcionan.

> «El dolor, especialmente el dolor crónico, es una mezcla no sólo de síntomas físicos sino también de inclinaciones históricas, factores sociales y del ambiente.»[2]

¿Tienes algún dolor que necesita ser sanado? ¿Tienes pesadas cadenas que deben ser rotas? ¿Tienes algunas raíces que deban extirparse?

Juan el Bautista dijo: «Haced, pues, frutos dignos de arrepentimiento .... Y ya también el hacha está puesta a la raíz de los árboles; por tanto, todo árbol que no da buen fruto es cortado y echado en el fuego» (Mateo 3:8,10).

Dios bendice en toda la Biblia a quienes obedecen, y castiga a los que son rebeldes. Él advierte una y otra vez a la gente.

> «Andad en todo el camino que el Señor vuestro Dios os ha mandado, a fin de que viváis y os vaya bien, y prolonguéis vuestros días en la tierra que vais a poseer» (Deuteronomio 5:33, B.d.l.A.)

Dios no sólo quiere que en la vida «os vaya bien», sino también a tus hijos.

> «...guardarás sus estatutos y sus mandamientos que yo te ordeno hoy, a fin de que te vaya bien a ti y a tus hijos después de ti, y para que prolongues tus días sobre la tierra que el Señor tu Dios te da para siempre» (Deuteronomio 4:40, B.d.l.A.)

> «Reconoce, pues, que el Señor tu Dios es Dios, el Dios fiel, que guarda su pacto y su misericordia hasta mil generaciones con aquellos que le aman y guardan sus mandamientos» (Deuteronomio 7:9, B.d.l.A.)

Como Dios ama a sus hijos, se aflige cuando desobedecemos y debemos ser castigados, así como nosotros nos entristecemos cuando debemos disciplinar a nuestros hijos.

«¡Oh, si hubieras atendido a mis mandamientos! Fuera entonces tu paz como un río, y tu justicia como las ondas del mar. Fuera como la arena tu descendencia, y los renuevos de tus entrañas como los granos de arena; nunca su nombre sería cortado, ni raído de mi presencia» (Isaías 48:18,19).

Al haber reflexionado sobre nuestras familias y analizado sus personalidades podemos haber hallado algunas raíces torcidas que necesitan el hacha. Dios es paciente, tiene gran misericordia y perdona nuestras transgresiones, pero su Palabra nos dice que los pecados de los padres son castigados en la tercera y cuarta generación.[3]

Para el estudio, pensamiento y acción:

Sigue estos pasos en forma individual y comparte con tu grupo la Escritura y las lecciones aprendidas. Si has pasado solo por este libro, empieza un grupo de apoyo para las personas que quieren entenderse a sí mismas y aprender a llevarse mejor con los demás.

Traza tus raíces: Pasa algo de tiempo con el grupo en trazar cualquier rasgo repetido arraigado en tu árbol genealógico. Haz una lista de ellos en tu cuaderno de personalidad y escribe un párrafo sobre cada miembro del elenco, como lo hizo Jan con su familia. ¿Qué pecados han sido castigados en las generaciones sucesivas? ¿Quizás podrías escribir un libro? Copia cada oración en tu cuaderno, agregando tus listas y peticiones personalizadas.

«Querido Jesús, he aquí algunos de los problemas y pecados de nuestras generaciones pasadas. Me arrepiento por ellos, pido tu perdón y poder limpiador para quebrar el sostén que estos pecados tienen en nuestra familia.»

Saca las malezas: Al observar los pecados del pasado, puede que encuentres algunas malezas en el presente. ¿Qué ves en tu vida que necesite desarraigarse ahora? Jesús dijo:

> «Toda planta que no plantó mi Padre celestial, será desarraigada» (Mateo 15:13).

Él quiere sacar todo lo que no le complace, todas las malezas que estén brotando en su jardín.
En Hebreos leemos,

> «Mirad bien, no sea que alguno deje de alcanzar la gracia de Dios; que brotando alguna raíz de amargura, os estorbe, y por ella muchos sean contaminados» (Hebreos 12:15).

Al anotar la lista de malezas que te están enredando haciéndote caer, recuerda qué tienes que hacer con ellas.

> «Despojémonos de todo peso y del pecado que nos asedia, y corramos con paciencia la carrera que tenemos por delante» (Hebreos 12:1).

Quema las ramas muertas: El Señor Jesús nos dice que Él es la vid y nosotros somos sus pámpanos.

> «El que en mí no permanece, será echado fuera como pámpano, y se secará; y los recogen, y los echan en el fuego, y arden» (Juan 15:6).

¿Cuáles son las ramas muertas que has estado salvando del fuego? ¿Cuáles son los defectos del temperamento que has mantenido, pretendiendo que eran virtudes?
Haz una lista de cinco defectos conductuales que el Señor te haya mostrado mientras leías este libro. Depositalos en el altar de la gracia de Dios y quema las ramas muertas de tu vida.

> «Olivo frondoso, hermoso en fruto y forma, te puso por nombre el Señor. Con ruido de un gran estrépito ha prendido fuego en él, y sus ramas son inservibles» (Jeremías 11:16, B.d.l.A.)

> «Querido Jesús, quiero ser un pámpano que dé fruto, pero he aquí la lista de defectos que he estado salvando,

aunque están marchitos y secos. Los pongo en tu altar para que les prendas fuego y los elimines de mi vista.»

Repara las tierras arrasadas: Al ir revisando tu vida y la de las generaciones anteriores, puede ser que veas algunos desiertos sin agua viva, algunos parientes que nunca conocieron al Señor. Puede que tomes conciencia de algunos años de tu vida que fueron tierra arrasada que necesita ser reparada.

> «Reedificarán las ruinas antiguas, y levantarán los asolamientos primeros, y restaurarán las ciudades arruinadas, los escombros de muchas generaciones» (Isaías 61:4).

Dios quiere reedificar tu vida y reparar las devastaciones de muchas generaciones. Anota los períodos devastados, los días en el desierto. Recuerda que Dios suele obtener nuestra atención mandándonos a un desierto. ¿Qué aprendiste de tu experiencia en el desierto?

> «Querido Jesús, recuerdo contigo esos días en el desierto, sin agua viva. Por favor, restitúyeme "...los años que comió la oruga" (Joel 2:25)
>
> »Muéstrame cómo reedificar mis tierras desoladas, cómo reparar los daños que he hecho a mi familia. Refréscame con tu agua viva y recuérdame nuevamente las lecciones que has querido que yo aprendiera. Sácame de mi tiniebla a tu luz, para que pueda alabar tu nombre por siempre. Pues somos "...linaje escogido, real sacerdocio, nación santa, pueblo adquirido por Dios, para que anunciéis las virtudes de aquel que os llamó de las tinieblas a su luz admirable" (1ª Pedro 2:9).»

Produce fruto que perdure: En esta época de depresión y suicidio de adolescentes, de abuso infantil e incesto, de privaciones físicas y emocionales, debemos tener conciencia de las especiales necesidades de nuestros hijos. Debemos recordar que el dinero nunca sustituye a la madre; la televisión y los juegos de vídeo, cuando se miran a solas, no igualan un gran sandwich con el papá. En una era en que las *cosas* han reemplazado al *tiempo,* debemos seguir adelante contra la corriente. No queremos perder a nuestros hijos antes de su madurez; queremos producir fruto que perdure. Escribe algunos cambios que debas efectuar como padre/madre.

> «Querido Jesús, no he sido el padre o madre que se que quieres que sea. He tratado de torcer los pámpanos a mi manera, sin pensar lo que tú tenías en mente. Los he entrenado en la forma en que yo quería que fueran y, a veces, no los he entrenado en absoluto. Por favor, perdóname por magullar el fruto, perdóname por lo que he hecho a .... y .... Rompe las cadenas de la derrota que han atado a mi familia y libera a mi descendencia para que sea libre.»

> «Todos los que los vean los reconocerán, porque son la simiente que el Señor ha bendecido» (Isaías 61:9, B.d.l.A.)

Ama y obedece a tu Dios: Aunque la Biblia nos diga que los pecados de los padres son castigados en los niños hasta la tercera y cuarta generación, y que efectivamente nos reproducimos conforme a nuestra propia especie, Dios nos da una salida. Al cargar Él los resultados del pecado a cuatro generaciones, muestra misericordia y amor a miles de generaciones de aquellos que lo aman y guardan sus mandamientos (ver Éxodo 20:6).

> «¡Oh si ellos tuvieran tal corazón que me temieran, y guardaran siempre todos mis mandamientos, para que les fuera bien a ellos y a sus hijos para siempre!» (Deuteronomio 5:29, B.d.l.A.)

¡Cuán bondadoso es de parte de nuestro Dios mostrar misericordia a aquellos que lo aman y obedecen por miles de generaciones –de hecho, para siempre! Cuando consideramos la influencia que nuestras acciones y actitudes presentes pueden tener sobre las generaciones que nos sucederán, ¿podemos hacer menos que amar y obedecer a nuestro Dios? Escribe cualquiera de los «mandamientos» de Dios que te cueste obedecer. ¿Por qué has desobedecido? ¿Es rebeldía hacia tus padres? ¿Hacia algunas de las reglas de la iglesia con las que no estás de acuerdo? ¿Te falta fe para creer que Dios sabe o se interesa? ¿Una decisión de no rendirte a Dios?

David desobedeció tres de los Diez Mandamientos que él enseñó a los demás: (1) codició la mujer de su prójimo, (2) cometió adulterio e (3) instigó a un asesinato, pero después clamó a Dios en el Salmo 51:

«Porque yo reconozco mis rebeliones, y mi pecado está siempre delante de mí» (versículo 3).

«Querido Jesús, he aquí mis transgresiones:

Tú deseas la verdad en lo íntimo. Jesús, he escondido estos pensamientos y acciones de los demás, de mí mismo y pensé que de ti, pero tú sabes la verdad. Dame un espíritu dispuesto a sostenerme.

»Hasta ahora no he estado dispuesto a cambiar, pero veo lo que las generaciones pasadas me han hecho a mí y lo que yo pueda estar haciendo a mis hijos. Concédeme, Señor, un espíritu dispuesto para que pueda cambiar. Abre mis labios y mi boca declarará tu alabanza.

»Sí, Señor; déjame cantar un cántico nuevo de alabanza a tu poder y gloria. Déjame amarte con todo mi corazón.

»David tenía tanto dinero, tantas posesiones, tantos animales que sacrificar pero no es eso lo que tu quieres, querido Señor. Tú quieres un corazón quebrantado y contrito. Señor, rindo mi espíritu rebelde, el querer hacer las cosas a mi manera, mi falta de real interés por los demás. Ruego a Dios que me salve y me ame para que pueda disponerme a obedecer lo que es su buena voluntad para mi vida.

»Señor Jesús, clamo que tu sangre del sacrificio me limpie de mis faltas secretas y conocidas. Invoco a tu Espíritu Santo para que me dé el poder necesario para cambiar y te invoco que ates a Satanás y todo dominio que pueda tener sobre mí y mis hijos, hasta la tercera y cuarta generaciones.»

«Vete de mí, Satanás, y aléjate de cada miembro de mi familia. Te invoco, Jesús, el nombre que está por sobre todo nombre, sabiendo que "todo aquel que invocare el nombre del Señor, será salvo" (Romanos 10:13).»

«Jesús, sálvame a mí y a mi familia: para siempre. En tu precioso nombre oro. ¡Amén!»

Capítulo 12

¿Tienes un cántico para cantar en la primavera?

«Venid ante su presencia con regocijo» (Salmo 100:2).

CUÁLES SON LAS lecciones que has aprendido al trazar el árbol de tu personalidad? ¿Has averiguado quién eres, realmente? ¿Has aceptado la dirección de Dios? ¿Sabes que eres creado para una hora como esta? ¿Has visto cómo los padres, los hermanos o los cónyuges pueden haber torcido tu personalidad original para hacerte aceptable a ellos? ¿Has visto, quizás por primera vez, qué influencia tienes en tus propios hijos al instruirlos en la manera en tú quieres que sean?

Dios nos creó a cada uno de nosotros y a cada uno de nuestros hijos para ser creaciones únicas, mezclas especiales de los cuatro humores básicos: sanguíneo, colérico, melancólico y flemático. Como hemos usado estos vocablos de Hipócrates a título de herramientas para seguir la orden de Dios de examinarnos a nosotros mismos, y puesto que hemos visto la manera en que la gente ha echado a perder el plan original de Dios para nuestra vida, cada uno de nosotros tiene ahora una mejor comprensión de nuestra personalidad y de los rasgos de aquellos otros miembros de nuestro árbol genealógico.

En este capítulo final permíteme compartir dos historias de nuestras dos familias: la primera de mi padre y la segunda de la madre de Fred.

Cuando estaba por terminar el universidad, vine a casa para una Navidad y esperaba pasar quince días llenos de diversión con mis dos hermanos. Estábamos tan entusiasmados por estar juntos que nos ofrecimos de voluntarios para cuidar la tienda, a fin de que mi madre y mi padre pudieran tomarse su primer día libre en años. El día antes de que mis padres fueran a Boston, mi padre me llevó calladamente a un lado en la pequeña despensa, tras la tienda. La pieza era tan pequeña que contenía sólo un piano y un sillón-cama. De hecho, al armar la cama la habitación se llenaba, y uno sólo podía sentarse a los pies de la cama y tocar el piano. Papá se estiró para sacar algo de atrás del viejo piano vertical y extrajo una caja de cigarros. La abrió y me mostró un pequeño montón de artículos de periódicos. Yo había leído tantas historias de detectives de Nancy Drew que me entusiasmé y abrí los ojos por la oculta caja de recortes.

—¡¿Qué son?! —pregunté.

Papá replicó seriamente:

—Son artículos que he escrito y algunas cartas al editor que han sido publicados.

Al empezar a leer vi que abajo de cada artículo, limpiamente recortado, estaba el nombre de Walter Chapman, Esq.

—¿Por qué no me dijiste que tú habías hecho esto? —pregunté.

—Porque no quería que tu madre lo supiera. Ella siempre me dijo que como yo no tenía mucha educación no debía tratar de escribir. Yo quería presentarme para un oficio político también, pero ella me dijo que no lo intentara. Supongo que tenía miedo de avergonzarse si yo perdía. Yo sólo quería probar por la diversión de eso. Me figuré que podía escribir sin que ella lo supiera y así lo hice. Cuando cada artículo era publicado, yo lo cortaba y lo escondía en esta caja. Sabía que algún día le mostraría la caja a alguien, y ese alguien eres tú.

Él me miró mientras yo leía unos cuantos artículos, y cuando miré para arriba sus grandes ojos azules estaban mojados.

—Supongo que traté algo demasiado grande esta última vez —agregó.

—¿Escribiste otra cosa más?

—Sí, la mandé a la revista de nuestra denominación para dar algunas sugerencias sobre la forma en que podría seleccionarse el comité nacional de nominaciones con más equidad. Han pasado tres meses desde que lo mandé. Supongo que traté algo demasiado grande.

Este era un aspecto tan nuevo de mi padre amante de la diversión, que no supe muy bien qué decir, así que probé:

—Quizá esté por venir aún.

—Quizá, pero no contengas la respiración.

Papá me dirigió una sonrisita y un guiño, y entonces cerró la caja de cigarros y la metió en el espacio detrás del piano.

A la mañana siguiente nuestros padres se fueron en el autobús a la estación Haverhill, donde tomaron un tren a Boston. Jim, Ron y yo manejamos la tienda, mientras yo pensaba en aquella caja. Nunca había sabido que a mi padre le gustara escribir. No hablé de eso a mis hermanos; era un secreto entre Papá y yo: «El misterio de la caja escondida».

Temprano en la noche miré hacia afuera por la ventana de la tienda y vi a mamá bajarse del autobús, sola. Ella cruzó la plaza y caminó rápidamente entrando a la tienda.

—¿Dónde está Papá? —preguntamos a coro.

—Tu padre está muerto —dijo sin una lágrima.

Incrédulos la seguimos a la cocina, donde nos dijo que estaban caminando por la estación del subterráneo de la Calle del Parque, en medio de una multitud de personas, cuando Papá había caído al suelo. Una enfermera se inclinó sobre él, miró a Mamá y dijo simplemente: «Está muerto».

Mamá se había quedado parada a su lado, atónita, sin saber qué hacer mientras la gente se tropezaba con él, en su carrera al subterráneo. Un sacerdote dijo: «Llamaré a la policía» y desapareció. Mamá estuvo parada al lado del cuerpo de Papá por casi una hora. Finalmente llegó una ambulancia y los llevó a ambos a la morgue de la ciudad, donde mamá tuvo que revisar sus bolsillos y sacarle el reloj. Ella había vuelto sola en el tren, y luego a la casa en el autobús local. Mamá nos contó la impactante historia sin derramar una lágrima. No mostrar emociones siempre había sido cuestión de disciplina y orgullo para ella. Nosotros tampoco lloramos, y por turno atendimos a los clientes.

Un cliente habitual preguntó:

—¿Dónde está el viejo esta noche?

—Él está muerto —repliqué.

—Oh, que feo —y se fue.

Nunca había pensado en él como en «El Viejo», y la pregunta me dolió, pero él tenía setenta y tres años, y Mamá sólo cincuenta y tres. Él siempre había sido sano y feliz, y había cuidado sin quejarse a la frágil madre, pero ahora era él quien había partido. No más silbidos, no más cantar himnos mientras llenaba los estantes: El Viejo se había ido.

En la mañana del funeral me senté en la mesa de la tienda, abriendo cartas de pésame y pegándolas en un libro de recortes, cuando en el montón vi la revista de la iglesia. Normalmente nunca hubiera abierto lo que consideraba una torpe publicación religiosa, pero quizá ese artículo secreto podía estar ahí: ¡Y estaba!

Llevé la revista a la despensita, cerré la puerta y me eché a llorar. Yo había sido valiente, pero ver impresas las osadas recomendaciones de Papá para la Convención Nacional fue más de lo que podía soportar. Leía y lloraba, y luego volvía a leer. Saqué la caja de atrás del piano y bajo los recortes encontré una carta de dos páginas dirigida a mi padre, de parte de Henry Cabot Lodge, Sr., agradeciéndole sus sugerencias para la campaña.

No le conté a nadie de mi caja; siguió siendo un secreto hasta que cerramos la tienda dos años después y la mudamos con abuela, dejando ahí el piano. Le di mi última mirada a la cocina vacía con la vieja cocina negra, quedándose definitivamente sola, mientras la botella de kerosene gargareaba ruidosamente en el rincón. Fui calladamente a la despensa y, como si fuera un rito religiosos, me estiré hacia detrás del piano viejo donde yo practiqué lecciones y toqué himnos en las noches de domingo, y saqué *la caja.*

Papá no dejó dinero, pero me dejó la caja. Él tuvo poca educación y ningún título, pero me entregó a mí y a mis hermanos un amor por el idioma inglés, una sed por la política y una habilidad para escribir. ¿Quién sabe qué hubiera podido hacer Papá con un poco de ánimo?

Hoy, mientras estoy en mi oficina y miro el artículo de Papá, ahí en la pared, enmarcado en azul, cerca de su fotografía, sonriéndome y releo la carta de Lodge, enmarcada con su fotografía, justo por debajo de la de Papá, me doy cuenta de lo cerca que estuve de no saber nada de esto. ¡Cuánto agradezco que Papá haya escogido ese día para estirarse detrás del piano y sacar la caja!

Nunca sabré lo que Walter Chapman, Esquire, hubiera podido ser. ¿Hubo una gran novela americana en él, o por lo menos una columna semanal para el *Haverhill Gazette*? ¿Podría su encanto y sentido del humor haberle acarreado aclamación política? O al menos, ¿podría haber sido el alcalde de Haverhill?

¿Cuántas de nosotras, como esposas, rebajamos las aspiraciones de nuestro marido,. ahogando ese capullito de genio que anhela irrumpir? ¿Por qué? Porque tememos que si él falla nosotras seremos avergonzadas. ¿Cuántas son intimidadas por la falta de títulos y no se atreven a que su alcance exceda lo que pueden abarcar?

> «Oh, Dios, déjanos animarnos unos a otros a las buenas obras» (Hebreos 10:24-25, paráfrasis del autor).

En una rara noche de auténtica revelación, la madre de Fred me habló de sus desilusiones.

—Nunca pude complacer a mi padre sin que importara cuánto me esforzara, e hice lo mejor por hacer de mi madre la reina que ella realmente quería ser.

La animé a contarme cómo se sentía en realidad y compartió una historia que rompe el corazón.

Ella estaba enamorada de un joven cuando estaba en la Universidad Cornell, y habían hablado de matrimonio. Su madre no lo aprobó porque ella sentía que él no provenía de una familia suficientemente importante o rica. Después de la universidad se fueron en direcciones separadas por el verano y él iba a llamarla en el otoño. Ella nunca volvió a saber de él.

Al mencionar este hecho, esta bella mujer rompió en llanto, y yo pensé que se había terminado la triste historia. Nunca la había visto antes bajar su guardia y me sentí triste por la forma en que aún la molestaba ese rechazo. Mientras seguía sentada ahí, callada, preguntándome que debía decir, ella miró y continuó.

—Ese no es el fin. Hace pocos años fui a una fiesta y ahí estaba él. Supe que era un abogado de éxito y, entonces, formulé esa pregunta «¿Por qué ni siquiera me llamaste?» «Sí que llamé», replicó. «Hablé con tu madre por teléfono y ella me dijo que tú estabas comprometida con otro hombre, que tú no me amabas y que le habías pedido a ella que me dijera que no volviera a llamarte».

La amplia estructura de Mamá tembló al sollozar estas últimas palabras. Me arrodillé a su lado y sentí una calidez y compasión por ella que nunca había conocido antes. Cuán raramente percibimos lo que está almacenado dentro de una persona, a la espera de un momento tranquilo, de una situación no amenazante, para liberarse. Mi corazón se rompió con el suyo cuando ella confesó:

—Nunca me sentí bien con Mamá, pero no sabía por qué. Me sentí culpable porque no podía amarla lo suficiente, así que la atendía como esclava para aliviar mi conciencia. Traté de ser lo que ella quería que yo fuera y nunca sabré lo que pude haber sido.

—¿Hubo algo en particular que querías ser, en realidad? —pregunté.

—Cantante de ópera —respondió rápidamente. —Quería estudiar música, pero mis padres pensaron que era una pérdida de tiempo, que ganaría más dinero en el negocio de la paquetería y sombrerería, pero participé en un espectáculo en la universidad y fui la estrella.

Luego de decir eso se paró rápidamente, fue a un armario y sacó una caja de viejas fotografías. Me mostró una foto grande de un escenario, con el elenco posando para la revista.

—Ahí estoy yo.

Ella señaló orgullosa a una bella muchacha confiada, sentada en una decorada silla, en el centro del escenario: la evidente estrella del espectáculo.

No había sabido antes de sus ambiciones líricas, y le compartí cuánto amaba el teatro, y que había querido ser actriz hasta que mi profesora de actuación me dijo que era mucho mejor dirigiendo a otros.

Al final de esta tarde, memorable y significativa, Mamá

Littauer me dio la fotografía suya en el escenario en su único rol estelar, y yo atesoro este recuerdo de lo que pudo haber sido.

Nunca sabremos lo que esta talentosa mujer creativa pudo haber llegado a ser si le hubieran permitido seguir sus objetivos y habilidades naturales, en lugar de criarla para desempeñarse en el rol de «la hija perfecta». Las ambiciones suprimidas nunca mueren; esperan adentro por un momento de posible expresión en el futuro.

Mamá Littauer tiene ahora ochenta y cinco, y su mente consciente ya no funciona correctamente. Cuando Fred y yo la visitamos recientemente tenía una expresión de paz en su cara, aunque no parecía saber quiénes éramos. Cuando conversé con la enfermera que la cuida, nos dijo:

—Esto es lo más extraño. Ella no puede hablar en absoluto, pero canta ópera cada día, y practica sus escalas.

Al contar esta historia de los sueños rotos de Mamá Littauer a un grupo informal de sólo veinte personas, varias respondieron con experiencias similares. Una linda joven de ojos tristes dijo:

—Siempre quise ser una bailarina. Mis padres me dejaron tomar lecciones, pero cuando quise hacer carrera se espantaron de la idea. «No eres *tan* buena, y nunca triunfarás», me dijeron.

Las lágrimas acudieron a sus ojos mientras siguió:

—Puede ser que hayan tenido razón, pero yo quería probar mientras era joven. Ahora nunca sabré qué pude haber sido.

Una señora de edad media dijo claramente:

—Usted me ha hecho darme cuenta de que me rendí con demasiada rapidez. Voy a empezar de nuevo con mi violín y armar de nuevo un cuarteto de música de cámara.

Una señora anciana me sorprendió con:

—Yo quería ser una exploradora, pero mi padre no me dejaba salir de la ciudad. Cada vez que quería salir y correr aventuras, me hablaba de esas «otras clases de personas» acechando allá, listas para abalanzarse sobre mí. Toda mi vida he tenido un espíritu aventurero, pero debido a esas cuantas «otras clases de personas» nunca he tenido una aventura.

Esta fascinante respuesta a las esperanzas líricas de mi suegra me llevaron a preguntarme cuántas otras personas han visto sus sueños sofocados por padres bien intencionados, quienes por insistir en que su progenie vaya sobre seguro, destruyeron un sueño del futuro.

Cuántos llevamos una ópera suprimida, una pintura imaginada, un poema posible, la trama de una novela, el potencial para una carrera política o una aventura suprimida encerrada adentro, a la espera de esa llave mágica que nos deje libres. ¿Estás listo para cantar un cántico en la primavera? ¿Quizás como *El cantar de los Cantares*, de Salomón?

> «Levántate, oh amiga mía, hermosa mía, y ven. Porque he aquí ha pasado el invierno, se ha mudado, la lluvia se fue; se han mostrado las flores en la tierra, el tiempo de la canción ha venido, y en nuestro país se ha oído la voz de la tórtola» (Cantar de los Cantares 2:10-12).

Fuiste hecho para una hora como esta.

Notas

Capítulo 1.

1. Dr. William R. Bright, «Have You Heard of the Four Spiritual Laws?» Cruzada Estudiantil y Profesional para Cristo, Arrowhead Springs,CA.
2. Winston Churchill, casete comprado en Londres, grabado en vivo.
3. William Manchester, *The Last Lion*, Little Brown, 1983, p. 7.
4. Alice Vollmar, «Together Again,» *Friendly Exchange*, 1985, p. 28.
5. Ibid.
6. Oscar Wilde, *The Importance of Being Earnest*, Acto I.

Capítulo 2

1. Michael Gartner, «About Words», *Austin American-States-man*, enero 7, 1985.
2. William Shakespeare, *Julio César*, Acto V, Escena 5.
3. Obispo Ernest A. Fitzgerald, «It's All Right to Worry», *Piedmont Airlines*, julio1985.
4. Oswald Chambers, *My Utmost for His Highest* (New York: Dodd, Mead & Company, 1963), p. 347.

Capítulo 3

1. M. I. Blackwell, *The Dallas Morning News*, mayo 4, 1986.
2. Robert William Service, *The Law of the Yukon.*
3. Ludwig van Beethoven, como es citado en *Forbes*, enero 30, 1984.
4. *Time*, julio 7, 1986, pp. 12, 16.
5. William Shakespeare, *Hamlet*, Acto I, Escena 3.
6. Norman Vincent Peale, «Today», NBC programa televisivo, febrero 14, 1985.

Capítulo 5

1. William Shakespeare, *Macbeth*, Acto V, Escena 5.
2. *USA Today*, «The Lure of the Store: It's OK If Shopping Buys You a Thrill», Nanci Hellmich, febrero 4, 1986.
3. Norman M. Lobsenz, «How to Make a Second Marriage Work», *Parade Magazine*, setiembre 1, 1985.

Capítulo 6

1. Guillaume de Salluste Seigneur du Bartas, *Dialogue between Heraclitus and Democritus*. 2. «Illusions of Competency», *Piedmont Airlines*, julio 1985.
3. Ibid.
4. William Shakespeare, *The Twelfth Night*, Acto II, Escena 5.
5. William Makepeace Thackeray, *The English Humorists*.
6. William Shakespeare, *Merchant of Venice*, Acto I, Escena 1, línea 77.
7. William Henry Davies, *Hunting Joy*.
8. Lucan, *The Civil War*, tomo IV.
9. Sir Walter Scott, *Marmion*.

Capítulo 7

1. Stephen Vincent Benet, *John Brown's Body*. 2. Oswald Chambers, *My Utmost for His Highest* (New York: Dodd, Mead & Company, 1963), p. 94.

Capítulo 8

1. Alexander Pope, *Moral Essays*, Epístola 1. 2. «Treating Teens in Trouble», *Newsweek*, enero 20, 1986.
3. Ibid.
4. Dr. Judith Wallerstein, «Good Morning America», ABC programa televisivo, enero 16, 1986.
5. Las secciones en este capítulo tituladas «Herramientas para ayudar» están basadas en material de Lana Bateman, *Personality Patterns*, Philippian Ministries, Dallas, Texas, copyright, 1985.
6. Susan Lapinski, «When Your Baby Seems Depressed», *Parade Magazine*, febrero 14, 1985.
7. Ibid.
8. Ibid.
9. Sally Ann Stewart, «Temperament, Not Poor Training, Ignites Tantrums», *USA Today*, diciembre 11, 1985.
10. Ibid.

Capítulo 9

1. Harold Bloomfield, *Making Peace with Your Parents*, (New York: Random House,1983), como es citado en *U.S. News* y *World Report* (Book Review), mayo 21, 1984.
2. Ibid.

Capítulo 11

1. Dr. Ron Daugherty, lectura en Pennsylvania Medical Society, abril 30, 1986.
2. Carol Towarnicky, «Eliminate Your Aches and Pains by Learning about Their Causes», *The Dallas Morning News*, abril 7, 1986.
3. Exodo 20:5, 34:7, Números 14:18.

Perfil de la personalidad

De: ______________________

Instrucciones:
En *cada* una de las siguientes hileras horizontales de *cuatro palabras* marca con una X en la raya correspondiente a aquella palabra que se te aplique más a menudo. Continúa marcando así en las cuarenta hileras. Cerciórate de marcar en cada número. Si no estás seguro de cuál es la que «más se te aplica», pregunta a tu cónyuge o a un amigo, y piensa cuál hubiera sido tu respuesta *cuando eras niño*.

VIRTUDES

1	____ Emprendedor	____ Adaptable	____ Animado	____ Analítico
2	____ Persistente	____ Juguetón	____ Persuasivo	____ Pacífico
3	____ Sumiso	____ Abnegado	____ Sociable	____ Voluntarioso
4	____ Considerado	____ Controlado	____ Competidor	____ Convincente
5	____ Refrescante	____ Respetuoso	____ Parco	____ Competente
6	____ Conformista	____ Sensible	____ Se basta a sí mismo	____ Vital
7	____ Planificado	____ Paciente	____ Positivo	____ Motivador
8	____ Seguro	____ Espontáneo	____ Rígido	____ Retraído
9	____ Ordenado	____ Acomodaticio	____ Sincero	____ Soñador
10	____ Amigable	____ Fiel	____ Divertido	____ Carácter fuerte
11	____ Intrépido	____ Encantador	____ Diplomático	____ Detallista
12	____ Alegre	____ Simpático	____ Culto	____ Confía en sí mismo
13	____ Idealista	____ Independiente	____ Inofensivo	____ Inspirador
14	____ Demostrativo	____ Definido	____ Humor Seco	____ Profundo
15	____ Mediador	____ Musical	____ Industrioso	____ Sociable
16	____ Cariñoso	____ Tenaz	____ Conversador	____ Tolerante
17	____ Escuchador	____ Leal	____ Líder	____ Vivaz
18	____ Conformista	____ Jefe	____ Planificado	____ Encantador
19	____ Perfeccionista	____ Agradable	____ Productivo	____ Popular
20	____ Efervescente	____ Directo	____ Se porta bien	____ Equilibrado

DEFECTOS

21	____ Inexpresivo	____ Modesto	____ Imprudente	____ Mandón
22	____ Indisciplinado	____ Insensible	____ Apático	____ Rencoroso
23	____ Reticente	____ Resentido	____ Resistente	____ Repetitivo
24	____ Detallista trivial	____ Aprensivo	____ Olvidadizo	____ Grosero
25	____ Impaciente	____ Inseguro	____ Indeciso	____ Interrumpe
26	____ Exigente	____ Distante	____ Impredecible	____ Descariñado
27	____ Cabeza dura	____ Incoherente	____ Difícil de complacer	____ Dubitativo
28	____ Sencillo	____ Pesimista	____ Orgulloso	____ Permisivo
29	____ Se enoja fácilmente	____ Sin metas	____ Discutidor	____ Enajenado
30	____ Ingenuo	____ Actitud negativa	____ Fuerte	____ Indiferente
31	____ Afligido	____ Distante	____ Adicto al trabajo	____ Quiere halagos permanentes
32	____ Muy sensible	____ Sin tacto	____ Tímido	____ Hablador
33	____ Dudoso	____ Desorganizado	____ Dominante	____ Deprimido
34	____ Inconsistente	____ Introvertido	____ Intolerante	____ Indiferente
35	____ Desordenado	____ Variable	____ Rezongón	____ Manipulador
36	____ Lento	____ Porfiado	____ Exhibicionista	____ Escéptico
37	____ Solitario	____ Avasallador	____ Perezoso	____ Ruidoso
38	____ Lento para empezar	____ Desconfiado	____ Mal genio	____ Desconcentrado
39	____ Vengativo	____ Inconstante	____ Renuente	____ Impulsivo
40	____ Negociador	____ Crítico	____ Insidioso	____ Cambiable

Ahora anota todas las "X" en la hoja de puntajes y suma los totales

Creado por Fred Littauer

DEFINICIONES

DE LAS PALABRAS USADAS
EN EL TEST DE LA PERSONALIDAD

Reimpreso con el permiso de *Personality Patterns*, por Lana Bateman

VIRTUDES

1.

Animado- lleno de vida, usa vivazmente las manos, brazos y gestos faciales.

Emprendedor- emprende nuevas y atrevidas empresas, debiendo dominarlas

Analítico- constantemente está estudiando a la gente, lugares o cosas

Adaptable- se ajusta fácilmente a cualquier situación.

2

Persistente- rehusa soltar algo, insistentemente repetitivo o continuo, no puede dejar las cosas (situaciones, personas)

Juguetón- lleno de diversión y buen humor

Persuasivo- convence por medio de la lógica y los hechos, más que por su encanto personal.

Pacífico- parece imperturbable y tranquilo; se aleja de toda forma de pelea.

3

Sumiso- acepta fácilmente el punto de vista o deseo de otra persona.

Abnegado- constantemente sacrifica su bienestar personal en aras de los demás o para satisfacer las necesidades de ellos.

Sociable- considera que estar con los demás es una oportunidad para ser simpático y entretenido. Si disfrutas las reuniones sociales como un desafío u oportunidad de negocios, no marques esta palabra.

Voluntarioso- determinado a salirse con la suya.

4

Considerado- toma en cuenta las necesidades y sentimientos ajenos.

Controlado- tiene sentimientos emocionales pero no los muestra.

Competidor- convierte toda situación, suceso o juego en una competencia ¡Esta persona siempre juega a ganar!

Convincente- puede persuadir de cualquier cosa por medio del puro encanto de su personalidad. Aquí no importan los hechos.

5

Refrescante- renueva y estimula o eleva placenteramente los espíritus.

Respetuoso- trata a los demás con deferencia, honor y estima.

Parco- restringido para expresar la emoción o el entusiasmo.

Competente- capaz de actuar rápida y efectivamente en todas las situaciones.

6

Conformista- persona que acepta fácilmente toda circunstancia o situación.
Sensible- persona intensamente sensitiva a sí misma y los demás.
Suficiente- persona independiente que puede confiar plenamente en sus propias capacidades, juicio y recursos.
Vital- lleno de vida y entusiasmo.

7
Planificado- prefiere establecer un detallado arreglo por anticipado para realizar un proyecto o meta.
Paciente- no se conmueve por la demora: calmo y tolerante.
Positivo- caracterizado por la certeza y la seguridad.
Motivador- puede impeler a los demás a que hacer, incorporarse o invertir por el solo encanto de su personalidad.

8
Seguro- confía sin dudar ni echarse para atrás
Espontáneo- prefiere que toda la vida sea actividad impulsiva sin premeditar. Esta persona se siente frenada por los planes.
Rígido- controlado por su horario y planes enfadándose mucho si eso se ve interrumpido. Hay otro tipo de persona que usa un horario para seguir organizada pero no está controlada por el horario. Si la segunda descripción te atañe, no marques esta palabra.
Retraído- callada, no estimula la conversación con facilidad.

9
Ordenado- persona que tiene un arreglo metódico y sistemático de las cosas. Puede ser obsesivamente ordenado.
Acomodaticio- Se acomoda. Es rápido para hacer las cosas a la manera de otra persona.
Sincero- Habla francamente sin reservas.
Soñador- Este optimista es casi un tipo infantil y soñador de optimista.

10
Amigable- Esta persona reacciona a la amistad más que iniciarla. Aunque rara vez empiece una conversación, responde con mucha calidez y disfruta el intercambio.
Fiel- Consistentemente confiable. Constante, leal y consagrado a algo más allá de la razón.
Divertido- Esa persona tiene un humor innato que puede convertir virtualmente toda historia en algo divertido y es un notable contador de chistes. Si tienes un humor seco no marques esta palabra.
Carácter fuerte- Personalidad que manda. Uno dudaría en oponerse a esta persona.

11
Intrépido- Se atreve a correr riesgos; temerario, intrépido.
Encantador- Persona sumamente agradable y entretenida para estar con ella.

Diplomático- trata a la gente con tacto y sensibilidad a la vez.
Detallista- prefiere trabajar con los detalles o en campos que requieran trabajo minucioso como matemáticas, investigación, contabilidad, tallado, artes, gráficos, etc.

12
Alegre- consistentemente de buen ánimo y fomentando la felicidad
Simpático- persona agradable, compatible y no contradictoria
Culto- sus intereses abarcan el ámbito artístico e intelectual, como el teatro, las sinfonías, el ballet, etc.
Confía en sí mismo- está seguro de sí mismo y/o del éxito.

13
Idealista- Visualiza las cosas en forma perfecta o ideal y necesita medirse con esa norma.
Independiente- Se basta a sí mismo, se mantiene solo, confía en sí mismo y parece tener poca necesidad de ayuda.
Inofensivo- Nunca ofende, es agradable, no objeta, no hace daño.
Inspirador- Anima a los demás a trabajar, incorporarse o participar. Hay otra personalidad profundamente inspiradora que necesita dar inspiración que cambie vidas. Si eres como esta última, no marques esta palabra.

14
Demostrativo- expresa emoción en forma abierta, especialmente el afecto.
Definido- persona con habilidad de decisión rápida y concluyentemente.
Humor seco- exhibe un sentido del humor seco, habitualmente con pocas palabras que pueden ser de naturaleza sarcástica pero muy cómicas.
Profundo- persona intensa y a menudo introspectiva y que no gusta de las conversaciones y cosas superficiales.

15
Mediador- persona que constantemente se halla en el rol de reconciliar las diferencias para evitar conflictos.
Musical- persona que participa en la música o tiene marcada aprecio por ella. Este tipo musical no incluye a quienes se divierten cantando o tocando. Este último sería una personalidad diferente que goza haciendo espectáculos más que alguien que está profundamente dedicado a la música como una forma de arte.
Industrioso- alguien tan impelido por la necesidad de ser productivo que le cuesta quedarse quieto.
Sociable- persona que ama las fiestas y que no puede esperar por conocer a todos los que están en el lugar y que siempre tiene conocidos.

16
Cariñoso- persona considerada que recuerda las ocasiones especiales siendo rápido para tener un gesto amable.

Tenaz- uno que se mantiene firme y porfiadamente y que no cejará hasta cumplir la meta.

Conversador- Persona que está hablando constantemente y por lo general relata cosas divertidas entreteniendo a todos los de su alrededor. Hay otro hablador compulsivo que es un conversador nervioso que siente la necesidad de llenar el silencio para que los demás se sientan bien. Este no es el conversador entretenido que aquí describimos.

Tolerante- alguien que acepta fácilmente los pensamientos y modos de los demás sin tener que disentir con ellos ni cambiarlos.

17

Escuchador- siempre parece dispuesto a escuchar

Leal- fiel a una persona, ideal o trabajo. Esta persona es a veces leal más allá de lo razonable y para su propio detrimento

Líder- Persona que es líder innato. Este no es aquel que se porta a la altura de la ocasión porque *pueda* liderar sino uno impulsado a liderar y que considera muy difícil creer que alguien más pueda hacer esto.

Vivaz- lleno de vida, vigoroso, enérgico

18

Conformista- Se satisface fácilmente con lo que tiene

Jefe- persona que ordena mandar

Planificado- disfruta con los gráficas, los mapas o las listas.

Encantador- belleza burbujeante, encantador, precioso, diminuto

19

Perfeccionista- desea perfección pero no necesariamente en todo aspecto de la vida.

Indulgente- esta persona es permisiva con los empleados, los amigos y los niños para evitar el conflicto

Productivo- Debe estar trabajando constantemente y/o produciendo. A esta persona le cuesta mucho descansar.

Popular- Es el alma de la fiesta y por tanto es muy buscado para invitarlo a fiestas.

Efervescente- Una personalidad vivaz y ebullente.

Directo- temerario, osado, adelantado a su época

Se porta bien- desea constantemente comportarse dentro del ámbito de lo que es apropiado.

Equilibrado- Estable, personalidad del común y corriente, sin extremos.

DEFECTOS

21

Inexpresivo- persona que muestra poca emoción o expresión facial

Modesto- quiere pasar desapercibido debido a que es vergonzoso

Imprudente- se exhibe, se presenta como fuerte, necio
Mandón- dominante, da órdenes, abrumador. No relaciones esto con la crianza de los niños. Todas las madres parecen mandonas y dominantes. Piensa sólo en las relaciones de adultos.

22
Indisciplinado- persona cuya falta de disciplina empapa virtualmente todo aspecto de su vida
Antipático- le cuesta mucho ponerse en el lugar de los demás en cuanto a sus problemas y dolores.
Apático- le cuesta mucho emocionarse o sentirse entusiasmado
Rencoroso- Le cuesta perdonar u olvidar una herida o injusticia que les hicieron. Esa persona encuentra difícil dejar de sentir rencor.

23
Reticente- no está dispuesto a luchar para no involucrarse
Resentido- esta persona siente fácilmente resentimiento por ofensas reales o imaginadas.
Resistente- alguien que se opone a, trabaja en contra de o se resiste a aceptar otra manera que no sea la suya.
Repetitivo- Esta persona cuenta repetidamente historias e incidentes para entretener sin darse cuenta de que ya contó eso varias veces. Esto no se trata de que sea olvidadizo sino que necesita constantemente algo que decir.

24
Detallista trivial- uno que insiste en asuntos o detalles triviales exigiendo mucha atención a los detalles sin importancia.
Aprensivo- uno que a menudo siente miedo, aprensión o ansiedad
Olvidadizo- Esta persona es olvidadiza porque no le resulta divertido recordar. Su olvido está ligado a la falta de disciplina. Hay otra personalidad que es más como el profesor distraído. Esta persona tiende a irse a otro mundo y sólo recuerda lo que prefiere recordar. Si eres como esta última, no marques esta palabra.
Grosero- uno que es directo, habla claro y no le importa decirte exactamente lo que piensa.

25
Impaciente- le cuesta mucho soportar la irritación o esperar pacientemente.
Inseguro- uno que es aprensivo o que le falta confianza
Indeciso- le cuesta mucho tomar una decisión. Hay otra personalidad que elabora mucho cada decisión para tomar la perfecta. Si eres así, no marques esta palabra.
Interrumpe- esta persona interrumpe porque teme olvidar la cosa maravillosa que tiene que decir si se deja que otro termine. Esta persona es más conversadora que escuchadora.

26

Exigente-	persona cuya intensidad y exigencia de perfección aleja a los demás.
Distante-	uno que no desea participar en clubes, grupos u otras actividades de la gente.
Impredecible-	esta persona puede estar en éxtasis en un minuto y triste al siguiente, dispuesta a ayudar y luego desaparece, prometiendo venir y, luego, olvidándose de ir.
Descariñado-	le cuesta mucho demostrar afecto verbal o físicamente en forma abierta.

27

Cabeza dura-	uno que insiste en salirse con la suya.
Incoherente-	uno que no tiene una manera consistente de hacer las cosas.
Difícil de complacer-	persona cuyos estándares están tan elevados que es difícil agradarla alguna vez.
Dubitativo-	esta persona es lenta para moverse y cuesta que participe.

28

Simple-	personalidad común y corriente sin altibajos y que muestra poca emoción, si es que demuestra algo.
Pesimista-	esta persona primero ve por lo general el lado malo de una situación aunque espere lo mejor.
Orgulloso-	uno con una gran estima de sí mismo que se ve siempre en lo correcto y como la mejor persona para hacer la tarea.
Permisivo-	esta personalidad permite que los demás (incluso los niños) hagan lo que les plazca para evitar que ellos no gusten de él/ella.

29

Se enoja fácilmente-	uno que tiene mal genio infantil con rabietas que se expresan al estilo de las pataletas de los niños. Se termina y casi instantáneamente se olvida la cosa.
Sin metas-	Persona que no es uno que fija metas y tiene poco deseos de serlo.
Discutidor-	uno que incita las disputas generalmente porque está decidido a tener la razón sin que importe cuál pueda ser la situación.
Enajenado-	persona que fácilmente se siente extraño respecto de los demás, a menudo por inseguridad o miedo; los demás no disfrutan realmente de su compañía.

30

Ingenuo-	una perspectiva simple e infantil, que carece de sofisticación o mundanalidad. Esto no debe confundirse con desinformado. Hay otra personalidad tan consumida con su propio campo particular de intereses que sencillamente no le importa lo que sucede fuera de esa esfera. Si eres así, no marques esta palabra.

Actitud negativa- uno cuya actitud rara vez es positiva y que, a menudo, es capaz de ver solamente el lado malo de cada situación.

Fuerte- lleno de confianza, fortaleza y atrevimiento.

Indiferente- despreocupado, desinteresado

31

Afligido- uno que consistentemente se siente incierto o turbado.

Retraído- persona que se mete en sí misma y que necesita mucho tiempo a solas o aislado.

Adicto al trabajo- esta es una de las dos personalidades adictas al trabajo. Esta en particular es una activa que fija metas, que debe estar produciendo constantemente y que se siente muy culpable cuando descansa. Este adicto al trabajo no está impelido por la necesidad de perfección o de consumación de un proyecto sino por la necesidad de logro y recompensa.

Quiere halagos permanentes- uno que es casi disfuncional sin el mérito o aprobación de los demás. Como persona que entretiene (a veces profesionalmente) se alimenta del aplauso, la risa y/o aceptación de un público.

32

Muy sensible- uno que es abiertamente susceptible e introspectivo.

Sin tacto- persona que puede expresarse a veces en forma desconsiderada y ofensiva.

Tímido- uno que elude las situaciones difíciles.

Hablador- Un conversador compulsivo al que le cuesta mucho escuchar. De nuevo, este es un conversador que entretiene y no uno nervioso.

33

Dudoso- persona llena de dudas, insegura

Desorganizado- uno cuya falta de habilidad para organizarse toca virtualmente todo aspecto de la vida.

Dominante- uno que toma compulsivamente el control de las situaciones y/o personas. No consideres el rol de la madre. Todas las madres son algo dominantes.

Deprimido- persona que lucha con brotes depresivos en forma bastante consistente.

34

Inconsistente- errático, contradictorio, ilógico

Introvertido- persona cuyos pensamientos e intereses están dirigidos hacia dentro. Uno que vive dentro de sí mismo (ensimismado).

Intolerante- uno que parece incapaz de tolerar o aceptar las actitudes, puntos de vista o forma de hacer las cosas de otras personas.

Indiferente- persona a quien no le importan la mayoría de las cosas.

35

Desordenado- esta persona es desordenada porque no es divertido disciplinarse a sí misma para limpiar. Cuesta advertir el desorden. Hay otra personalidad que se pone desordenada cuando se deprime y, aun hay otra que es desordenada por que ordenar y limpiar insume mucha energía. Asegúrate de ser del primer tipo mencionado si marcas esta palabra.

Variable- uno que cae fácilmente en estados de ánimos bajos. Esta persona no alcanza altos emocionales pero sí experimenta bajos muy bajos.

Rezongón- esta persona puede murmurar calladamente cuando la presionan. Este es un despliegue pasivo de rabia.

Manipulador- uno que influye o que administra astuta o maliciosamente para su propia ventaja. Uno que *hallará* la forma de salirse con la suya.

36

Lento- uno que se mueve despacio y despreocupado.

Porfiado- persona determinada a ejercer su voluntad. Obstinado, difícil de persuadir.

Exhibicionista- uno que necesita ser el centro de la atención

Escéptico- incrédulo, cuestionador del motivo tras las palabras.

37

Solitario- uno que requiere pasar mucho tiempo a solas y que tiende a evitar a otras personas.

Avasallador- persona que no duda en hacerte saber que tiene la razón o que ha ganado.

Perezoso- uno que evalúa el trabajo o la actividad en términos del monto de energía que insumirá.

Ruidoso- persona cuya risa o voz puede oírse por encima de las demás que están en la habitación.

38

Pies de plomo- lento para empezar

Desconfiado- uno que tiende a sospechar o desconfiar

Mal genio- uno que se enoja rápidamente en base a su exigente impaciencia. Este tipo de rabia se expresa cuando los demás no se mueven con bastante rapidez o no han terminado lo que se les ha pedido hacer.

Desconcentrado-persona que carece del poder de concentración o atención. Distraído ("volado").

39

Vengativo- uno que a sabiendas o no guarda rencor y castiga al ofensor, a menudo quitándole sutilmente la amistad o el afecto.

Inconstante- persona que siempre gusta de la actividad nueva continua porque no es divertido hacer las mismas cosas todo el tiempo.

Renuente- uno que no está dispuesto a luchar en contra de participar.

Impulsivo- uno que puede actuar precipitadamente sin pensar bien las cosas, generalmente debido a la impaciencia.

40

Negociador- persona que suele transar aunque tenga la razón a fin de evitar el conflicto.

Crítico- uno que está evaluando y juzgando constantemente. Ejemplo: uno que es crítico puede ser alguien que ve a alguien caminando por la calle y, en cosa de segundos, trata de evaluar su aseo, aspecto inteligente o falta de ello, estilo de ropa o falta de ello, atractivo físico o su falta, y así sigue la lista. Esta persona analiza y critica constantemente, a veces, sin darse cuenta de que lo está haciendo.

Insidioso- uno que siempre puede encontrar la forma de llegar al fin deseado, engañoso.

Cambiable- persona con un ámbito de atención infantil que necesita mucho cambio y variedad para evitar aburrirse.

HOJA DE PUNTAJES DE PERSONALIDAD

Nombre ____________________

	VIRTUDES			
1	Emprendedor	Adaptable	Animado	Analítico
2	Persistente	Juguetón	Persuasivo	Pacífico
3	Sumiso	Abnegado	Sociable	Voluntarioso
4	Considerado	Controlado	Competidor	Convincente
5	Refrescante	Respetuoso	Parco	Competente
6	Conformista	Sensible	Se basta a sí mismo	Vital
7	Planificado	Paciente	Positivo	Motivador
8	Seguro	Espontáneo	Rígido	Retraído
9	Ordenado	Acomodaticio	Sincero	Soñador
10	Amigable	Fiel	Divertido	Carácter fuerte
11	Intrépido	Encantador	Diplomático	Detallista
12	Alegre	Simpático	Culto	Confía en sí mismo
13	Idealista	Independiente	Inofensivo	Inspirador
14	Demostrativo	Definido	Humor seco	Profundo
15	Mediador	Musical	Industrioso	Sociable
16	Cariñoso	Tenaz	Conversador	Tolerante
17	Escuchador	Leal	Líder	Vivaz
18	Conformista	Jefe	Planificado	Encantador
19	Perfeccionista	Agradable	Productivo	Popular
20	Efervescente	Directo	Se porta bien	Equilibrado

	DEFECTOS			
21	Inexpresivo	Modesto	Imprudente	Mandón
22	Indisciplinado	Insensible	Apático	Rencoroso
23	Reticente	Resentido	Resistente	Repetitivo
24	Detallista trivial	Aprensivo	Olvidadizo	Grosero
25	Impaciente	Inseguro	Indeciso	Interrumpe
26	Exigente	Distante	Impredecible	Descariñado
27	Cabeza dura	Incoherente	Difícil de complacer	Dubitativo
28	Sencillo	Pesimista	Orgulloso	Permisivo
29	Se enoja	Sin metas	Discutidor	Enajenado fácilmente
30	Ingenuo	Actitud negativa	Fuerte	Indiferente
31	Afligido	Distante	Adicto al trabajo	Quiere halagos permanentes
32	Muy sensible	Sin tacto	Tímido	Hablador
33	Dudoso	Desorganizado	Dominante	Deprimido
34	Inconsistente	Introvertido	Intolerante	Indiferente
35	Desordenado	Variable	Rezongón	Manipulador
36	Lento	Porfiado	Exhibicionista	Escéptico
37	Solitario	Avasallador	Perezoso	Ruidoso
38	Lento para empezar	Desconfiado	Mal genio	Desconcentrado
39	Vengativo	Inconstante	Renuente	Impulsivo
40	Negociador	Crítico	Insidioso	Cambiable

Totales

VIRTUDES Y DEFECTOS DE LA PERSONALIDAD - VIRTUDES

	EL CONVERSADOR SANGUÍNEO	EL TRABAJADOR COLÉRICO	EL PENSADOR MELANCÓLICO	EL OBSERVADOR FLEMÁTICO
EMOCIONES	Personalidad atractiva Conversador, narrador de cuentos El alma de la fiesta Buen sentido del humor Buena memoria para los colores Se sujeta físicamente al que le escucha Emocional y demostrativo Entusiasta y expresivo Alegre y burbujeante Curioso Bueno para actuar (en el escenario) De ojos abiertos e inocente Vive en el presente Disposición variable Sincero de corazón Siempre infantil	Líder innato Dinámico y activo Necesidad compulsiva de cambio Debe corregir los males Voluntarioso y definido Nada emocional (frío) No se descorazona fácilmente Independiente y se basta a sí mismo Excluye confianza Puede mandar todo	Profundo y reflexivo Analítico Serio y resuelto Talentoso y creativo Artístico o musical Filosófico y poético Aprecia la belleza Sensible a los demás Abnegado Consciente Idealista	Personalidad de bajo perfil Tolerante y relajado Calmo, frío y restringido Paciente, bien equilibrado Vida coherente Callado pero incisivo Simpático y bondadoso Mantiene ocultas sus emociones Felizmente reconciliado con la vida Persona de múltiples propósitos
TRABAJO	Se ofrece de voluntario para los trabajos Concibe nuevas actividades Se ve grandioso en la superficie Creativo y colorido Tiene energía y entusiasmo Empieza de manera instantánea (relampagueante) Inspira a los demás a incorporarse Encanta a los demás para trabajar	Orientado a las metas Ve el cuadro general Organiza bien Busca soluciones prácticas Se mueve rápidamente a la acción Delega el trabajo Insiste en la producción Cumple la meta Estimula la actividad Florece cuando se le oponen	Orientado a los horarios Perfeccionista, elevados estándares Preocupado de los detalles Persistente y cabal Metódico y organizado Ordenado y limpio Económico Ve el problema Encuentra soluciones creativas Necesita terminar lo que empezó Le gustan los cuadros, los gráficos, las tablas, las listas	Competente y constante Pacífico y agradable Tiene habilidades administrativas Media en los problemas Evita los conflictos Bueno bajo presión Encuentra la salida más fácil
AMIGOS	Hace amistades fácilmente Ama a la gente Florece con los cumplidos Parece excitante Envidiado por los demás No guarda rencores Se disculpa fácilmente Evita los momentos aburridos Gusta de las actividades espontáneas	Tiene poca necesidad de amigos Trabajará en actividades de grupo Dirigirá y organizará Habitualmente tiene la razón Se destaca en las emergencias	Hace amistades con cautela Conforme con quedarse tras bambalinas Evita llamar la atención Fiel y dedicado Escuchará las quejas Puede resolver los problemas ajenos Profundo interés por otras personas Se conmueve hasta las lágrimas compasivamente Busca el cónyuge ideal	Fácil de llevarse bien con él Agradable y disfrutable Inofensivo Bueno para escuchar Sentido del humor seco Disfruta observando a la gente Tiene muchos amigos Tiene compasión e interés